JN064730

チャールズ・チャップリンの自宅で妻ウーナを囲んで

『エリック・ザ・バイキング』のテリー・ジョーンズ監督と

『戦場のメリークリスマス』が出品されたカンヌ映画祭にて。大島渚監督と

ロスにて。アンソニー・ホプキンスと

デイヴィッド・パットナム卿と

ゼッフィレッリ邸

カンヌ国際映画祭にて。フランコ・ゼッフィレッリ監督と

サーカス場にて。フェデリコ・フェリーニ監督と

『ボイス・オブ・ムーン』主演のロベルト・ベニーニを囲んで日本人映画関係者と。カンヌ映画祭にて

ヴィットリオ・デ・シーカ監督と

ソフィア・ローレンへのインタビュー

ジョゼッペ・トルナトーレ
監督と

カンヌ国際映画祭にて

カンヌ国際映画祭にて。息子のアドと

『カーマ・スートラ／愛の教科書』撮影風景

『カリギュラ』のペント
ハウスガールズと

『カリギュラ』プレミア試写会にて

『悪魔のリズム』ロケ風景

『悪魔のリズム』キューバでのレコーディングにて

『チャイニーズ・ボックス』主演のジェレミー・アイアンズとウェイン・ワン監督。釜山映画祭にて

カズオ・イシグロと『夜想曲』のスタッフと

カズオ・イシグロと

リー・ストラスバーグ、『カサンドラ・クロス』撮影現場にて。日本ヘラルド古川勝巳社長と

『シティ・オブ・タイニー・ライツ』主演のリズ・アーメッド

「映画界における世界重要人物100人」英国『スクリーン・エンターテインメント』紙より

英国インディペンデッドフイルムアワードにて

THE GUARDIAN
Friday May 14 1993

So who does invest in the British film industry? Meet Michiyo Yoshizaki (left), head of Japanese finance group NFDF. They throw money at artistic quality

A yen for movies

Joanna Coles

「英国の映画産業を救った日本女性プロデューサー」英国『ガーディアン』紙より

Michiyo Yoshizaki
吉崎道代

嵐を呼ぶ女

アカデミー賞を獲った日本人女性映画プロデューサー、愛と闘いの記録

キネマ旬報社

はじめに

私がヨーロッパ（イタリア、英国）に住んで四〇数年が経つ。その間、映画プロデューサーとして私の会社で共同製作した映画が米アカデミー賞（オスカー）にノミネートされること部門トータルで一五回、うち四回は受賞した。日本人の映画人としては最多受賞であろう。これは日本人の映画人としては画期的なことと言われている。英国で最も権威のある「ガーディアン」紙にも「我が国の映画界の救世主はイギリス人ではなく、日本から来たひとりの女性である」と紹介されたこともある。また映画の業界紙「スクリーン・エンターテインメント」が毎年選ぶ世界のパワープレイヤー一〇〇人に数回にわたって選ばれてもいる。

しかし私の映画人生の出発点は、田舎娘の落ちこぼれであか抜けない容姿にコンプレックスを抱いた女子高生が大学も全部落ちて日本には活路を見いだせず、一念発起して単身海を渡り、男性社会である映画界の門戸を叩いたことから始まる。まさに世間知らずの暴挙である。しかし、そこからひとつひとつ階段を上る。著名な映画人や世界のセレブたちとの交友の貴重な体験から、彼らが作ってきた映画、そして彼らの生き方から得たものが私の映画製作のテキストブックとなったのだ。

ディストリビューターとして買い付けた映画作品、そしてプロデューサーとして製作した映画の秘話に愛とセックス、結婚、子育てといった私生活も含めた私の映画人生を語っていきたい。

嵐を呼ぶ女　目次

序章　クリント・イーストウッド　私のアパートにやって来た変な男

イーストウッドファンには申し訳ないが、私は最近までイーストウッド嫌いであった。というのもそれまでに彼とは三回会っているが、いずれも最悪の出会いであったからだ。

しかし彼が監督した『硫黄島』二部作（二〇〇六年）――第二次世界大戦末期、日本軍とアメリカ軍との間で行われた硫黄島での戦いを描いた『父親たちの星条旗』と『硫黄島からの手紙』――を観た後には、一気にイーストウッド嫌いの私的感情は払拭され尊敬の念に代わっていった。

イーストウッドはこの二部作で、第二次世界大戦を日本軍、アメリカ軍それぞれの視点から描くという新しい試みをしている。戦争は両方の側から描かなくてはフェアではない。これは全く正しい選択である。

アメリカ側から描いた『父親たちの星条旗』では、日本軍のパールハーバー襲撃を契機に参戦をしたアメリカ軍とアメリカ人の人種差別を、最前線に送られた黒人アメリカ兵士の視点から描いている。

戦時中、軍と官僚は若い黒人兵士たちをヒーローと持ち上げて前線で闘わせ利用する。そして戦争が終わると手のひらを返したように黒人兵士たちを軍隊でも社会でも差別する白人たちの偽善を的確に描いているのだ。

また日本側から描いた『硫黄島からの手紙』は日本語で作っているだけではなく、日本人監督顔負けの本物の日本映画である。

徴兵で戦争に駆り出された若い兵士など軍人たちが日本から遠い無人島の硫黄島に送られてくる。彼らはアメリカ軍による本島への襲撃を防ぐ命令を受け、死を覚悟で戦うことを強いられるという悲惨なストーリーである。

米国との決戦を間近に控え無人島に送られてきた日本軍人、兵士たちが家族に書く手紙から国のために体を張って闘わなければならないだけではなく、戦争から戻ってくることも許されない彼らの苦悩と孤独を、日本映画特有の抑えた詩的なストイズムで描いている。自分たちの与えられた運命を受け入れようとしているものの、彼らの表情から恐怖が観客にひしひしと伝わってくるのだ。並大抵な手腕ではない。

両編とも戦闘シーンは主に白黒で撮影している。戦争映画、特に『硫黄島』のようなテーマの映画は白黒でなければ黒人兵士の懊悩や無人島で死を覚悟しながら日本兵士が書く詩的な手紙の重みが描けない。戦闘シーンがカラーの戦争映画は国威発揚のヒーロー映画である。

黒澤明監督が最終的に監督からは降りたものの、共同脚本に名を残す日米合作戦争映画『トラ・トラ・トラ!』（一九七〇年、リチャード・フライシャー、舛田利雄、深作欣二監督）よりも、イーストウッドの『硫黄島』二部作の方が日本軍人と兵士たちの微妙な心理が丹念に描かれているのではないだろうか。そのうえに日本側版『硫黄島からの手紙』の方がアメリカ側版『父親たちの星条旗』より良く出来ている！

私は外国人が現地のテーマとストーリーに挑戦した映画で現地の映画人が作る映画より良く出来ているのを見たことがない。イーストウッドはそのタブーに挑戦し成功した稀有な監督である。お見事と言いたい。

彼が『硫黄島』二部作後に作った『グラン・トリノ』（二〇〇八年）はアメリカ中南部社会の頑固な保守主義者たちを描いた秀作である。

ストーリーのコンセプトは、田舎に住むプアホワイトアメリカン（白人低所得者）の人種差別と彼らを代表するイーストウッドの贖罪である。その人種差別は黒人に対してだけではない。非白人の移住者（韓国人）への差別である。

同じ街だけではなく隣近所まで侵入してきている非白人移住者にプアホワイトアメリカンは敵意丸出しで対応する。営々と築いた小さな城が壊される恐怖心が彼らの無知や無理解と相まって非白人への軽蔑、そして横柄な態度となっているのだろう。

イーストウッドは自身への懺悔も含めて、頑固な中南部のプアホワイトに向けて二一世紀アメリカ社会のモラルとポリティカルコレクトネス（社会正義）を認識するようにとのメッセージ映画を作ったのではないだろうか？　自分たちが間違っていると分かった時には潔く間違いを訂正する正直さが共和党のバックボーンであり、皮膚の色が違っても家族より濃密な愛情関係が築けると分かった時にはその家族と彼らの息子のため、そして正義のために身を犠牲する潔さがアメリカの真骨頂と言いたかったのだろう。

アメリカ中部の田舎エルパソに住むイーストウッドは八〇年代までのアメリカ中南部の頑固な保守

主義者の男どもを代表していた。彼らはニューヨークやロサンジェルスのリベラルな都会人＝民主党員からヒルビリー（田舎者）と軽蔑されている。そしてヒルビリーも都会人を軽蔑する、民主党の牙城である都会人と一線を画した共和党員である。彼らはアメリカンインディアンと闘いながら開拓してきた歴史を誇りとする頑固なマッチョ男どもなのだ。

また彼らはチャリティーを〝都会人のお遊び〟と思っている節がある。汗を流して仕事をするのがアメリカ人で、出来ない弱い人たちは脱落していくだけという、古いタカ派の信条なのだ。

ワーナー映画がタイム社と合併した際にはワーナーの重役であるイーストウッドは多額の利益を得ている。しかし利益の一部をチャリティーに寄付したとも聞かないし、後輩の映画人を育てることもしない。他の中年スターなら例えばロバート・レッドフォードはサンダンス映画祭、またロバート・デ・ニーロはトライベッカ映画祭を主催し、個人資金を注ぎ込んで地域活性化と世界の若い映画人を助けているではないか。

そのうえ彼は人種差別主義者でないかと疑うような発言もしていた。顕著な例では一五年程前のオスカー受賞式でプレゼンターの一人として招待されていたシュワルツェネッガーが壇上でスピーチをすると、一番前に座っていたイーストウッドはシュワルツェネッガーに聞こえるほど大きな声で彼のドイツ訛りの英語をシニカルにからかったのだ。壇上のシュワルツェネッガーは少し困ったような顔をしながらもスピーチを終えた。

また数年前の共和党の全国大会では壇上で私の尊敬するオバマ大統領を椅子に見立てて馬鹿げたスピーチをして顰蹙を買ってもいる

しかし二一世紀になるとイーストウッドは、ヒルビリーの保守主義はポリティカルコレクトネスに適さなくなってきただけではなく、アメリカの将来には益なきものと反省をしたのではないだろうか。その反省の結果が『グラン・トリノ』映画製作に繋がって行ったのではないか。というのはこの映画でイーストウッドは敗北宣言をしているからだ。

（注：その後イーストウッドはドナルド・トランプの共和党に愛想を尽かしインディペンデントとなっている。彼はトランプを「グッド、バッド、そしてアグリー（醜悪）」とこき下ろしているが、これは彼が主演したマカロニウエスタンのタイトル『The Good, the Bad and the Ugly』をもじったものである［邦題は『続・夕陽のガンマン』一九六六年、セルジオ・レオーネ監督］）。

私はイーストウッドがこのような変身を遂げるきっかけは『硫黄島』二部作ではないかと思っている。この映画を作ることでイーストウッドはエルパソ田舎文化から脱出しリベラル思考を得、そして弱い人たちへの暖かい同情の視点から映画作りが出来るようになったのでないだろうか。

ではここで映画手法を使いリールの巻き戻しをしてイーストウッドとの三回の出会いを書くことにしよう。

三回目の最後の出会いは一九九三年のオスカー受賞式後の夕食会であった。最初の出会いの二〇数年後である。英国映画『ハワーズ・エンド』そして『クライング・ゲーム』がそれぞれ九つと六つのオスカーにノミネーションされて、四つの受賞を得た。私はその両作品の製作者側の一人としてアメリカ映画アカデミー協会（アカデミー・オブ・モーションピクチャー・アート・アンド・サイエンス）から招待され受賞式に出席していた。

一方イーストウッドは『許されざる者』の監督賞、作品賞のノミネーションを受けてオスカー受賞式に出席していた。ノミネーションの数では両作品を合わせると私の方が上であったが、結局『許されざる者』が作品賞と監督賞を受賞したのだ。

『許されざる者』（原題：The Unforgiven）はイーストウッド監督作品の中では出来の良い映画とは言えない。ストーリーもかなりちぐはぐである。オードリー・ヘプバーンとバート・ランカスター主演の同名タイトルの映画（一九六〇年、ジョン・ヒューストン監督）の方が良く出来ている。しかし何も賞を取っていない。彼がベスト映画とは言い難い『許されざる者』でオスカーを受賞したのは、恐らくそれまでにイーストウッドが創った秀作への功労賞であろう。また映画はスタジオの中でも一番のパワーを誇るワーナーブラザース映画配給である。当時のオスカーはメジャースタジオのボスの手に握られており、インディーの映画が最優秀作品賞を取れる土壌は出来ていなかった。

受賞式後のパーティーで私が知人のワーナーブラザース会長に祝辞の挨拶に行き冗談交じりに「貴方の会社の映画『許されざる者』が作品賞を取ったお陰で私たちの『ハワーズ・エンド』は負けてしまいました。私たちインディープロデューサーたちは再びこつこつと三、四年かけて賞を取るような映画を作らなければなりません」と話すと「それがハリウッドのルールですよ」との返答であった（「第1章　オスカー受賞式の舞台裏で展開する、女優たちの熾烈な闘い」参照）。

夕食パーティーの後、イーストウッドが友人と話しているのを見つけた私は一四歳の息子と一緒に挨拶に行くことにした。イーストウッドの友人である『ハワーズ・エンド』のプロデューサーが私たち二人を彼に紹介すると、私たちの方に振り向きもせず二つのオスカー像を両手に持ったまま後ろ手で指先だけのお義理の握手を子供にしただけで終わりとなった。この侮辱にかっとなった私は彼の前に行き「二〇数年ほど前に貴方はローマの我が家に（ガールフレンドと一緒にとは言わなかったが）来ましたよ。私はチネチッタ撮影所内のローマ映画学校の学生で貴方はマカロニウエスタンのスター。しかし今夜は『ハワーズ・エンド』に『クライング・ゲーム』で一五のノミネーションに四受賞の映画製作者の一人としてロンドンから来ました」と言うと「オー、そうか」と少し尊敬の念が目に表れたが、素晴らしいなどのお世辞は一切なし。あくまで取り付く島も無いのだ。

イーストウッドの演じる主人公は無口でぶっきらぼうな負け犬のアンチヒーローである。映画の主人公が彼の人柄に投影してしまったのか、または育ったアメリカ中南部マッチョ男の無骨な人柄が影響しているのだろうか。

ではクリント・イーストウッドとの最初の出会いに戻ろう。時は一九六〇年代後半ではなかったのだろうか。それは私のアパートに私の友人であった黒人モデルが彼を連れてきた時である。そのモデルとは私がローマの映画学校学生時代に、夕食稼ぎで写真入りソフトポルノノベル（小説）のアルバイトをした時に知り合い仲良くなったのだ。巨乳が売り物のオッパイ丸出しで活躍していたそのガールフレンドが主役で、私はちょい役の彼女のメイドであった。

私がパーティーをすると言うと、彼女はボーイフレンドと彼の友だちを連れてくることになった。そのボーイフレンドがマカロニウエスタンで名前の出てきていたクリント・イーストウッドであった。

私はムービースターが私の質素なアパートにやってくるこのイベントのために、大掃除をして寿司を作りお金をはたいてビールを沢山買って待っていた。

彼は背の低いイタリア人の間では飛び抜けて長身である。低いアパートの入り口を少し腰を曲げて入ってきたイーストウッドは、シャイなのか、それとも若い私たちとは話をしても役立たないと思ったのか、ビール片手にガールフレンドだけと話をしている。私が日本食とビールを勧めるとありがとうとも言わずにビールだけ黙って受け取る。感じの悪いこと夥しい。そのうえ、連れてきた映画のサウンドエンジニアとそのフィアンセが隣りのベッドルームでセックスを始めたのだ。ベッドルームは居間と屛風で区切られているだけなので、二人のエクスタシーの呻き声は筒抜けである。ゲストの友人たちはいっせいに話を止めてしまった。怒った私は彼らに止めるように頼もうとも、もう始まってしまったので終わるのを待つしかない。そんな白けた雰囲気の中でもイーストウッドは動じることなく何ごとも無かったかのようにビール片手に瞑想している。そして友人のセックスが終わると同時に私に挨拶もせずにガールフレンドを促して出て行ってしまった。

二回目はチネチッタ撮影所でのインタビューであった。我が家のパーティーの数日後に、かのガールフレンドから謝罪の電話があり、イーストウッドが明日撮影所に行くので彼とのインタビューのアポを取ってくれると言う。彼女は貧乏学生の私が食い扶持を稼ぐために日本の雑誌に映画人のインタビュー記事を書いているのを知っていたのだ。

「貴女一人なら彼は優しいのよ。でも言い寄られるかも知れないわよ」

と彼女は言う。

インタビュー当日、まず写真を撮ろうとすると傍に付いているPRの女性が慌てて「ノー」と拒絶する。「ソフィア・ローレンでもツーショットの写真撮りをオーケーしてくれましたよ」と抗議をすると、アメリカのムービースターのインタビューはイーストウッドが是認した公式の写真を使うのがルールであるとの説教つきで写真を一枚寄越した。連れて行った友人のカメラマンには写真を撮らなくても少ない原稿料からギャラを支払わなくてはならない。幸先の悪いインタビューである。

私が「ここのチネチッタ撮影所内の映画学校で勉強しています」と言うと少し私のことを見直してくれたのか、初めて「オウー」とだけ答えてくれたのを覚えている。

英語の下手な私はノートに書いた質問を見せ答えてくれることになったが、私の質問がつまらなかったのだろう。一〇分を経過した途端に立ち上がり、何の弁明もなしに帽子を片手に出て行ってしまった。スターとは言っても名前が出てきたばかりである。外国人には一三歳位にしか見えない私だが曲がりなりにも日本の映画雑誌に彼の記事を書く目的で会っているのだ。無礼な振る舞いではなかろうか。そのうえ一〇分のインタビューでは記事は書けない。かのガールフレンドから彼のプライベートな情報を貰い何とか記事をまとめ上げた。

彼女によるとイーストウッドはイタリア男とは正反対でお世辞は言わないぶっきらぼうな男だが家では優しいと言う。惚れるとあばたもえくぼなのであろうか。しかしイーストウッドがフェミニストでないのは確かだろう。後に彼が十数年同棲していた女優との別れは、ハリウッドのスキャンダルの一つになった。イーストウッドは彼女に精神的苦痛や暴力を振るうという肉体的苦痛も与えただけでなく、一銭の手切れ金も渡していないと非難されていたのだ。

イーストウッドは〝若さが全て〟のハリウッド映画界神話を覆すことにも成功している。数年前までのハリウッドでは六〇歳を過ぎた監督は〝姥捨て山〟扱いとなっていた。傑作『お熱いのがお好き』の監督ビリー・ワイルダーでさえも、メジャースタジオは六〇歳を過ぎた彼の監督作品には有名なムービースターの主演を条件とするのがハリウッド文化であった。ヨーロッパでは大巨匠と言われているウディ・アレンもアメリカでは資金が集まらずにヨーロッパで撮影する条件で観光映画（？）作りを余儀なくされている（注：ヨーロッパ各国は潤沢な国からの援助金システムがある）。

しかしイーストウッドは七〇歳を過ぎても彼のペットプロジェクト（やりたい映画）をワーナーブラザースの干渉なしに製作監督出来るユニークなポジションを築いている。それは彼が優秀なビジネスマンでもあるからだろう。

ハリウッドのパワーゲームを熟知しているイーストウッドは八〇年代の早い段階からワーナーブラザースと独占契約をし、彼自身も重役の一人となっている。つまりメジャースタジオの中枢に入り込む事で映画製作の自由を獲得してきたのだ。

イーストウッドが八八歳で監督、製作をした秀作『運び屋』（二〇一八年）では老醜を曝け出し、コンピュータ時代についていけない田舎の孤独な老人を演じている。ロバート・レッドフォードやウォーレン・ビーティ、アル・パチーノなど同年代の老人スターが若さの役にしがみついているハリウッドで、イーストウッドが背中を曲げ皺皺顔の老人役を自然体で演じる勇気に私は乾杯をしたい。

彼はメジャースタジオの超大作やSF映画は一切作っていない。ハリウッドがこれまで作ってきた正統派映画を踏襲し、マニュアルな手法で映画音楽に編集もするマルチアーティストである。彼はもうマエストロの域に入っている。アメリカ式我が道を行くを実践している人なのだ。

しかしマエストロのイーストウッドではあるが、彼は今もってハリウッドの外様である。ハリウッド中枢部に君臨するのは監督ではスティーブン・スピルバーグ、マーティン・スコッセッシ、俳優ではトム・ハンクス、ロバート・レッドフォード、あるいはブラッド・ピットにジョージ・クルーニー、そしてメリル・ストリープなど、全員民主党のリベラル映画人で占められている。そして彼らはイーストウッドとは一線を画している。それは共和党員であるイーストウッドの保守的な政治スタンスだけではなく彼の無骨な人柄も影響しているのではないだろうか。

イーストウッドもハリウッド中枢部を軽蔑している。それは〝トレンディー（流行）の反対を選ぶ〟が彼のモットーだからだ。頑固な田舎者を誇りとするイーストウッドは二一世紀のポリティカルコレクトネス（社会正義）であるリベラル思考、環境保護運動などはトレンディーと思っているのではなかろうか。

イーストウッドは動物に例えるとモグラであろうか。コミュニケーション下手な自身のキャラクターを知るが故に、モグラが黙々と穴を掘るように映画製作に彼の全てを投影しているのではないか。

彼も二〇二二年で九二歳になった。しかし映画創りの情熱は衰える事無く製作を続けている。そのうえにハリウッド中枢部を刺激する右翼的な発言をしては楽しんでいるようだ（注：最新作『クライ・マッチョ』は九一歳で主演、プロヂューサー、監督を務めている）。

もし、イーストウッドと四回目の出会いがあれば、以前の失敗に終わった出会いを水に流し私は「オメデトウ、マエストロ！」と言いたい。それは『硫黄島』二部作への賛美である。この映画が持つ社会的な意義、そのうえに敗者、勝者側から描く斬新さなど、どれをとってもオスカー最優秀映画賞に値する堂々たる映画である。私はもし『硫黄島』日本側版が二〇一九年の映画であれば、オスカー最優秀映画賞を『パラサイト　半地下の家族』と競ったのではないかと思っている。韓国映画対日本映画（？）の一騎打ち！

では次の章は、映画人との出会いやネットワーキング（交友）の場を提供してくれる、ハリウッドの象徴であるオスカー受賞式の模様を関係者側から描いてみよう。日本のテレビで観る授賞式の模様ではなく関係者だけが知りえる舞台裏でのスターに監督、それにプロデューサーたちの切迫したドラマの展開こそショービジネスそのものだけに、読者には興味があるのではないだろうか。

第1章●オスカー受賞式の舞台裏で展開する、女優たちの熾烈な闘い

オスカー受賞式出席

私が受賞式に出席したのは二〇数年以上前であるが、受賞式そのものは現在の受賞式と何ら変わりがない。しかしセレモニーの会場は当時のドロシー・チャンドラー・パビリオンからドルビー劇場に変わった。

以前は赤絨毯の周囲を綱で囲っただけなので、ファンはスターと至近距離で写真を撮ったり会話をしたり出来たが、今では赤絨毯の後ろに受賞式に招待されていない一般人用に椅子を並べ、赤絨毯を歩くゲストのスターたちを観賞出来るようにしている。これは以前のようにパパラッチやファンがスマホでセルフィーをスターに突きつける混雑を避けるためと、セキュリティーが目的であろう。

またこの数年の間にスターたちの着るデザイナードレス・チェックがセレモニーを華やかに盛り上げるショーの一部となってきた。テレビのプレゼンターは赤絨毯を歩く女優が着ているドレスのデザイナーの名前をまず質問する。今やオスカーだけではなくアメリカの様々なエンターテインメントの受賞式で、スターの着るドレスが彼女たちのノミネーションと同じほど脚光を浴びているのだ。その

他にはノミネーションされたスター、監督、クルーたちとプレゼンターの名前が入れ替わっただけであろう。

今もって日本人の映画関係者で外国映画のプロデューサーとしてオスカー授賞式の招待を受け出席したのは私だけと言われている（スタジオジブリのアニメ作品や『おくりびと』などの監督、プロデューサーたちは日本映画のノミネーションで出席）。そしてセレモニー後の晩餐会に私が製作に携わった英国映画『ハワーズ・エンド』（九ノミネーションで三つの受賞）のテーブルに座ったおかげで、日本人ノミニー（ノミネーションされた人）に受賞者たちだけが座るテーブルでは見ることが出来ないであろうハリウッド映画界のスター受賞者、非受賞者の愛憎ドラマをつぶさに観察出来たのだ。二〇数年以上前ではあるが、セレモニーで繰りひろげられるスターたちの愛憎ドラマは変わらない。オスカー受賞式の舞台裏は受賞式より何倍もドラマティックな場所である。

『クライング・ゲーム』（一九九二年、ニール・ジョーダン監督）と『ハワーズ・エンド』（一九九二年、ジェームズ・アイヴォリー監督）がオスカーに合わせて一五ノミネートされたのは一九九三年のことである（注：今もって英国映画二作がオスカー最優秀映画賞を競ったのはこの二作品だけである）。私は二作品のプロデューサー側の一人としてオスカー受賞式に招待され、一四歳の息子を連れてロスに来ていた。私にとっては、まさしく宝くじが当たったような出来事である。オスカー受賞式に生まれて初めて着るカクテルドレスで出席出来るのだ。私はシンデレラになったような心境であった。この幸運が一二時以降にかぼちゃになってしまうのではないだろうか。しかしありがたいことに一二時を過ぎてもカボチャにもならず両作品で四つの受賞を得たのである。

オスカーノミネーション一五に四受賞の威力は凄いものであった。オスカー受賞後、私は一躍〝世界エンターテインメント業界トップ一〇〇のプレーヤー〟に選ばれた。私は当時、極小映画製作会社NDFジャパンの女性インディープロデューサーである。それも会社を設立したばかりである。映画界のトッププレーヤーには値しないのではないか。ぶかぶかのサイズの洋服を着てまごついている気恥ずかしい自身を感じていた。

しかしこのまたとないチャンスを踏み台に、インターナショナルフィルムメーカー（世界の映画人）としてジャンプをしよう。その確固とした決意を得られたのがオスカー受賞であった。

では金の卵を産むオスカー受賞式に読者を案内しよう。

オスカー受賞式はロスきっての大イベントであるだけではなくアメリカ映画界のハイライトである。ハリウッド全体がこのお祭りを最大限に盛り上げていく。

ロスにはこの期間中莫大なお金が落ちる。世界中から集まった映画人たちが、プロモーションも含めてお金を湯水のようにロスで出費していくからだ。という訳で、ロス住人全員がこのイベントで盛り上がる。

私たちが受賞式の一週間前にロスの定宿にしているホテルにチェックインすると、マネージャーが恭しく現われ、受賞式に招待されているＶＩＰがこのホテルに宿泊してくれる名誉のお礼としてスウィートルームを半額の宿泊料にしてくれると言う。通常オスカーにノミネートされるようなパワフルな映画プロデューサーたちは、四つ星ホテルとはいえかなり質素なこのホテルなどには泊まらないのだろう。

部屋に入るとシャンパン二本にフルーツの籠、そのうえ無料の朝食券もテーブルに置かれている。オスカーノミネーションの威力は凄いものだ。またオスカーにノミネートされた俳優や監督たちの出演料、監督料は、次回作では三〜四倍に跳ね上がる。プロデューサーたちも映画がノミネートされると世界での劇場公開とビデオ等の売り上げで当時でさえ四〜五〇〇〇万ドルの収入が見込まれたのだ。

私が製作に拘わった『クライング・ゲーム』は低予算二〇〇万ドル程で製作した英国映画であるがノミネーション以前からアメリカでそれなりのヒットをしていた。しかしオスカーノミネーション後は大ブームを起こしアメリカだけで七〇〇〇万ドルの収益を上げた。これは大作メジャースタジオ映画と同じ売り上げである。

ノミネーションの段階で既にこのような効果があるのなら、受賞はその倍の効果とばかりに製作者側は二週間ほど前から大キャンペーンを張る。このキャンペーンにはノミネーションされた俳優だけではなく、プロデューサーの友人であるスターが駆けつけて応援を手伝う。また私のようなノミネートされた映画人は多くのレセプションやパーティーに招待され、スターたちに交わり彼らの素顔に接することが出来るのだ。

トム・クルーズとニコール・キッドマン

私の出席したレセプションのハイライトは、『ア・フュー・グッドメン』(一九九二年、ロブ・ライナー監督）であった。トム・クルーズをはじめとしてジャック・ニコルソン等超スター出演である。また監督が当時のハリウッドきっての花形監督ロブ・ライナーであり、パワフルなプロデューサーの映画だからだろう。そのうえに作品賞ノミネーションだけでなくジャック・ニコルソン助演男優賞ノミネーション等を得ている鳴り物入りの話題作である。当然世界中の第一線監督にプロデューサーそして超スターたちが一同に集まっている。アンソニー・ホプキンス、エマ・トンプソン等もちろんトム・クルーズの妻であったニコール・キッドマンも来ている。彼女はクルーズとは遠く離れて映画製作者や監督たちと熱心に話し込んでいる。クルーズと違いまだまだトップスターとは言えない彼女は売り込む必要があるのだろう。しかしジャック・ニコルソンの顔は見えない。主演のトム・クルーズとの軋轢を避けたのだろうか（ジャック・ニコルソンは助演男優賞を受賞）。スピーチをする段階になるとトム・クルーズが製作者側を代弁してこの映画の宣伝を始めた。花形監督ロブ・ライナーもトム・クルーズの人気の前では影が薄いのだろう。ハリウッドはスター文化である。

面白かったのはトム・クルーズがスピーチをしているその隣に私の息子がぴたっとくっついている。彼は息子のアイドルだったのだ。〝隣のお兄ちゃん〟が人気の要因の一つであるクルーズはまさしく〝お兄ちゃん〟の面目躍如で、知らない子供にも拘わらず何の頓着もなくまるで弟を引き従えるように息子の肩に手をかけて話をする。息子は英雄お兄ちゃんのスピーチの一言一言に嬉しそうに頷いておりり出席者の笑いを誘っていた。

印象に残ったのはクルーズが何度も「へーイ、ニコールは何処だ」と妻を捜しては彼女に手を振り、夫の自分が何処にいるかを彼女に誇示していたことだ。クルーズは私たち映画人には雲の上のスターである。仕事を一緒にするのは不可能との判断からであろうが、クルーズの傍にいる映画人も彼に挨拶をするとそそくさと去って行く。いつもは何人ものボディガードや取り巻きに囲まれているであろうスーパースターは一人でいるのが不安なのか孤独感が漂っている。キッドマンに帰るサインを送っているが、彼女は急ぐわけでもなく少し遅れてゆったりと出てきた。クルーズは笑顔ではあるが彼女を急き立てて車に乗り込んでいる。

巷の噂ではクルーズは強度のコントロールフリーク（仕切り屋）と言われている。自作の映画はもちろんのこと、家族の私生活全てをもコントロールするらしい。クルーズがキッドマンに恋をしたのは、田舎者と言われているオーストラリア出身の若いキッドマンが初心（うぶ）でコントロールしやすかったのではないだろうか。

彼女の最近のインタビューで、クルーズは結婚生活中彼女を精神的に彼に依存するように一種の〝洗脳〟をしたらしい。離婚はキッドマンが子供から自身で決定を下せる大人の女性になる分岐点であったと告白している（注：クルーズはカルト宗教集団サイエントロジーのメンバー）。

私も『ハワーズ・エンド』と『クライング・ゲーム』のプロモーションのために、現在はホテルである元チャップリン邸で日本食パーティーを催した。ノミネーションだけではなく受賞の一つもあるとその後の私のキャリアに役立つからだ。当時から寿司はハリウッド人の大好物である。日本食につられてか、ノミネーションされた二作の監督や俳優、そしてクルーの他にも、ピーター・ウィアーなどの有名監督も来てくれていた。彼は二作の関係者ではないが、『ハワーズ・エンド』の監督ジェームズ・アイヴォリーの友人として応援がてら来てくれたのだろう。

彼は私のヒーローである。世界的な監督の一人であるが彼ほどエレガントで繊細な監督は知らない。少しも気取りやスノッブなところが無いのだ。そしてあくまでも優しい笑顔が絶えない人である。私は早速ミーティングを頼むと直ぐにオーケーが出た。私は天にも昇った心境であった（注：ミーティングの詳細は後述）。

山ほど催されるパーティーの中でも、派手派手パーティーナンバーワンは何と言ってもハーヴェイ・ワインスタイン主催のものである。当時から彼は買い付けていたインディー映画がノミネーションされると受賞レースで勝つ戦略として大プロモーションを張るのだ。五〇〇万ドル程度で買った映画がノミネートされると一〇〇〇万ドル以上の宣伝費を使う（注：宣伝費は最終的には私たちプロデューサーが支払う）。その宣伝は映画だけではなく彼自身のプロモーションの役目も兼ねている。その中にはポールダンシング（ストリップショー）もある。この種のセクシーなパーティは大体夜中から始まり朝方まで続く。スターが出席する豪華なディナー・パーティーでシャンパンをしこたま飲んだゲストは千鳥足でポールダンサーたちとセクシーな夜を楽しみ、ハーヴェイの映画に投票する狙いではないのだろうか。子連れの私は行けなかったが、ストリップショーに行っていれば、今、弾劾されているハーヴェイの卑猥な罪の一端が見られたかも知れない（注：Me Too 運動が起こった張本人のハーヴェイ・ワインスタインについては第2章「オスカー負の遺産」を参照）。

私がオスカー受賞式の一週間前にロス入りしたのはネットワーキング（交友）作りが目的である。

この期間は殆どの監督や大物プロデューサーが世界中からロスに集まっている。日頃会えないＶＩＰ映画人とのミーティングが出来る絶好のチャンスなのだ。

ネットワーキングはプロデューサーにとって将来のキャリアを決める最も大切な仕事の一つである。今回は私が拘わった英国映画二作がノミネーションされたお陰で、私のような小インディー女性プロデューサーでも今をときめく監督、プロデューサーやエージェントたちとのミーティングが可能になるのだ。

スタジオの超大作映画を監督する有名監督たちでも業界用語で〝ペットプロジェクト〟と言われるお気に入りの映画企画を開発しており、インディーのプロデューサーを探している。たとえ有名監督の企画であっても、メジャースタジオは、アート映画は興行的にはヒットが難しいと敬遠し、簡単にゴーサインを出さないからである。私たちインディーのプロデューサーにとっては彼らと映画製作が出来るまたとないチャンスがオスカーノミネーション、そしてネットワーキングなのだ。

一週間の間にロスで一〇人程の映画監督やプロデューサー、エージェントと会ったが、印象に残ったのはクエンティン・タランティーノとピーター・ウィアーである。

一〇年程前まではオスカー最高映画賞受賞はスタジオ映画社に牛耳られていた。どんなに素晴らしい作品でもインディー映画が受賞するチャンスは万に一つしかなかった。それに比べ、ノミネーションはハリウッドの〝政治〟が絡まない。質が重視される。インディーのノミネーション映画が受賞作と同じ扱いを受け尊敬を受けるのはそのためである。ノミネーションされた欧州の映画人はハリウッドからお呼びがかかり超大作のスタジオ映画をオファーされるチャンスでもある。ハリウッドは次の時代のスピルバーグを探しているのだ。インディー映画人にとってオスカーノミネーションは閉鎖的なハリウッドの重いドアを開かせる魔法の杖とでも言えようか。

『クライング・ゲーム』監督ニール・ジョーダンのスピーチ

さて、いよいよオスカー受賞式の日である。私も受賞式の会場のドロシー・チャンドラー・パビリオンに近い元チャップリン邸のホテルに移った。初のオスカー受賞式出席である。少しゴージャスな気分を味わいたいではないか。このホテルは映画史の元勲であるチャーリー・チャップリンとセシル・B・デミルの両家を一緒にしている。私の寝室はチャップリンの元寝室であった。そしてチャップリンが助けてくれたのかどうか分からないが、私たちの小作品二作は健闘し四受賞を得たのである。ドロシー・チャンドラー・パビリオン会場の椅子の数は現在のドルビー劇場と変わらないが、今ほど大掛かりではなかった。テレビ局のスターへのインタビューもノミネーションされている俳優か超スターたちに限られていた。パパラッチも今ほど多くは無く、私たちのような一般の出席者もスター並みにゆっくりと赤絨毯を通って会場に行けたし、途中で写真を撮ったりも出来たのだ。

会場に入ると私のナンバーを見た案内の女性が恭しく私と息子を席に連れて行ってくれる。何と前から一〇番目の特等席である。私たちの前の席にはノミネートされたスターや監督、そしてプレゼンターのセレブリティーたちばかりである。一五のオスカーノミネーション映画の威力を再び目の辺りにする。その上にカメラが頻繁に私を写していた。恐らくアジアから来た人気女優と間違えたのではないだろうか。ロンドンに戻ると友人たちが「みちよさーん、オスカー受賞式に出ていたのをスクリーンで見ましたよー」。

受賞式の模様はテレビで放映されるのでここでは省くが、一つだけ付け加えると私たち製作者側はノミネートされた俳優やクルーに膨大なノートを書き送る。ヨーロッパ映画のオスカー受賞はハードルが高い。受賞のチャンスも少ないのでノートも無駄になるケースがほとんどであるが、万一の受賞を見越して書くのだ。そのノートは限られた時間（四五秒）内でお世話になった人たち、その多くは投資家たちの名前で占められている。これを無視すると次回作の資金繰りに響いてくるので絶対に必要である。もちろん私たちプロデューサーの名前も宣伝のために言わせなくてはならない。また俳優には機智のあるユーモラスなスピーチを一〇ほど用意して選ばせる。つまらないスピーチはクールじゃないと馬鹿にされるからだ。最後は主にアメリカの受賞者たちだが家族の名前を羅列していき「アイ・ラブ・ユー」で締めくくる。全てを四五秒内でこなすには早口コンクール優勝者も顔負けの早口が要求されるのだ。

この受賞式でのハプニングナンバーワンは何と言っても『クライング・ゲーム』でノミネートされたニール・ジョーダンであろう。

プレゼンターが脚本賞受賞者として彼の名前を呼んだ時である。しかしニールは舞台に現われない。プレゼンターが続けて二、三度彼の名前を呼び出しても彼は現われない。私たちプロデューサー側はこのハプニングに心臓が止まりそうになり声も出ない。しかし一、二分ほど聴衆を待たせた挙句に大急ぎで舞台に上がった彼は「ごめんなさーい。受賞するとは思ってもなかったのでトイレでゆっくりとおしっこをしていました。私に投票してくれたアカデミー会員に感謝しまーす」と頭を掻いての弁明で、出席者は爆笑であった。その後にポケットをもぞもぞと探し私たち関係者が用意した投資家たちと私たち製作者への感謝の言葉を言おうとした途端に時間切れとなり退場させられた。私の小さい会社もオスカー授賞式の舞台で大きく呼ばれるチャンスを逃したわけだ（注：英国アカデミーBAFTAではニールは特別感謝として真っ先に私の会社の名前を読み上げてくれた。私が『クライング・ゲーム』製作が暗礁に乗り上げた際に救助した恩を忘れていなかったのだ。第6章「NDFジャパン映画製作会社設立」を参照）。

ノミネートされた映画人は通常オスカーは誰それに、とプレゼンターがカードを開ける瞬間を息をこらして待っている。顔と体が緊張で突っ張っている俳優や監督、クルーたちをカメラはクローズアップで映し出す。サスペンス映画並みのドキドキ瞬間である。このようなドラマティックなシーンを繰り広げる受賞式を見慣れているハリウッド人には「トイレでおしっこを……」の台詞はモンティ・パイソン風なイギリスジョークと受け取られたようだ。好意に満ちた拍手を受けて私たち関係者はほっと胸を撫でおろしたものである。

――女優たちの熾烈な闘い　ドヌーヴ、レッドグレイヴ、ジェーン・フォンダ……

受賞式のハイライトはその後のディナー・パーティーであろう。招待客はノミネーションされた映画のテーブルに案内される。私と息子は『ハワーズ・エンド』のテーブルを選んだ。この作品は九ノミネーションに三受賞で、『クライング・ゲーム』の六ノミネーション、一受賞より上ということでベストのテーブルが用意されていたからだ。

そのテーブルのゲストには『ハワーズ・エンド』で主演女優賞に輝いたエマ・トンプソンを中心に、同じ映画で助演女優賞ノミニー（ノミネートされた）のバネッサ・レッドグレイヴ、同じくノミニー監督のジェームズ・アイヴォリー、他のノミニーや受賞者である撮影監督や作曲家、そして私たちプロデューサーたちなどである。

しかし『ハワーズ・エンド』のテーブルにも拘わらず、何故かフランス映画出演で初の主演女優賞にノミネートされたカトリーヌ・ドヌーヴが同席していた。フランスでは大スターのドヌーヴだが、ハリウッドでは無名に近い。彼女はエージェントの男性と二人だけの出席なので、私たち『ハワーズ・エンド』組のテーブルに入れられたのではないだろうか。同じテーブルに主演女優賞受賞者エマ・トンプソンとそれを逃がした負け組のカトリーヌ・ドヌーヴが一緒に座っているのだ。

イギリスとフランスは歴史的に仲が悪い。現在でもイギリス女性とフランス女性は何時も男を巡って張り合っているし、お互いに嫌悪感を抱いている（注：五〇年前だが有名な例として今でも語られるのは、バネッサ・レッドグレイヴVSジャンヌ・モローとの大喧嘩である。ジャンヌ・モローがバネッサ・レッドグレイヴの夫を奪ったのだ）。

私たちのテーブルはウエスタン映画の決闘シーンのような雰囲気となってしまった。ドヌーヴとしては、英国人の若い小僧っ子のエマが大女優の私を差し置いて受賞するのは許せないと思っていたのだろう。彼女は同伴のエージェント以外とは一切口をきかず、エマを天敵とばかりにジーっと睨みつけている。そのうえ彼女はテーブルのゲストに聞こえるのも構わず、出席している映画人の悪口や批判をエージェントと始めたのだ。彼女の顔は映画の中で演じる悪女の表情と全く同じである。私たちにとっては生涯に二度とはないであろう受賞式出席の余韻をゆっくりと楽しむような雰囲気ではない。同席者は固くなり二人に聞こえない小さい声で話をしている。インテリで非常にフレンドリーなエマはその雰囲気を無視して自然に振る舞おうとしているが、やはり当惑しているのが見て取れる。そこでプロデューサーの端くれである私は、ベビーシッターも役の内とばかりにテーブルの雰囲気を和らげようと隣に座っているドヌーヴにいろいろと話しかけた（私と息子は彼女とエマ・トンプソンの間に座っていた）。

「貴女の洋服は素晴らしいですね。以前ランチをパリで一緒にしました」などと挨拶したのだが、彼女はフンという感じで無視する。悪いことにエマのところにはハリウッドの有名監督や俳優、パワフルなプロデューサーたちが大挙して「エマ、主演女優賞おめでとう、近い将来に一緒に仕事をしたいものですね」とお祝いを言いに来る。敗者のカトリーヌ・ドヌーヴには目もくれない。あこぎな映画界とはいえ、ヨーロッパのエチケットでは敗者のスターにも近づき手にキスをするか慇懃に挨拶するのが普通である。私はアメリカ映画業界、いやアメリカ社会の勝者文化の一端を見た思いがした。

唯一この場を上手くこなしていたのは、ベテラン女優のバネッサ・レッドグレイヴであった。彼女は私たちの当惑を全く気にせず、ドヌーヴを除く全ての同席者に機嫌よく話しかけている。私の息子とは学校の話をし、私には元チャップリン邸で催したランチに出席出来なかったお詫びを何度もしてくれる。そして彼女のエスコート役の元夫フランコ・ネロに私とイタリア語で話すよう促がしているのだ。彼女は長年の女優生活でこのような俳優同士の嫉妬の場面を見過ぎているのだろう。

バネッサは受賞したエマより輝いている。体から安心感が漂い余裕しゃくしゃくである。彼女にとって、『ハワーズ・エンド』出演でオスカー助演女優賞にノミネートされただけでも大勝利であったからであろう。

バネッサは十数年にわたってハリウッド映画界でレッドパージを受けていた。彼女の政治的立場である〝アンチイスラエル、パレスティナ人サポート〟が、ユダヤマフィアで占められているハリウッド映画人の逆鱗に触れたからだ。ハリウッドの政治的スタンスは民主党リベラルである。しかしイスラエル／パレスチナのことになると途端に共和党顔負けのタカ派に豹変してしまう。ハリウッドではアンチイスラエル発言はご法度なのだ。だが英国演劇映画界のサラブレッドにしてお嬢さまの彼女は、怖いもの無しとイスラエルの悪口を公に発言したのだ。その罰はハリウッド村のパリア（村八分）であった。彼女のノミネーションはハリウッドマフィアの暗黙の掟が破られ彼女をハリウッドに再び迎えるサインであったのだろう。

バネッサにまず挨拶に来たのはハリウッドのクイーン、ジェーン・フォンダであった。フォンダはバネッサの親友で映画『ジュリア』（一九七七年、フレッド・ジンネマン監督。バネッサ初のオスカー主演女優賞）で共演している。一時、バネッサはフォンダのくるくると変わる政治的スタンスを批判して仲違いしていた二人だが、昔の怨念は水に流したのだろう。

フォンダも政治活動でハリウッドのアウトサイダーとなっていた時期がある（注：ヴェトナム反戦

活動で〝ハノイジェーン〟コミュニストと言われていた)。その後は一転してアイロビック女王となり大金持ちの資本家に転身している。周期的に活動が変わるフォンダをハリウッドでは〝カメレオンジェーン〟と揶揄している。しかしフォンダは一度も政治スタンスを変えないバネッサを尊敬しているのではないだろうか。ノミネーションでロスに来たバネッサをフォンダは抱きしめ頬にキスし、彼女のノミネーションを祝っている。同じテーブルの私たちも〝ドヌーヴ事件〟を忘れてこの感動的なシーンに気持ちが暖かくなった程だ。

頭の良いフォンダはテーブルの雰囲気を感じ取ったのか、最後までドヌーヴには目もくれず去って行った。さすがハリウッドのポリティカルコレクトネスを熟知したベテラン女優である。

オスカー受賞は栄光とプライドが懸かっているだけではなく、銀行口座の額が懸かってもいる。前述したようにオスカーを受賞すると彼らの出演料は無名でも十倍に跳ね上がる世界である。特に女優は男優に較べて出演料も劣るが受賞はそのハンディを取り除いてくれ、男優と同等の出演料が約束される。ちなみに二〇一五年のオスカー受賞式で、『6才のボクが、大人になるまで。』(二〇一四年、リチャード・リンクレイター監督)で助演女優賞を受賞したパトリシア・アークエットがハリウッドの女性蔑視文化批判のスピーチをしてから、この問題に火がつきハリウッド映画界は男女の出演料の見直しを余儀なくされている。

またハリウッド映画界では、有名ムービースターの女優でも四〇歳を過ぎると途端に主役を張る役は来なくなる。いや来なくなるのではなく、中年女性の主役映画を作らないのだ。しかし受賞で人気を盛り返した女優にプロデューサーたちは中年女性が主役の映画を製作する。そして彼女はその主役主演のオファーを受ける魔法の杖なのだ。ドヌーヴの嫉妬も判らなくはない。特にドヌーヴはフランスを代表する大女優のプライドを背負って初めてのオスカー受賞式にやってきている。それにしても公の場で感情をもろに露わすのはやはり醜く、他人への配慮に欠ける振る舞いではないだろうか。
〝オスカー嫉妬〟は女優だけではないようだ。最近出版された英国演劇界の天皇であったローレンス・オリヴィエ卿の自伝では、彼の異常な嫉妬の模様が詳細に描かれている。それによると、彼の妻であったヴィヴィアン・リーが一九三九年に『風と共に去りぬ』（ビクター・フレミング監督）で主演女優賞を受賞した際には、気が触れた男のようになりふり構わずパジャマ姿で彼女の演技の悪口を叫びながら庭に飛び出す。そしてオスカー像を持って自宅に戻って来た彼女の顔面を引っぱたく暴力沙汰を働いたとのことである。俳優同士のライバル関係といっても彼女は妻である。そのうえ一九三九年当時はオスカー受賞も現在のような影響がなかった筈だ。当時のオスカー受賞はアメリカ映画界内の顕彰（表彰）であり、出演料には余り影響を与えなかったと言われている。ましてや英国映画界への影響はなかった筈だ。オリヴィエが現在でも生きており、二〇二〇年のオスカー受賞式で妻のヴィヴィアン・リーが彼を差し置いて受賞したと考えると殺人事件にまで発展したのではないかと、俳優の底なしの嫉妬心に恐怖が湧いてくる。

さて、女同士の嫉妬が絡むテーブルでうんざりしていた息子は、夕食のメインコースが終わると途端に立ち上がって、隣のテーブルに座っているシャロン・ストーンの傍をうろうろし始めた。彼女は一四歳の息子にとってミューズ（美の神）なのだ。『氷の微笑』（一九九三年、ポール・ヴァーホーヴェン監督）が大ヒットして人気の頂点に立つ彼女は自信に満ちており、さすがハリウッドナンバーワン美女と呼ばれるのにふさわしい。腿があらわなセクシーな白いドレスが良く似合う。同席者の一人が息子を摑まえて「ヘーイ、ヤングマン、シャロンは君のお母さんと同じ年だよー」とからかうと一瞬怯んだが、実際の私の年齢を知っている息子はその冗談を無視して彼女に果敢にタックルし、腕にサインを書いてもらってきた。

デザートを食べ終わるとゲストは本格的なネットワーク開始の時間となる。ゲストたちは席を立ってお目当てのプロデューサー、監督、俳優たちの席に行き真剣なビジネスの話を始める。その光景はまるでぐるぐる回るメリーゴーランドを見ているようである。

まずゲストは群れをなして受賞した映画人にお祝いの挨拶に駆けつける。プロデューサーは受賞スターに先ず挨拶に行く。そのあとには受賞監督と受賞を逃したノミニーのスター、監督という順番でネットワーキングする。出席者のスターたちは受賞した監督や有名な監督に擦り寄っていく。オスカー受賞が可能になるのは監督の技量にかかっているからだ。

作品賞、監督賞を受賞したクリント・イーストウッドの周りには大勢のゲストが挨拶に来ている。彼は今回のオスカー受賞式のヒーローである。

フェデリコ・フェリーニとの再会

私のオスカー受賞式パーティー出席のハイライトは映画監督の中で最も尊敬するフェデリコ・フェリーニと再会出来たことであろう。マエストロは生涯映画貢献賞で受賞式に出席していた。息子と一緒にマエストロのテーブルに挨拶のために行くと、息子を見て「大きくなったねー」と覚えてくれている。そしてテーブルのゲストたちに「この子は弟（実際の弟ではないが）エマニュエルの子供だ」と、まるで自分の孫を紹介するような自慢気な様子なのだ。オスカーを取った後のほとぼりも覚めやらぬという感じではなく、まあ取れたのは嬉しいが友人の子供の成長を見るほうが楽しいといった感じで私は恐縮してしまった。フェリーニはこの受賞式の数か月後に亡くなった。これが神様フェリーニと交わした最後の言葉であった（注：第4章「ディストリビューターとして買い付けた映画と、思い出深い映画」のエピソード『ジンジャーとフレッド』参照）。オスカー受賞式はフェリーニと最後に会える貴重なチャンスを私たちに与えてくれた。それもマエストロの優しい眼差し溢れる感動的なものであったのは、私の長い映画人生のハイライトの一つである。

オスカー受賞式は華麗にして、どこまでも明るくポジティブなイベント——だけではない。ダークな面、暗さも抱えている。

アメリカ社会は〝若さ〟を土台にした文化である。〝若さ〟はパワーがあるが許容度が大人文化のヨーロッパに較べて低いのではないだろうか。私がオスカーセレモニーの〝暗さ〟を見たのはエリア・カザン（『エデンの東』、『欲望という名の電車』などの名監督）が一九九九年に生涯映画貢献賞を取った時である。アメリカ映画の傑作の数々を監督したカザンにしては遅すぎた受賞である。テレビで受賞式を見ていた私はやっとハリウッドも赤狩りの恩讐を忘れ、カザンを許したとほっとした。それは私がアメリカ映画史に輝くこのマエストロを個人的に良く知っていたからである。カザンから最後の映画企画のプロデューサーを要請され二週間程ロスで一緒に仕事をした時期があったのだ（注：第10章「幻の傑作映画製作記」参照）。

ロバート・デ・ニーロ、マーティン・スコセッシの紹介でステージに上がったこの巨匠に対して、ゲストたちからの拍手と立ち上がってのスタンディングオベージョンがない！　出席者の何人かが立ち上がるだけで会場はシーンとしている。マナーとしてこの賞の受賞者には出席者全員が立ち上がり拍手をするのが授賞式の慣習である。カザンに発見されスターになったウォーレン・ビーティ、アル・パチーノも頑固に座ったままである。老巨匠は当惑の余りデ・ニーロの方を何回も振り向き助けを求める眼差しを向ける。デ・ニーロは言葉をなくしてしまったカザンに優しく合図をして、やっとカザンは用意していたメッセージを読み終えた。

しかし最近の受賞式のビデオを観ると、何故かウォーレン・ビーティやアル・パチーノなどのスターを含む出席者全員が立ち上がり暖かい拍手をおくる〝リベラル〟版に再編集されている！　昔の恩讐を水に流し元巨匠を鷹揚に許す〝偽リベラルハリウッド映画人〟の面目躍如ではないか。

一年一回の祭りは終わった。俳優たちは待たしていたリムジンでそそくさと帰っていく。翌朝早くから撮影があるのだろう。受賞を逃した俳優は受賞者がテレビのインタビューを受けているのを横目に見ながら去って行く。ハリウッドは勝者敗者の縮図でもある。

オスカーの今後を占う

さて、どのようなテーマの映画がオスカー受賞の対象になるのだろうか。

ハリウッド人の暗黙の同意として、ホロコースト生き残りの主人公のストーリーであればオスカー受賞戦線の最短距離に行ける。その主人公がアウシュビッツの恐怖の経験から精神を犯されている老齢の女性／男性であれば、オスカー映画賞受賞は目の前に現れていると言われている。確かに過去のオスカー受賞映画の多くはホロコースト映画である。良い例が、ハリウッドがパリア（村八分）として追い出したロマン・ポランスキーの『戦場のピアニスト』（二〇〇二年。作品賞、監督賞、主演男優賞受賞）であろう。

ハリウッド映画人は全員と言って良いほどユダヤ人である。ホロコーストの歴史は彼らの痛みである。ホロコースト映画を讃えるのが彼らの義務なのだろう。しかし二一世紀のハリウッドは後述するように、ホロコースト映画以上に反人種差別映画と身体障害者を扱った映画（今年のアカデミー作品賞『コーダ　あいのうた』で分かるように）が受賞の対象になって来ている。

ここでオスカーの今後を占ってみよう。

オスカー受賞式は一〇〇年近く続いている。一〇年程前まではメジャースタジオが製作配給する映画が作品賞を取るのが掟と言われていた。序章で触れたように、私が出席したオスカー受賞式でもワーナー・ブラザースの製作であるイーストウッド監督の『許されざる者』がその賞を取ったのだ。メジャースタジオのボスもオスカーは自分たちがコントロールしていると公然と言い放っていた。しかしこの掟も自然解消し、インディーの映画が賞を取るように変わってきている。ハリウッドも生き残る手段として新しい才能発掘のためにオスカー受賞の門戸を開いたのだ（第2章「オスカー負の遺産」参照）。

映画界は一世紀の間に幾つかの危機を迎えてきた。まず、第一の危機は六〇年代からのテレビの普及が挙げられる。テレビが劇場映画の観客を取り込み、映画の観客数が落ちこんだのだ。しかしハリウッドはテレビでは見られないアクション大作や上質な劇場映画を製作することで危機を乗り越えた。映画界が盛り上がり映画観客数も増えヒット作がどんどん出てくるようになると、テレビ会社が劇場映画製作に資金提供をし、テレビ上映権を取得するようになる。映画界がテレビを呑み込んだと言えるだろう。そしてこの二つのエンターテインメントの間に境界線が敷かれるようになった。映画鑑賞は週末のお出かけ用、テレビは平日用である。

しかし八〇年代になるとビデオカセット、その後はＤＶＤの進出、数年前からはNetflixやAmazon primeなどストリーマー（テレビ、オンラインで見る映画）の映画界進出である。特にNetflixは天上なしといわれるほど莫大な予算で映画製作を始め、劇場映画のテリトリーに侵入して来ている。

ストリーマーブームの先鞭をつけたのがNetflix製作、アルフォンソ・キュアロン監督の『ROMA／ローマ』（二〇一八年。「ROMA」を反対から綴ると「AMOR」、スペイン語で〝愛〟の意）である。オスカーに一〇近くの部門でノミネートされ、最終的に外国語映画賞、監督賞、撮影賞を受賞して話題になり、その後にNetflix会員が急増加したと言われている。

劇場映画の変遷が即オスカー受賞の変遷と言えるだろう。それではオスカー受賞そして受賞式は徐々に消えていくのだろうか？

最近のオスカーノミネーション映画を見る限り反対の現象が起きている。オスカーがストリーマー映画を取り込み数年前より繁栄してきているのだ。インディー映画（メジャースタジオの映画ではない）が社会的なテーマをストーリーの土台にした良質な映画製作でノミネーションの主流を占める様になってきているからだろう。

それはメジャースタジオがストリーマーに対抗してフランチャイズのブロックバスター映画（超大作）製作にシフトを切り替えたことが挙げられる、ブロックバスター映画の主演はCGIにスペシャルエフェクトである。スターはパンダと同じく観客動員の目的だけの出演である。そしてメジャースタジオのオスカー受賞はクルーのテクニカル部門だけとなってきた。スターたちは当然不満である。そこで彼らはスターの特権を行使して、メジャースタジオが製作しない社会的なテーマを持ったインディー映画製作を始めたのだ。良質な映画はオスカーノミネーションの対象になる。受賞でもすると彼らのスターバリューで映画館数がブロックバスター映画と同じほど広がり、インディーの小作品が一億ドルの収益を上げるのだ。ハーヴェイ・ワインスタインの項で書いているようにそのパイオニアはブラッド・ピットである。彼の製作会社プランBは、黒人の人種差別やアメリカ社会の持つ問題提起を中心にした映画製作で幾つもオスカーを受賞している。『それでも夜は明ける』(二〇一二年、スティーヴ・マックイーン監督。作品賞受賞)や、黒人だけの出演映画『ムーンライト』(二〇一六年、バリー・ジェンキンス監督。作品賞受賞)などもピットが助けている。制作費一五〇万ドルの製作費でアメリカだけで七〇〇〇万ドル収益を上げている。

『ムーンライト』はオスカーの将来を予測した映画と言えよう。それは全俳優が黒人というだけではなく、今までの人種差別弾劾映画と一線を画しているからだ。詩的で静溢な描写は人種問題を超えた映画である。オスカーが受賞の対象を、今までのアメリカ社会問題提起映画から質を重要視するシフトに舵を切り変えた分岐点の映画なのだ。その結果として受賞映画の対象が国際化して行き、この映画の受賞が二〇二〇年の韓国映画『パラサイト　半地下の家族』(ポン・ジュノ監督)の受賞に繋がっていったのではないだろうか.

次に挙げられるのはアメリカの黒人、アジア人、ラティーノ等非白人の人口増加で映画産業自体が変わってきていることだ。

白人スターが出演しないアメリカ系アジア人俳優主演の映画『クレイジー・リッチ!』(二〇一八年、ジョン・M・チュウ監督)、『フェアウェル』(二〇一九年、ルル・ワン監督)などが一〇〇億円の収益をアメリカだけで上げている。マーケットも観客もグローバルになってきている。オスカーが変質していくのは当然であろう。

二〇一九年のオスカー受賞式後から非白人俳優の差別をなくす"Oscar so white"(オスカーは余り

にも白人）運動が起こっている。これはハーヴェイ・ワインスタイン事件に端を発した“Me Too”運動を見習ったものである。

オスカーの会員は反人種差別映画を好む。いや、好むというより人種差別のテーマを扱った映画を受賞させるのが義務と思っているのではないか。それはハリウッドが人種差別反対の旗振り役をし、アメリカ人の意識を変えていくという自惚れた自負心もあろうが、観客の意識を敏感にキャッチして受賞の対象を広げることで生き残りを図るサバイバルゲームの達人でもあるのだ。

しかし唯一変わっていないのはオスカーの女性軽視である。一世紀近いオスカーの歴史で女性監督が受賞したのは五人だけなのだ。

一〇〇年前の一九二〇年前後、映画の創世記は女性のプロデューサー、監督、スターと女性が映画界を席捲していた。しかし映画産業が繁栄し始めると男性がどっと映画製作を始めてボーイズクラブとなり、女性は脇に追いやられてしまった。そして一〇〇年後、二〇一九年のオスカーノミネーションや受賞作を見ても、女性監督のグレタ・ガーウィグやルル・ワン、ローリーン・スカファリアなど、監督としてはオスカー受賞はおろかノミネーションすらされていない。彼女たちの映画は秀作揃いである。批評的にも四つ星、五つ星で、それだけではなく興行的にもアメリカで大ヒットしている。特にグレタの『ストーリー・オブ・マイライフ／わたしの若草物語』は批評家から絶賛されオスカー作品賞間違い無しとの前評判に反して、ノミネーションもされなかった（注：出演俳優はノミネーション）。

『ストーリー・オブ・マイライフ／わたしの若草物語』（二〇一九年）は確かに黒人は一人も出ないし、二一世紀の社会的なテーマを扱ってもいない。しかし一五〇年程前の中産階級で育った四人の女性の生き方をフェミニズムの観点から描いている。男女差の問題を別にしても、グレタ・ガーウィグは今やアメリカを代表する若手監督の一人である。その他に、中国系アメリカ人監督ルル・ワンの『フェアウェル』（二〇一九年）はアメリカ在留中国人の文化意識の違いをコミカルに描いて国際的にも大ヒットとなっているし、黒人監督ローリーン・スカファリアの『ハスラーズ』（二〇一九年）は非白人ストリッパー（女性）たちがウォールストリートの株で儲ける男たちからセックスをしてお金を巻き上げる『ウルフ・オブ・ウォールストリート』（二〇一三年、マーティン・スコセッシ監督）の女性主人公変型版である。社会の底辺で生きる女性の友情を描いた感動作なのだが、オスカー受賞のレーダーから外されているのだ。優秀な女性監督を無視しているオスカーの会員はメディアからも批判を浴びている。

今でもオスカー会員の六五％近くは男性である。それも中年か初老のコンサバな会員が主である。オスカーは今やっと非白人をテーマにした映画を受け入れる土台が出来たばかりで、女性のフィルムメーカーを男性と同等に扱うまでは意識革命が出来ていないのではないか。

しかし二〇一〇年にはオスカー女性会員は三〇％だけであったのが、二〇二〇年では三五％に上がってきている。一〇年後には五〇％になるだろうと言われている。女性監督たちを無視出来なくなるだろう。

その上に女性フィルムメーカーたち（女優も含む）の将来が薔薇色になるであろうプラスの要素の

一つに、ストリーマー（Netflix、Amazon prime、Apple TV等）の映画界への参入が挙げられる。

メジャースタジオ製作のフランチャイズシリーズや超大作のアクション、SF映画などは男性監督の独壇場である。しかしストリーマーはテレビで家族が見る映画を製作する。従って情愛、家族、男女関係、セックス、それに人種差別など私たちの日常の問題をテーマにしている。シナリオが良ければ男女差は関係ない。いや、男女の情緒の機微を描くには女性監督の方が男性監督より得意な分野である。女性監督の出番がどんどん出てくる土壌が出来てきているのだ。

二〇一九年のオスカー受賞式で女性蔑視と批判された反動として、二〇二〇年のオスカーでは作品賞と監督賞は中国系アメリカ人女流監督クロエ・ジャオなど女性映画人が賞を総なめしている。オスカーの一時的なPRを狙った懐柔策と批判されてはいるが、私はこのトレンドをきっかけにオスカー受賞は映画の質を重視した性のジェンダーフリー、そして皮膚の色の差別フリーのリベラルな映画受賞式になると確信している。

アメリカ社会自体に弾力性があるように、オスカーも危機を飲み込む懐の深さでこれからもアメリカ映画ベストの受賞式、いやベストの国際劇場映画受賞式として繁栄していくのではないだろうか。

そして女優の出演料も男性と同等になる日もそんなに遠くはないだろう。私自身も女性フィルムメーカーの一人として、その日が来るのを心待ちにしている。

オスカー受賞監督クエンティン・タランティーノとピーター・ウィアーとの出会い

この二人ほど映画手法と映画のテーマの選び方全てが極端に異なる監督はいない。その二人にロスで会うことになったのだ。

タランティーノは映画界のアンディ・ウォーホルと言える。六〇代ポップアートのキング、ウォーホルがそれまでの絵画の概念を取り払い商業性に若者文化を入れ込んだビジュアル絵画革命をしたように、タランティーノも九〇年代に『レザボア・ドッグス』（一九九二年）で新しいアメリカ映画のジャンルと言える〝コマーシャル（商業性）＋アート映画〟を創っているからだ。

一方ピーター・ウィアーは、重厚な政治のテーマを官能的で惚れ惚れとするほど優雅に、そしてエレガントに描く正統派監督である。

二人の映画作りのスタンスが違うのは、タランティーノがハリウッドチャイルドであるのに対して、ウィアーは元英国の植民地であったオーストラリア出身であることが大きく影響しているのではないだろうか。

まずクエンティン・タランティーノから始めよう。

タランティーノとはロンドンで二度ほど会っている。英国映画賞のパーティーの席でどういう訳か二度とも彼が隣の席に座っていたのだ。彼はビールをがば飲みし、ブロンド女優に言い寄っていた。私が『クライング・ゲーム』、『ハワーズ・エンド』映画のエグゼクティヴプロデューサーだと分かると、次回作の話をしたいとのことでロスでミーティングをすることになった。

当時の彼は『レザボア・ドッグス』（一九九二年）でアメリカ映画界に彗星のように登場した直後

であった。今までのアメリカ映画の常識を覆すようなユニークで新鮮な映画で、ハリウッドの将来を背負うタレントとも言われていた。私たちインディーのプロデューサーは常にタレントのある新人監督の映画製作を心がけている。英国、ヨーロッパ映画界は陽昇るフィルムメーカーには潤沢な映画製作国家援助金を出すからである。そのうえ監督料もまだまだ安く予算内で支払えるというメリットもある（注：但し自国の監督だけが援助金の対象）。

だがタランティーノからは何度かミーティングのキャンセルがある。彼が朝方まで次回作のシナリオを書いているので疲れて来られないとの理由である。しかし次回作の資金繰りの目安がつかない現状では私に会ったほうが良いとのアドバイスがあったのだろう。二、三日後、私のホテルに私の友人であるイタリアのプロデューサーと一緒にやってきた。次回作は『パルプ・フィクション』という作品だと言う（注：キャスト待ちであったのだろう。結局、次回作は『トゥルー・ロマンス』に変更となった）。

ホテルのプールサイドで、ビールを片手にタランティーノは『パルプ・フィクション』の企画概要を話し始めた。タイトルはクールで面白いと思ったものの、物凄い早口の上にアルコールも入っている（マリワナも吸っていた？）状態では、彼の話すストーリーの真髄が良く理解出来ない。そのうえ話の途中でホテルの受付係が何度も電話機を持ってくる。その度に話が途切れ、ストーリーの主人公が男なのか、女なのかさえ分からなくなってくるのだ。電話はハーヴェイ・ワインスタインからである。ハーヴェイはタランティーノの次回作にはまだコミットしたくないが他のプロデューサーには取られたくないとの魂胆で、頻繁に電話をしてきたのではないだろうか（最終的にはデ・ニーロからの要請でハーヴェイの会社がファイナンスをした）。

私にはストーリーが余りにもハリウッド、いやアメリカ社会特有のもので、インターナショナルな観客に受けるとは思えない。少しずつタランティーノとのミーティングに嫌気が差してくる。この企画はハーヴェイだけではなく、ハリウッドの大プロデューサーたちから蹴られたので、私のような外人の小プロデューサーに売り込んでいるのだろうという劣等感から来る猜疑心も湧く。私はとにかく二〇頁余りのストーリーを書いたトリートメントを送ってくれるようタランティーノ側に要請して会見はお開きとなった。

受賞式後ロンドンに戻りトリートメントが送られるのを待ったが、なしのつぶてであった。しかし完成した作品はアメリカ映画の地図を変えたと言われるような傑作に出来上がっていた。大作の商業映画だがアメリカだけではない現代社会のパルプ文化に深く切り込んだアート映画でもある。タランティーノの才能に脱帽した次第であった。

スター監督となったタランティーノはその後私からの電話には絶対に答えない。これがハリウッドのルールである。しかし私はこの傑作映画に関わらなかった後悔はなかった。マッチョであるタランティーノはやはりハリウッド＝スタジオの監督であり、外人女性プロデューサーの手がける映画の監督ではないからだ

次のミーティングは待ちに待ったピーター・ウィアーである。彼は私のヒーロー監督の一人なのだ。最初のミーティングは彼のエージェントであるＣＡＡで『ハワーズ・エンド』の試写後であった。

待っていた私に笑顔で近づいた彼は開口一番「何とエレガントで美しい映画なのだろう。おめでとう」と感想を口にし、ウィアーに褒められ私は天にも昇ったような気分である。私が自己紹介でロンドン在住と言うと、珍しくアイロニカルな表情になった。オーストラリア人である彼は元宗主国であった大英帝国君主制からの離脱を目指す共和党員の一人なのだろう。慌てた私は「『誓い』(一九八一年)は戦争映画の傑作で私の一番好きな映画です。あの映画を観た後からは大のチャーチル(ウィンストン・チャーチル、英国の政治家)嫌いになりました」と言うと、私の表現がおかしかったのか笑って「サンキュー!」と答え、そして私を直ぐにCAAの入り口に連れて行くと、そこに架かっていたひまわりの絵を指しながら熱心にヴァン・ゴッホについて語り始めた。当時彼は既に五〇歳近くであった筈だが、ティーンエージャーが恋するガールイフレンドを語るようなわくわくとした興奮の表情に変わっていく。ヴァン・ゴッホの映画を創りたかったのではなかろうか。私は彼の話にぼーっとなり、一遍に恋に陥ってしまった。後にも先にも監督やアーティストと会って一目ぼれをして花束を送った男性はピーター・ウィアーだけである。

彼の映画はダークなストーリーであっても官能的でエレガンスそのものである。彼自身が優しい笑顔を絶やさない優雅な人である。世界の一流監督の中でピーター・ウィアーほどナイス(良い人)という言葉がぴったりの人はいないのではないか。全く大物ぶったところがない大物監督である。しかし彼の政治スタンスはリパブリカン(オーストラリアの君主である英国のエリザベス女王廃止主義者)である。英国人は元植民地であったオーストラリア人を国王、女王の名の下に搾取をした歴史がある。英国人はオーストラリア人を田舎者と軽蔑し、オーストラリア人は英国人を嫌悪している。

ウィアーの政治スタンスを映画にしたのが戦争映画の傑作『誓い』であろう。彼はこの映画で植民地と宗主国の政治力学を描いている。第一次世界大戦中、英独間の「ガリポリの戦い」に参加した植民地のオーストラリア兵士たちが、ドイツ軍との最前線で殺戮され壊滅しているストーリーである。その悲劇をこれほど力強く哀切を込めて描いた映画はない。戦争で殺されていく若い兵士たちへの鎮魂歌である。

オーストラリアの田舎から軍隊に志願した若者メル・ギブソンを主演に据え、前線に送られる前の志願兵の熱気と友情をオーストラリアの田舎の美しい景色の中で描いている。この部分だけでもカミング・オブ・エイジ（大人になる年齢）映画の傑作の一つではないかと思われるほど素晴らしい。この序曲があるからこそ、英国軍が自国の兵士を温存し植民地のオーストラリア兵士をドイツ軍と闘かわせ犠牲にする帝国主義のエゴイズムとその悲劇が、私たちの心に深く響くのだ。また格調高いリリシズム溢れるビゼーの音楽は映画音楽のベストの一つではないだろうか。

私がロンドン住まいと言った際に見せた彼のアイロニカルな表情も『誓い』を観ていたおかげで理解出来たのだ。

また『危険な年』（一九八二年）はラブストーリーの傑作の一つである。ストーリーはインドネシアのスカルノ政権転覆クーデターの紛争を背景に、ジャーナリストと女性外交官の恋を描いている。第二次世界大戦中のモロッコを背景にした『カサブランカ』（一九四二年、マイケル・カーティス監督）と比較出来る映画である。いや『カサブランカ』以上に緊迫感のある深い内容のポリティカル・ラブストーリー映画ではなかろうか。

彼はそのうえに俳優、特に女優を最も美しく写すので有名である。『誓い』や『危険な年』主演のメル・ギブソンは他の映画では見られないほどセクシーでハンサムである。共演のシガニー・ウィーバーと『フィアレス』（一九九三年）出演のイザベラ・ロッセリーニの二人の女優は美しいだけではなく輝いている。女優たちが彼の映画への出演を熱望するのも良く分かる。男優もしかり。『マスター・アンド・コマンダー』（二〇〇三年）のラッセル・クロウほど魅力的でカリスマ溢れる彼を他の映画で見たことが無い。ラッセル・クロウだけではない。映画は優雅にしてエキサイティング、本物の戦争映画の傑作である。

ピーター・ウィアーが出席するレセプションでは女優たちが彼に擦り寄り熱心に話をしているのも頷ける。私はプールの傍で彼が一人になるのを待っていたが、次々に話しにくる女優たちで最後まで彼と話すチャンスはなかった。

花束の効き目があったのだろうか、数日後彼のエージェントを通して連絡があり、二度目のミーティングを彼の定宿フォーシーズンホテルですることになった。

当時私はヘミングウェイの生涯を映画化する企画を開発中であった。シナリオライターは世界一の脚本家と言われていたロバート・ボルト（『ドクトル・ジバゴ』一九六五年、等）である。私はヘミングウェイにロバート・ボルトという重量級のアーティストがついているこの企画をウィアーに監督して貰いたいと熱望していた。

私はウィアーがヘミングウェイファンとは思っていなかったが駄目もとでオファーをしたのだ。彼ほどのクラスの監督は自身が開発している企画以外には受け付けない。しかし優しい彼はシナリオを読むことを約束してくれた。

私がロスからロンドンに戻った数日後、彼から直接電話があった。緊張して受話器を持った私に開口一番シナリオを読むのが遅くなって申し訳ないとの謝罪である。その上でこの企画は「自分のやりたいものではない。Sorry」と再び優しく謝ってくれたのだ。メロメロになった私は読んでくれたお礼をもぞもぞ言っただけで受話器を置いてしまった！　後で気の効いた会話の一つも出来た筈ではないかと、ほぞを噛む思いである。プラトニックではあるが〝恋〟は幾つになっても十代のおぼこ娘に戻ってしまうようだ（笑）。

二、三か月後、『ハワーズ・エンド』のプロデューサーからシナリオが届いた。『パペットマスター』というタイトルで監督はピーター・ウィアー。ストーリーは英国で興行するオーストラリア人のサーカス団長の話である。ハリウッドのメジャースタジオがこの地味な企画を蹴った結果として、私にオファーがきたらしい。
私はもう一度彼に会えるチャンスとばかりに、二つ返事でこの企画の製作に参加することをオーケーした。地味な企画にしては製作費が馬鹿高いうえに無名のオーストラリアの男優が主演である。メジャースタジオが拒絶したのも頷ける。しかし恐れを知らぬ、恋する乙女の私は企画の打ち合わせのために、喜び勇さんでヴェネチアに出かけた。ウィアーがヴェネチア国際映画祭の審査委員長をしていたからである。

彼は自身の企画にも拘らず実現にはペシミスティックであった。ヴァン・ゴッホの絵を語るあの熱気と情熱が彼から感じられない。しかし私が英国とオーストラリアの補助金と彼の名前で何とか製作出来る目安があると数字を基に説明すると喜んでくれた。信頼されたのか、エージェントを通してウィアーから「この企画に興味を示してくれて感謝しています」との優しい伝言が来た。その後彼のエージェントと私たちプロデューサー側との間で電話でのやり取りが続いた。しかし最終的に彼の辣腕エージェントと私たちプロデューサー側との条件交渉が物別れとなり、ウィアーは企画から降りてしまったのだ。私は三カ月間ほど企画実現のために投資家たちと多くのランチミーティングをして豪華なプレゼンテーションを作ったり、他の企画を棚上げしてまでこの企画に没頭していただけに、梯子を外されたような気分である。

後で分かったことは、私たちが製作資金繰りで奔走している間に彼のエージェントはこの企画実現は無理と判断してメジャースタジオがウィアーに監督をオファーした大作映画を既に受諾していたのだ。八桁の制作費で彼の監督料は二〇〇万ドルである。そこでエージェントはあらゆる難癖をつけてウィアーを彼のペットプロジェクト（本当にやりたい企画）にも拘らずこの企画から降ろしたのだ。

私が吃驚したのはウィアーのような大物監督でもエージェントの支配下にあり、ハリウッドのルールに従って映画作りをしている現実である。ウィアーのエージェントCAAは〝CAA帝国〟と呼ばれるほどの権勢を誇る。ほとんどの有名スターや監督がクライアントである。当時世界の監督の中でベスト監督の一人と言われていたウィアーであっても、凄腕のエージェントが推薦するスタジオ映画社製作の大作映画監督を自身のペット企画より優先するハリウッド文化に従わなければならないのだろうか。ヨーロッパの一流監督と何という違いであろうか。ヨーロッパのエージェントはクライアントの〝パッション企画〟を資金的に助ける補助役である。八桁の監督料は無いが創作の自由がある(注：現在では監督、俳優もインディー映画はヨーロッパのエージェント、そしてハリウッド映画はアメリカのエージェントと使い分けをしている)。

『パペットマスター』を降りた後にウィアーが監督した映画『フィアレス』は興行的には惨敗となってしまった。飛行機墜落のストーリーだが、生存者の心の葛藤を描いた秀作である。もしや『パペットマスター』から降りた祟りであった？ いや事実は、アメリカでは飛行機墜落映画はアクション映画以外ヒットしないジンクスがあったのだ。そして繊細なウィアーは痛手からであろうか、その後数年間映画を創らなかった。

〝落ちた偶像〟になってしまったウィアーとはその後連絡をすることも無くなり、私のオフィスのデスクに置いていた彼の写真は屑箱に捨てられ、彼の自宅の電話番号もコンピューターから消失してしまった。残念である。

ハリウッドの象徴、マリリン・モンローのお墓に参拝

オスカー受賞式出席でロスに行く私の目的の一つがモンローのお墓に参拝することであった。それはモンローが一九四〇〜六〇年代のハリウッドを具現化した唯一のムービースターであり、ハリウッドを象徴しているのがオスカー受賞式だからである。彼女はオスカー受賞を逃しているがオスカーとモンローは曲線で繋がっていると言えるだろう。

そのうえモンローは四〇～六〇年代の間の女優の中で私の最も好きなスターである。そして私の永遠のアイコン（偶像）でもある。

吃驚したのは一世を風靡したマリリン・モンローのお墓が生まれ育ったロスの中心地ウェストウッドの共同墓地の中、それも火葬者用の質素な小さいボックス型であったことだ。しかし他のお墓と違いその墓の前に大きな赤いバラの花が二本捧げられていた。モンローとの離婚後も彼女を愛し続けたジョー・ディマジオからであろうか。彼は数十年にわたって毎日バラの花をモンローの墓に送ったと言われている。

傷つきながらも男を愛し男に愛され続けたモンローは、赤い大きなバラの花であったのだろう。しかしそのバラの花には棘がいっぱいあった。そして最後にはバラの棘に刺されて悲劇の死を遂げる。

モンローほど生い立ちからあらゆる悲劇を背負っているハリウッド女優はいない。両親は早くに離婚し、母親は精神病を患い、極貧育ちであった。一〇代の彼女は孤児院と、性的虐待を受け続けた里親の間をピンポンのように往復させられていた。この悲惨な状況から脱出できる唯一の手段がハリウッドでの成功である。彼女は唯一持つ強力な武器であるセックスを梃子にがむしゃらに成功の階段を登って行った。そして彼女の夢の実現であるアメリカ一のスターになったのだ。これぞハリウッドそのもののストーリーではないだろうか。それだけではない。ハリウッドの映画界を飛び越えてワシントンの政治それもホワイトハウスの中枢にまで関わることになった唯一の女優である。

彼女はまた何百年前から二〇世紀末まで営々と続く男性社会で、男に利用され虐待され続けた貧しい女性たちの縮図なのだ。そんな女性たちと同じようにモンローは亡くなるまで〝セックス即人生〟の呪縛から逃れられなかった。

モンローが他のセクシー女優と一線を画して超スターとなったのは、自身の体を梃子として利用する強さだけではない。コメディを演じても折れるような繊細さと哀切が体から発している。それは彼女の生い立ちからきているのであろう。チャーリー・チャップリンと同じである。

同時に彼女の豪胆さには目を見張るものがある。ベッドシーンに挑むとなると全裸になるのも厭わない。時は五〇年代である。二一世紀の今でもハリウッドでは全裸のベッドシーンはポルノ映画として蔑まれ、市民権を得ていない。何と豪胆でクールな女優ではなかろうか。

『七年目の浮気』（一九五五年、ビリー・ワイルダー監督）の中の有名なシーン、〝地下鉄の通風口の風でスカートが捲くれる姿〟は、世界中で一大センセーションを巻き起こした。風でスカートが捲くれるのを抑えようとするモンローの無邪気な顔とパンティー丸出しのミスマッチが受けたのだ。このシーンはモンローを一夜にしてハリウッド映画界の超スターにしただけではなく、五〇〜六〇年代のハリウッドの変化を象徴する出来事として映画＝エンターテインメントの歴史に刻まれている。

しかしモンローは非常に繊細で傷つきやすい女性でもある。彼女はハリウッドの頂点に立った時、蓋をしていた過去の〝恥と傷〟が出てきたのではないか。それが母親の精神病の遺伝の恐怖とあいまって、モンローが超スターになっても、いや超スター故に精神不安定症状で苦しんだ原因ではないだろか。ハリウッドのスタジオ映画社のボスたちは、彼女が精神不安定症状と演技への恐怖から撮影に遅刻してくるのを傲慢さと誤解し、最後まで彼女を正当に扱わなかったのだ。

またハリウッドとモンローは愛と憎しみに満ちた一方通行の愛人関係であった。モンローは最後まで女優として映画界で受け入れられるように求め続けたが、ハリウッド映画界は彼女を〝正妻〟として受け入れるのを拒否したのだ。

ハリウッドは偽善に満ちた社会である。モンロー主演のセクシーコメディーで大儲けをしているが、ヌードやセックススキャンダルはハリウッドの触れて欲しくない恥なのだ。モンローがヌードと巨乳を売りものにしてハリウッドに挑戦したのを認めず、死ぬまで〝堕落〟したスターの焼印を押しつけハリウッドの黒い羊扱いをした。最後の映画『荒馬と女』（一九六一年、ジョン・ヒューストン監督）でのモンローの演技は傑作と賞賛されたにもかかわらず、オスカー会員は彼女をコケにしノミネーションもしなかった。（注：モンローはゴールデングローブ賞で主演女優賞を獲得した）。

クリント・イーストウッドの項（序章）で前述したように、当時のアカデミー賞はメジャースタジオに牛耳られており、ハリウッドの黒い羊のモンローを無視した結果である。今モンローが『荒馬と女』や『お熱いのがお好き』（一九五九年、ビリー・ワイルダー監督）を演じたら、オスカーの候補だけではなく女優賞をも取れたのではないだろうか。

ハリウッドがモンローを最後まで邪険に扱ったのはオスカー受賞だけではない。彼女の最後の映画『荒馬と女』のギャラは、『クレオパトラ』（一九六三年、ジョゼフ・L・マンキウィッツ監督）主演のリズ（エリザベス）・テイラーの十分の一以下であった！

モンローの人生は生涯、闘いとチャレンジの連続であった。しかしモンローは不死身のボクサーのように打たれても起き上がり、成功に向かって進んで行った。モンローの生涯を例えるとテンペスト（大嵐）であろう。苦難と栄光が網の目のように織りなしながら大団円の吹雪に埋もれて終って行く。そして三〇歳代になると彼女も力尽きたのだろう。三六歳で亡くなってしまう。

モンローの短い人生はスタジオ映画社製作の超大作劇場映画である。テレビ映画ではない。カラフルなドラマとサスペンスに満ちたドルビーサウンドのシネマスコープ大作なのだ。オスカーは彼女の人生を讃えて、今モって世界中のファンに愛され続けているムービースター、モンローに生涯映画貢献賞を与えるべきではなかろうか。

第2章 オスカーの負の遺産

オスカー受賞式のキング、ハーヴェイ・ワインスタインの栄光と没落

二〇一九年、テレビ（BBC2）で放映された〝ハーヴェイ・ワインスタインの栄光と没落と裁判〟を見た。ハーヴェイのセックススキャンダル事件が契機となり、#MeToo 運動に発展して行った経緯を描いたものである（セクシャルハラスメントをした男性への抗議として、この運動は南米、欧州と全世界規模で拡がっていき、ニューヨークでは黒いアイマスクで目隠しをした女性たち一〇万人が街を埋め尽くす大掛かりなデモを展開した）。

ハーヴエイ・スキャンダルのテレビ番組はCOVID‐19が発生するまでは毎日のように英国では放映されていた。外国人の多くは YouTube で見ている。私のイラクの友人も見たと言う。ハリウッドという張りぼてのドリームランドに、有名、無名の女優が絡む毒々しい色の事件は映画界だけではなく一般人の興味も惹くのだろう。

実は仕事を通じてハーヴエイを良く知る私は見るのを拒んでいた。見るのが怖かったのだ。それはある種の私自身への当惑いや羞恥心とでも言えようか。三〇年近くも仕事で付き合っていたにもかかわらず、彼の素顔を知らなかった当惑である。夢の実現を求めて助けを乞う女優志願の女性たちを手

籠めにするモンスターの男とは知らずに、ある時には私もお世辞たらたらで自作映画をアメリカに売る取引をした自身への罪悪感でもあった。

番組の中で、女優や映画会社で働く夢を求めて地方から都市、ロス、ニューヨークにやってくる若い女性たちが語る強姦内容の凄まじさ。そして彼女たち全員が強姦された恥辱を背負い生きている。自殺未遂をする女性や、彼が自分の体の中に入った羞恥心が何年経っても癒されず精神異常をきたす女性たち。

あるスターレット（女優の卵）は彼が後ろから強姦する間に助けを求めて大声を上げようと思っても心身共に硬直状態になり声も出なかったと言う。映画や本の中では強姦される女性は大声を上げて助けを求めると言われているが、それは嘘だと彼女は泣きながら告白している。

ある被害者は彼の会社ミラマックスに訴え出ると、パワフルな弁護士が駆けつけて彼女にちょっとした金を渡し秘密保持契約書にサインをさせるのだ。この契約書には精神科医にも告白できない一項が入っている。また、メディアにコンタクトしようとすると秘密探偵たちが彼女を二四時間監視しつけ狙う。それだけではない。ハーヴェイはメディアも買収、脅迫などのあらゆる手口を使ってスキャンダルが表に出ないようにしていたのだ。

またハーヴェイは会社の中にもスパイ網を敷き、彼に忠実なスタッフは直ぐに重要ポストを与えボーナスも二倍渡す。その代わりに彼らはハーヴェイ好みのスターレットや若い女性スタッフをたきつけて、彼らが名づけた〝ハーヴェイの花嫁〟（テロリストグループ、アイシスが誘拐してきた女性を強姦し妻にする時の名前にもじったもの）をハーヴェイに紹介したと言う。

この事件を新聞と雑誌に書いたのはミア・ファローとウディ・アレンの息子ローナン・ファローである（彼は実はフランク・シナトラとの間に生まれた息子と言われている。また三〇歳以下のアメリカ人で最も影響力のある一人でもある）。ファローが被害者の女性たちとコンタクトを始めた途端に彼のアパートは監視され、何者かからつけ狙われるようになり、身の危険から彼の弁護士は海外逃亡をアドバイスしたと言う。００７映画も顔負けの凄まじいホラー・ストーリーではなかろうか。

ハーヴェイのセックススキャンダルはアメリカだけではなく、全世界のメディアに地震のようなショックを与えた。ハリウッドの大物プロデューサーに絡む女優たちのスキャンダルは映画界では日常茶飯事の出来事である。しかしハーヴェイ事件のスケールの大きさは前代見聞である。

次々に登場する有名女優も含むスターレットたちが二〇年近く強姦されていた事実。それにＦＢＩやイスラエルのモサド直系のスパイ組織ブラックキューブ（全員元モサドから派遣されており、彼らの稼ぐフィーはモサドに行くと言われている）が絡んでいる。彼らは事実隠蔽の目的でハーヴェイに雇われているのだ。モサドとはＣＩＡ以上にパワフルな世界一のスパイ組織である。イスラエル政府は彼らに天上なしの豊富な予算を与えパレスチナ人へのあらゆる殺害、脅迫テクニックを開発していると言われている。もし #MeToo 運動が起こっていなければ、被害者たちは「謎の行方不明、交通事故死等」で消された可能性もあった筈だ。

では何故何十年にもわたって一〇〇〇人以上の女性たちが強姦を受けていたにもかかわらず、表に出なかったのか。それだけではなくニューヨークのリベラル映画人とメディア社会が何故黙殺していたのか。メリル・ストリープ、ロバート・デ・ニーロなども「事件」を知らなかったと言うのは本当だろうか。

それにはいつかの理由が挙げられるのではないか。

第一はオスカー受賞式、第二は彼の豊富な金の威力、第三はハーヴェイがハリウッドでは外様、アウトサイダーであるということ、そして最後は彼のキャラクターである。

では第一のオスカー受賞から始めよう。第1章で前述したようにオスカー受賞は魔法の杖である。俳優はオスカー受賞で箔がつき、スター監督から素晴しい役のオファーが入るだけではなく、出演料も跳ね上がる。受賞監督も同様。そしてプロデューサーは投資家たちから製作資金ファンドのオファーがある。これで私たちインディーのプロデューサーは、資金を求めてあらゆる投資家に出資を乞う時間を取られず企画開発、製作に専念できる。私の場合でも『クライング・ゲーム』『ハワーズ・エンド』での一五のノミネーションに四受賞で、日本の会社とプロダクションファンドを作ることができたのだ。

八〇年代後半からのオスカー受賞式はハーヴェイが主役であり、彼無しのオスカー受賞式は有り得なかった。ハーヴェイは買い付けた映画をノミネーションさせ、そして受賞させるためにあらゆる手段を使う。まず試写会をワインつきで催すのを始めとして数々のパーティーを催し、作品のＤＶＤをオスカー会員に送る。今では投票権を持つ会員へのＤＶＤ、ブルーレイ送付は主な映画受賞式のイベントには欠かせなくなったが、もともとハーヴェイのアイデアである。その上で映画批評家やジャーナリストをランチやパーティーに招待して口コミ推薦の太鼓もちをさせる。

会員の多くは現役で映画製作の現場でクルーとして働いている。投票のためには二〇〇以上の映画を二、三か月の間に試写で見なければならないが、とてもそんな時間はない。そこで口コミで伝わる話題作をＤＶＤで見ることになる。その多くはハーヴェイが買い付けたものである。欧州のインディー映画がオスカー受賞作に選ばれるようになったのは、少なくともハーヴェイの映画界における唯一の貢献ではある。

私の場合だけを取っても、『クライング・ゲーム』のオスカー受賞はハーヴェイの寄与が大であった。何しろ制作費二〇〇万ドルのインディー映画に、ハーヴェイはオスカー用として約二六〇〇万ドルの宣伝費を注ぎこんだのだ！　当時のメジャースタジオ大作映画の宣伝費を上回っていたのではないか。当時はクリント・イーストウッドの項（序章）で書いたようにメジャー映画が賞取りの対象であった。そこに外様のハーヴェイがインディーの小英国映画でオスカーの伝統に挑戦したのだ。そして彼の賭けは見事に当たった。その後のオスカーノミネーションや受賞はハーヴェイの手に握られることになる。そして彼はスタジオの大物ボスを差し置いてハリウッドのキングとなった。それもこれもオスカー賞取りの見事なアイデアを駆使した結果である。三年ほど前まではノミネーションされた俳優、監督たちよりも上席に座り、カメラは頻繁に彼の一挙一動を映していた。ハリウッドきっての大女優と言われるメリル・ストリープでさえも受賞式で「ハーヴェイ、サンキュー、貴方は私の神様」と持ち上げている。

またコメディ映画の巨匠ピーター・ブルックがオスカー受賞をした際には、壇上で「サンキュー、ハーヴェイ、私の映画はハーヴェイと何の関係もないが皆が壇上で彼にお礼を言うのが仕来たりらしいので言いました！」との皮肉なジョークで出席者の苦笑を買っていた。

第二の金の威力。確かに今やハーヴェイはビリオネア（億万長者）である。しかし彼の銀行口座にある主だった収入は私のようなインディーのプロデューサーを騙して得たお金である。私たちインディーのプロデューサーが数年をかけて製作したヨーロッパ映画を二束三文で買い、アメリカ観客用に編集し直しオスカー用映画として大宣伝をするのだ。ノミネーションされた映画が何千万ドルの収益を上げてもインディープロデューサーの元には一銭のお金も支払われない。『クライング・ゲーム』は前述したように七〇〇〇万ドルの収益をアメリカだけで上げたにもかかわらず、私たちプロデューサーには収益配分がなかった。契約書には確かに純利益配分の条項があるが無視される。彼の会社に訴訟を起すと連絡すると「今後一切訴訟を起こしたプロデューサーの映画は買わない」と脅される。その上欧州のインディープロデューサーはアメリカの配給が無くなれば他国に売るのも難しくなる。その上にハーヴェイの会社が買わなかったとなると映画がオスカーにノミネートされるチャンスがゼロに近くなるのだ。私のような欧州のインディープロデューサーは弱い立場にいる。強姦された女性たちとはもちろん比較できないが、それでもハーヴェイから利用され経済的な損害を長年にわたって受けてきたのだ。

一九九四年にハーヴェイは、オスカーで賞を取った『クライング・ゲーム』や『セックスと嘘とビデオテープ』（一九八九年、スティーブン・ソダーバーグ監督）、『ピアノ・レッスン』（一九九三年、ジェーン・カンピオン監督）などの一〇作品に、彼の弟が作るチープジャンルフィルム（ホラー映画等）八〇数作品を加えたカタログを、六〇〇〇万ドルでディズニー映画に売り渡している。一〇年程前には再び、彼の会社も含めてディズニーが投資会社に六億ドルで売った際には持ち株で大儲けをしている。そのお金で最低八〇万ドルのフィーを要求するイスラエルのモサドやパワフルな弁護士団、そして脅迫殺人専門の探偵たちを証拠隠滅の目的で次々と雇っていたのだ。

第三の要素は、ハーヴェイはハリウッドの外様であるということだ。彼自身も公言してはばからないように彼のモットーは「あらゆる映画界のルールを破壊してパワーを獲得する」。外様を誇りとしている故に、業界のデストロイヤーとしてハリウッド映画界に殴り込みをかけ、メジャースタジオの掟を破ることができたとも言える。ハリウッド映画界はメジャースタジオが牛耳っていた。しかしスタジオのボスは今では会社員である。株主の意向を意識しながら映画製作をしなければならない上に、決定は合意制度である。時間がかかること夥しい。しかし独裁者ハーヴェイは一人で決める。面白そうな企画や既に撮影している映画をピックアップしてアメリカの上映権を購入。そして彼自身で再編集をし、追加撮影には強姦した女優を入れ込み、オスカー賞取り合戦の最前線で闘うのである。そのうえ新聞、雑誌などのメディアには袖の下を使って鼻薬を効かせる。さらにはユダヤマフィアを使って脅迫し、ハーヴェイ＝アンタッチャブルのイメージを植えつける。誰も逆らえないシステムを長い間築いていたのだ。

最後の要素として彼のキャラクターが挙げられる。ハーヴェイは典型的な〝ジキルとハイド〟である。ハーヴェイのレゾンデートル（生きる理由）は映画ではなくパワフルなセレブ、例えばオバマ、クリントン両大統領などに友人として交わることなのだ。彼はクリントン夫妻宅の隣に居を構えランチ、夕食を一緒にし、民主党に献金して彼らのサークルに入り込んでいた。またメディア、政界、映画界の大物には金銭的にも精神的にも惜しみなく助力をする（注：オバマ元大統領の長女は一時ハーヴェイの会社で働いていた)。

また彼ほど子供好きな人はいないと妻や友人は語っている。子供たちのパーティーでは何時間も一緒に遊び、子供にベッドサイドストーリーを語って聞かせるベストの親なのだ。

何十年にもわたってハーヴェイの犯罪が暴露されなかった背景には、メディアに賄賂、脅迫をしただけではなく、彼の〝ジギルとハイド〟キャラも大きな要因ではないだろうか。そう、連続殺人犯や未成年強姦者の多くはジギルとハイドである。そして彼らが精神異常者であるようにハーヴェイも精神病者である。


ここで #MeToo 運動が起こった張本人のハーヴェイ・ワインスタインと三〇年近くにわたってビジネスで付き合ってきた私なりに、彼の素顔に迫ることにしよう。

ハーヴェイを語るメディアは彼をプロデューサーと呼ぶが、それは正確ではない(注:第10章「幻の傑作映画製作記」参照)。彼はビジネスマンである。ある意味で「トランプはビジネスマンではない。プロパティー(土地などの資産)セールスマンである」とアメリカのビジネスマンたちが言うのと同じ意味である。彼は興味のある映画を早い段階で先買いし、アメリカ観客に受けるように自身で再編集しフェイスバリューを加えオスカーに挑戦する。何か芸者置屋のマダムを彷彿とさせるのではなかろうか。

私が最初にハーヴェイと会ったのは一九九〇年初めであった。英国のプロデューサーがアメリカの配給権買い付けでロンドンに来ている彼を紹介してくれた時からである。当時三〇代後半であったハーヴェイは今ほどぶくぶくに太っておらず、ハンサムではないが好青年と見受けられた。開口一、番どんな映画を日本用に買いつけているのだと私の映画の趣味のテストから会話は始まった。私の買う映画と彼が買う映画が良く似ていると分かると一気に気を許したのか、これから買う映画の情報交換を提案してきた。ロンドンに住みイタリア映画界に詳しい私が役に立つと思ったのだろう。ニューヨークから私のオフィスにも頻繁に電話をしてきた。一時はハーヴェイとミチヨの買う映画は必ずヒットすると他国のディストリビューターたちに言われた時期もあったほど、緊密な関係（？）であった。

時には彼から英国映画賞セレモニーに招待されたこともある。彼のゲストとしてだが、もちろん二人きりではなく私の親友の女性映画人と一緒である。ブロンドで美人の彼女はハーヴェイが誘惑をしたい女性の一人だったのだろう。驚いたことに、彼は受賞した映画がアナウンスされるとつかつかと受賞の監督やスターに近寄り、さも自分がプロデューサーであるようにカメラに収まるのだ。受賞作は彼と何の関係もない映画である。それも一回だけではない。私はハーヴェイの度を越した有名病を垣間見た思いがした。

セレモニーの後の夕食では、友人の手を握るでもなく彼は熱心に映画の話を始める。その知識は百科事典並みである。映画への情熱に私も心動かされた程だ。そして最初は気がつかなかったカリスマが体から発散しているのだ。夕食後、私は彼らを残して先にホテルに戻った。翌朝、かの友人に聞くと、夜の湖に連れて行きボートを漕ぎながら再びクラシック映画を語っていたと言う。それが口説きのテクニックというのではなく映画しか語る話題がないのだろう。その後、彼女の抗議も無視して彼女の部屋にずかずかと入って行ったという。しかしその部屋では彼女のゲイの従兄弟とそのボーイフレンドがベッドで寝ていた。そして部屋にはセックスの匂いも充満している。怒ったハーヴェイは大声で喚き散らし、さようならも言わずに出て行ったそうだ。彼女は「ハーヴェイの会社に映画を売るのは難しくなったわー」と苦笑しながら語ってくれた。

彼は自分で買い付けた映画がオスカー候補になることが増えるにつれ私からの電話には出なくなり、また彼の銀行口座が七桁になるに従ってぶくぶくと太り始め醜男になり、傲慢になって行った。

ハーヴェイとはその後、私が製作に拘わった映画のアメリカ配給権の件で丁々発止でやり合う仕事関係が二〇年ほど続いていった。そのうちのハイライトは何と言って『クライング・ゲーム』であろう。

映画が映画人の間で評判になってくるとハーヴェイ自身がロンドンに買い付けに来ることになった。第7章で後述するが、私がこの映画企画の製作に携わるのをニール・ジョーダンから頼まれたのはハーヴェイが当初、製作投資を拒絶したからである。彼は、アメリカ観客はゲイの映画をまだ受け付けないとの考えだった。そのうえ、ストーリーが余りにもエッジー（尖がっている）で一般人観客用ではないとの判断でもあった。そこで私はハーヴェイのライバル会社とアメリカ配給権の話を進めていた時期であった。

ロンドンにやって来たハーヴェイは、私たちプロデューサーに投資家たちも参加するロンドンでのミーティングの前に、彼の宿泊しているホテルに私だけを呼びつけた。スウィートルームにはアシスタントも入れて三人ほど彼のスタッフがいる。ハーヴェイは立ってアシスタントに口述筆記をさせていたが、私が部屋に入るなり開口一番、大声で「他社とのディールを直ぐに辞めるように」と言い放った。従わなければ今後私の製作する映画を買わないとの暗黙の脅しである。私が彼に「この映画はゲイのストーリーなので、貴方はアメリカではヒットしないと言ったのではないですか」と言い返すと、私を壁の方に押し付け、「他社に売ったらこの映画は小さい映画館でポルノ映画として公開されるだけだ。ミラマックス（彼の会社）の宣伝マシーンを駆使して大公開できるのは自分だけだ」と、太った大男の醜い顔が私に迫ってくる。私は肉体的な恐怖感で「他のプロデューサーたちと相談します」と言って慌てて部屋から出て行った。私の場合は強姦されたスターレットたちとは逆のケースである。彼が私に脅迫手段ではあるが懇願しているのだ。主導権は私にあるにもかかわらず、ホテルを出るまで震えが止まらないほどの衝撃であった。役を請う女優たちが受けた恐怖感は想像に余りある。そして抵抗できずに強姦を許してしまうのだ。私の場合は胸や下半身は触られていないが、一種の性的虐待ではないだろうか。

次の日から取引のミーティングには弟のボブがやって来た。ストライプの背広に白黒メッシュの靴でゴッドファーザーに出てくるマフィアそっくりのいでたちである。しかし彼は兄のハーヴェイと違い、怒鳴ることもなくシャイな男であった。しかしネゴが始まるとハーヴェイ以上にタフである。夜も徹しての取引が合意しサインをしたのは二日後であった！　アメリカ映画人、特にハーヴェイたちとのディールは嫌な思い出だけである。

ハーヴェイのスタッフは次々に辞めていく。それは安月給の上に奴隷のような扱いを受けるからだ。ヴェネチア国際映画祭中にホテルのエレベーターでハーヴェイと同乗することがなった。禁煙にもかかわらず小さいエレベーターの中は彼が吸っている葉巻の煙が充満している。他の同乗している映画人はハーヴェイに遠慮をしてか黙っている。その中で彼は膝を折ったセクレタリーの女性に口述筆記をさせているのだ。その光景は一八世紀のビクトリア王朝時代の使用人たちが貴族から受ける仕打ちそっくりである。その若い女性に同情した私は葉巻を吸うのを止める様にハーヴェイに言うと、彼が怒鳴って言い返す前にぱっとエレベーターから降りてしまった。

最後に彼と話したのは、一三年ほど前のカタールでのドーハ映画祭中であった。ロバート・デ・ニーロとディズニーの重役と共に私と同じホテルに泊まっていた。デ・ニーロは彼の主催するトライベッカ映画祭に一二〇〇万ドルの資金援助を約束した女王との会見が目的（？）で映画祭にやってきていたらしい。

三人がホテルのラウンジで立ち話をしているのを見つけた私はデ・ニーロに挨拶に行くことにした。私は以前ロンドンで、彼の息子の面倒を見たことがあるからだ。ある日、ロンドンの友人の家にランチに招待されると、そこにデ・ニーロが息子を連れて来ていた。ローマからロンドンに引っ越してきたばかりの私は、デ・ニーロに「イタリア語の方が上手いのでイタリア語で貴方と話しても良いですか」と言うと例のデ・ニーロ笑顔で「ノー」との返事である。育ったニューヨークのイタリアコミュニティーはシシリー方言とのことで恥ずかしいのだろう。ミーティングがあると言うので息子ラファエロを三、四時間預かり私の息子と一緒に遊ばせ、彼に感謝されたことがあったのだ。

デ・ニーロの前で私がハーヴェイに「『クライング・ゲーム』の利益配分を私たちプロデューサーは二〇数年間待っています。何時払ってくれますか」と話すと、日本人の小柄な女性プロデューサーの奇襲（?）に男性三人は驚いた顔をしたが、デ・ニーロが「払え払え」と言ってくれるとしぶしぶオーケーとの返事である。そしてそのお金は何と二週間後には本当に支払われたのだ。契約も無視するハーヴェイが支払ったのはデ・ニーロがいたからである。ニューヨークに住むハーヴェイは、NYの王様デ・ニーロ、スコセッシたちと仲良くするのが自分のステータスを保つ必須条件と心得ているのだろう（注：ドキュメンタリーの中でプレスに強姦事件について聞かれたハーヴェイは「デ・ニーロに聞くと良い。何かあったら彼は僕の面倒を見てくれる」と語っている）。

ハーヴェイの素顔

ハーヴェイの事件が次々に明るみになってくると、友人の多くが私も犠牲者の一人かと聞いてくる。ハーヴェイが襲うのはブロンドでキャリアを求める女優の卵か、映画界で働きたいキャリア志向の女性たちである。私の場合はまずアジア人でブロンドでもなく（セクシーでもない?）、子持ちの上に一応パワーを持っている。幸いにも彼のレーダーには入らない女性なのだ（注：ニコール・キッドマンがトム・クルーズと結婚した理由の一つに、〝結婚することでハリウッドのボスたちからの誘惑が無くなるから〟と答えている）。

ハーヴェイのセックス中毒は体の要求だけではなかったのではないか。強姦された女性の告白では彼のセックスは二、三分間ほどで終わってしまったそうだ。エクスタシーの雄叫び（?）も無かったという。

また肉体のコンプレックスはセックスのコンプレックスでもあったのではないか。ある強姦された女性は、ハーヴェイの男根は小さく奇形だったと告白しているからだ。

奇形な男根のせいかどうか分からないが、セックスの前には勃起のための注射をしていたという。バイアグラ程度では効き目がなかったのだ。

私はハーヴェイにとってセックスは快感ではなく征服欲だったと思っている。醜い肉体に奇形なセックスのコンプレックス故に、若い女性、特に売春婦呼ばわりして憚らなかった美人女優を手籠めにする快感とでも言えようか。

映画業界で彼ほどの醜男はいない。彼も肉体にコンプレックスを持っていたと近親者は語っている。映画人は彼をエレファント・マン（デヴィッド・リンチの名作『エレファント・マン』（一九八〇年）をもじったもの）と呼んでいた。そして彼自身も醜さを知る故にパワフルな友人たちの集まりでは先制攻撃でそれをジョークに使って笑わせていたが、会社のスタッフや小者が彼の居ない所で彼をエレファント・マンとからかったのを知ると即刻解雇、そして弁護士を通して名誉毀損の訴訟を起こすと脅したと言う。

最近のテレビのニュースに登場するハーヴェイは、痩せ衰えた体を歩行器に支えられて裁判所に行く姿である。プレスが大声で「ハウアーユー」と聞くと必ず立ち止まり質問に答えている。私の友人たちは哀れを催すと言うが、私は、有名病に冒されたハーヴェイは皮膚が垂れ下がった醜い自身も忘れ，栄光時代と勘違いしてプレスから注目されるのをエンジョイしているのではないかと疑っている。それは『サンセット大通り』（一九五〇年、ビリー・ワイルダー監督）の中で、狂った元有名女優を演じるグロリア・スワンソンそっくりである。彼女は恋人を殺した罪で逮捕に来た警察官やレポーターたちを前にフラッシュが点滅する中、胸の開いたドレスを着て髪をかき上げ大仰に出てくるシーンを彷彿とさせるのだ。

ハーヴェイの一番の罪は、映画界で働く夢を育んできた田舎の少女たちを、強姦という恥辱でその夢を壊してしまったことだ。私はハーヴェイにこれっぽっちの同情心も持っていない。

ハーヴェイ無き後のオスカーはどのように変わっていくのであろうか。

まずハーヴェイは二〇年ほどの間で三〇〇のオスカーノミネーション（候補）に八〇以上の受賞を得ている。彼のオスカーへの影響がいかに大きかったかをこの数字は物語っている。しかし今ではメディアは、彼がゴリ押しをしてオスカー作品賞を取得した『アーティスト』（二〇一一年、ミシェル・アザナヴィシウス監督）や『恋に落ちたシェイクスピア』（一九九八年、ジョン・マッデン監督）などはこの賞に値しないとアカデミー当局を批判している。

自身の会社ミラマックスをディズニーに売り渡し、ワインスタイン・カンパニーを設立した後からは、彼のオスカーへの影響も少しずつ衰えてきていた。

『ＬＩＯＮ／ライオン～25年目のただいま』（二〇一六年、ガース・デイヴィス監督）などはハーヴェイ全盛期であれば賞取りしたのであろうが、ノミネーションだけで終わっているのだ。

私は彼の衰退はプロデューサーとしてのブラッド・ピットとストリーマー（Netflix、Amazon Prime等の配信映画）の登場とも関係があると見ている。

ブラピはスターだけではなく、プロデューサーとしてインディーの秀作映画を次々に製作している。『それでも夜は明ける』（二〇一三年、スティーヴ・マックイーン監督）はオスカー作品賞を受賞しているし、黒人だけの出演映画『ムーンライト』（二〇一六年、バリー・ジェンキンス監督）なども彼が助けている。ブラピはオスカー受賞にハーヴェイを必要としない。オスカー会員は彼の名前で映画を観るからだ。またストリーマーは莫大な予算を持つ。彼らもスターの製作する映画と同じくハーヴェイなどは必要としない。彼らのパワーでオスカー受賞合戦に参戦するからだ。

事件後ハーヴェイはアメリカアカデミー、オスカーと英国映画テレビ芸術アカデミー（ＢＡＦＴＡ）の会員権を剝奪された。受賞式にも出席できない。今後彼が再び映画界に復帰しても投資家たちがつくとは思えない。それは俳優と監督が彼を拒絶する筈だからだ。

最近のニュースでは、ハーヴェイは二三〇〇万ドルの和解金を被害者たちに支払うことで刑務所行きを免れた。しかしその金は彼が払うのではなく親元のディズニーが払うのである。ハーヴェイの懐は一銭も痛まない。ディズニーは子供たちに夢と希望、そして健全なモラルを語るアニメを提供しハリウッド一の金持ちとなった。そのディズニーが何十年にもわたって性的虐待で起訴されている加害者を守るとはアイロニカルではなかろうか。

しかし二〇二〇年の二月二四日には、ニューヨークの裁判で被害者女性二人のハーヴェイからのセクシャルハラスメントが立証された。ハーヴェイは最高二五年の受刑宣告を受けている。正義が勝ったのだ！

ハーヴェイとは〝パワー、そして映画〟以外には何の趣味も無い、六九歳の犯罪者である。彼が銀行口座に積んでいる大金は強姦をした女性たちの証拠隠滅のために使い、最後には自身の傲慢さが原因で崖から突き落とされた哀れな時代のあだ花であったのだ。映画人の究極の夢オスカーが長年にわたって精神病者を億万長者にしパワーを与える片棒を担がされていたとは、これもアイロニカルである（ハーヴェイは監獄でCOVID-19に感染したという。複雑な心境である）。

第3章 フラッシュバック

最初に観た映画は『ターザン』だった！

これから映画手法の一つであるフラッシュバックを使い、私の映画人生を語って行きたい。

幼少時代は日本の果て、大分県の国東半島にあるどんずまりの村で育った。海が直ぐ近くにあり、冬を除いては一日中海辺で過ごしていた。何処までも青い膨大な海、その果てに夕方から沈んでいく太陽にとって代わって遠くに出てくる月の美しさ。貧乏ではあったが、自然に囲まれた田舎での幼少時代はのどかであった。

そこには映画館は一軒もなかったし、今でも無い。あったとしても田舎の学校の校長で七人の子供を抱えた家族は、映画を観に行くゆとりはなかった筈だ。
四、五歳位の思い出の一つは紙芝居である。辺鄙などんずまりの村では紙芝居しか子供の娯楽がなかったのだ（東京には既にテレビがあった）。映画のストーリーボード風なカラーの絵巻を背中に背負ったおじさんが、村を巡回してきては飴を売り紙芝居を見せる。この紙芝居を鮮明に覚えているのは家には絵本がなかったからであろう。内容は覚えていないが、私はおじさんの語るストーリーに惹きつけられていたらしい。母にその物語を語って聞かせ、おじさんの売る同じ飴を買うようにせがんだと言う。これが私の「映像世界」に魅せられたイニシエーション（儀礼）であった。

小学校に行き始めると、時々学校で見せてくれる映画が紙芝居にとって代わった。『類人猿ターザン』（一九三二年、W・S・ヴァン・ダイク監督）などのターザン映画の一本を観たのは、小学校の校庭ではなかっただろうか。あるいは講堂であったのかもしれない。これが最初に観た映画だった。ターザンが猿と一緒に木を綱渡りしていくスクリーンは、ポーッと霞んでいた。白黒一六ミリプリントは使い果たされていたからであろう。多分字幕もあったのだろうが、どちらにしても子供の私たちには良く読めなかった筈だ。しかしスクリーンの画面が動いていく映画なるものに魅了されていたようだ。そして私は窓から見える山をジャングルに見立ててターザンと猿、そして私のストーリーを創っていたのではないだろうか。今でもターザンを演じた俳優ジョニー・ワイズミューラーをはっきりと覚えているのは、子供心にも半裸で猿とジャングルを駆け回るターザン俳優の逞しい体が印象深かったのだろう（彼は一二作のターザン映画に主演）。

そして次はフランス＝ドイツ合作映画『わが青春のマリアンヌ』（一九五五年、ジュリアン・デュヴィヴィエ監督）。姉がお見合い相手とのデートに私をお目付け役（？）として連れて行ったらしい。それは『ゴッドファーザー』（一九七二年、フランシス・コッポラ監督）で、シチリアに逃走したアル・パチーノと村の若いプリティーウーマンとのデートに女子供が付いていくシーンに似ている。映画の内容は覚えていないが、白黒映画にもかかわらず主役の女優のプラチナブロンドの髪と、透き通るような真っ白の肌の美しさ！　子供心に羨ましかったのだろう。

この全く違う映画二作が、私の映像への興味と憧れとなっていったのだ。

一〇代はマーロン・ブランドが神様、仏様

ターザン映画の俳優ジョニー・ワイズミューラーが小学生までの私のアイドルであったとしたら、一〇代のアイドル、いや仏様となったのがマーロン・ブランドである。恐らくジョニー・ワイズミューラーのマッスルマンの肉体の美しさに魅せられていたのが、その後マーロン・ブランドの映画『欲望という名の電車』(一九五一年、エリア・カザン監督)を観て電撃のようなショックを受けたのが引き金になり、ブランド教信者となっていったのだろう。ギリシャ彫刻のようなブランドの美貌や引き締まったマッチョな体はターザン俳優など問題にならない。そのうえセクシーさが画面から漂っている。もちろん当時の私はセクシーとは何なのか分かっていなかったが、私のハートをとろけさせるような思いはセックスに通じているものがあったのではなかろうか。さらに彼の声の素晴らしさ。アンニュイな官能さとでも表現できようか。彼の愛人であった女優リタ・モレノは「ブランドほどセックスのテクニックが上手い男はいない。彼の体の全器官はセックスの為に存在する……」と語っている。ブランドがセクシーな演技ができるのは当然であろう(注:リタ・モレノは『ウエストサイド物語』(一九六一年)でオスカー助演女優賞受賞)。

『欲望という名の電車』でブランドがヴィヴィアン・リー演じるブランシュを怒鳴るシーンにも悲しさが溢れている。自身を制御できない無知な負け犬の男を、彼ほど的確にスクリーンで演じた俳優はいなかったと言われているのも頷ける。

ブランドはこの映画では惜しくもオスカー主演男優賞は逃したが、『波止場』（一九五四年、エリア・カザン監督）で受賞。この二作品の名演技でブランドはアメリカ映画界に確固とした地位を築いたのだ。

ブランドは芝居でも賞賛を得ている。ブランドのユニークなところは俳優のリー・ストラスバーグ率いるアクターズスタジオで習ったスタニスラフスキー・テクニックを演技の基礎としているが、いったん自身の中でテクニックを消化した後には、自然体で主人公そのものになりきった演技をすることだろう。シェイクスピア劇の名優ローレンス・オリヴィエ卿などのような作為ある演技ではないのだ。

映画でも彼ほど映画俳優として生まれてきたような自然体の演技ができる俳優は、それまでのハリウッド映画界にいなかった。今でもダニエル・デイ＝ルイス等二、三の俳優を除いてはいないのではないか。ブランドが映画史のパンテオン（神殿）に不滅の天才俳優として渾然と輝いているのは当然であろう。

しかしブランドは、有名になるに従って蓋をしていた彼の巨大な自我（エゴ）が噴出してきたのではないか。そして本人も制御できない悲しさがハリウッドに挑戦状を突きつけるような行動となっていったのではないだろうか。その彼の挑戦状の一つが、ハリウッドが崇めるハリウッドスター＝俳優業を軽蔑する言動となっていく。

彼曰く、「俳優は体を駆使して仕事をする大工などと違い、堕落した職業である。身体を使うどころか口もろくに使えないような（ダイアローグもまともに言えないような）スターが映画出演で七桁の出演料を取る」と、その矛盾を指摘する。そしてそれを許すアメリカの資本主義社会を弾劾するが、ブランド自身は彼の映画出演に大金を要求する。それは馬も槍も持たないドン・キホーテを彷彿とさせる辻褄の合わない生き方なのだ。

最後に彼は、自身のエゴに押し潰され、無一文で亡くなってしまった。

一〇代前半の私はもちろんブランドの生き方など分かる筈もない。そしてブランドが空想の恋人、いや仏様となったのだ。それだけではない。ブランドは私のその後の人生を決める最初の礎となった。

映画とは観客に二時間だけでも主人公と一緒にストーリーを旅することが出来る唯一のアートであると私は確信している。それは絵や彫刻の鑑賞では味わえない刺激的な体験である。

「ブランドを探そう」という私の夢は、その後映画界の片隅でも良い、その世界で生きたいとの癒し難い思いが徐々に膨らんでいった。その思いは茫洋としたものであったが、私の心の中にしっかりと根をおろし確固とした決意、そして情熱となっていく。

中学校の行き帰りに通るお寺で「外国に行かせて下さい。そしてブランドに会うために映画界で働きたいのです」と拝む日々となっていったのだ。この頃から無意識に毎日神様、仏様に祈願をするとそれが鉄の意志となり、夢の実現の前に立ちはだかっている壁を一つ一つ壊して行くアイデアが生まれ、〝夢〟が成就出来るとの確信に変わっていく。今考えると新興宗教の信者風であったのだろう(苦笑)。

私もブランドのように辻褄の合わない、整合性のない性格であったようだ。何かのアイデアあるいは夢が生まれると、系統立って考えることができない。その実現に向けて突っ走るだけなのだ。そして後付けで辻褄を無理に合わせる。アイロニカルなことに、無知蒙昧故に辻褄が合わないなどと考えずに突っ走ることも出来たのだろう。

ところが、私のブランド探しの夢が、ブランドの住むアメリカではなくヨーロッパであったことも辻褄の合わない私の性格を物語っている。

私は最初に観たイタリア映画の傑作『自転車泥棒』（一九四八年、ヴィットリオ・デ・シーカ監督）や『無防備都市』（一九四五年、ロベルト・ロッセリーニ監督）に深い感銘を受け、イタリア映画にはまってしまった。また母から聞く戦後の日本はイタリア映画で観るイタリア人たちの生活にそっくりなのだ。

レジスタンスで戦う男たちを力強く演じる俳優は、ぼろを纏っているがエネルギッシュでチャーミングである。そして貧乏であろうが活き生きと生活している。彼らが食べるスパゲッティの美味しそうなこと。私は何度かスパゲッティを食べている夢を見たものだ。今でも私の第一の好物がスパゲッティなのは、あの当時観たイタリア映画の影響であろう。

ではイタリアに行こう。短絡的な国探しであったが、第六感でイタリアは私の感性に合っていると思ったのだ。それからは教室にいても先生の講義も上の空で、イタリア語の辞書片手にペンパルのイタリア人に手紙を書き、ブランドの映画以外にはアメリカ映画は観ないと決め、イタリア映画だけを観る日々となっていった。そして映画館の切符買いのために親には内緒であらゆるアルバイトを始めた。映写技師と仲良くなり映写室から見せてもらったりと、当時から『ニュー・シネマ・パラダイス』（一九八八年、ジュゼッペ・トルナトーレ監督）を実践していたのだ（ちなみにその後、この映画の日本配給権を私は獲得することになる)。

ローマのイタリア国立映画実験センターに入学

映画館の一つもない国東半島のどんずまりの村で育った私が、ターザンとマーロン・ブランドに出会い映画界で生きる夢の第一歩が叶ったのだ！　それも当時世界一の映画学校といわれていたローマにあるイタリア国立映画実験センター（チェントロ・スペリメンターレ・ディ・チネマトグラフィカ）である。

一〇〇枚の論文提出後すぐに入学許可がおりた。日本人で三番目、増村保造監督とＴＢＳのディレクターの男性に続き、女性は私が最初である。留学資金は結婚資金の前借りであった。七人の子供の教育費で四苦八苦している父を「結婚はしないので結婚資金をローマの映画学校留学費として出して欲しい。将来利子をつけて返済するから」との必死の説得で実現したものである。返済はその後自然消滅したが、当時から交渉好きであったのだ（笑）。イタリア語は三歳児ほどのレベルではあったが、私は何の頓着も無く意気揚々とローマに出発した。

学校はチネチッタ撮影所の一角にある。撮影所はムッソリーニ時代に戦争昂揚映画製作を目的として作られたものである。映画学校がチネチッタ撮影所内にあるのは戦意昂揚映画を作る人材養成所であったからだ。そのために教授たちも右翼と言われていた。イタリアは左翼と右翼に分かれた社会である。それが後述する学校の生徒たちによるストライキに発展していく。

学生の大半はイタリア人だが、監督科にはアフリカやアラブ人の学生二、三人がいた。国営なので学費無しである。そのうえイタリア人とイタリア政府のスカラシップを得た外国人学生は国から生活費の支給があり、学校のランチも無料である。イタリアは日本と同じく敗戦国だが、イタリアの映画産業、いやアートへの潤沢なサポートは、さすがメディチ家から延々と続くイタリア文化の重みであろう。そして政治もアートを通してアフリカや中近東への影響を駆使する大国のストラテジーであったのだ。

イタリアに来て驚いたことの一つに、一般の貧しい人たちも週末には必ず映画を観る習慣があったことだ。映画は生活の中心を占めている。そして彼等は映画人を愛し尊敬している。日本と何という違いではなかろうか。

私はスカラシップ無しの入学なので生活費の支給は無かったが、ランチのバウチャーは支給された。このランチの美味しさ！　貧乏学生であった私はフルーツやケーキを隠し持ってきたバッグの中に入れて夕食用に持ち帰った。キッチンの係りの人も見て見ぬふりをして許してくれる。時にはパスタの残りも包んで私にくれるのだ。それを夕方映画館で食べながら映画を見る生活であった。学生生活が飢餓にもならずサバイバルできたのは、このランチボックスのお陰である。

学校の地下のライブラリーには一〇万本以上の映画フィルムが冷房完備の状態で保管されている。イタリア映画が主だが、ヴェネチア国際映画祭の外国映画作品賞受賞作もある。イタリア国内での国際映画祭の外国映画作品賞受賞作やイタリア映画は、プロデューサーがプリントを学校に寄付するのが慣行となっていた。日本では一九六〇年代になってやっと貧弱な映画ライブラリーができただけである。

私はイタリア語ができないこともありプロデューサー科に入れられた。そのコースには生徒が二人しかいない。習うことは製作費の計算ばかりである。そのうえ教授であるプロのプロデューサーは撮影準備などの理由で年中授業をキャンセルする。そういう日の私たち二人の生徒は、他の好きなコースに自由に出席が可能であった。私は主に監督科に出席していた。イタリア語ができなくとも有名監督が教授で来てくれ、映画を見せながらの授業は刺激的であったからだ。

俳優コースはさすが美男美女が入学している。主にイタリア人だが女優志願の一人にスウェーデンからきていた超美女がいた。私が子供時代に観た『わが青春のマリアンヌ』の女優がスクリーンから飛び出して目の前に現われたような、デジャヴな気分である。彼女曰く、スウェーデンでは美人ではないと謙遜していた。しかしブロンドで外人女性好きなイタリア男たちは、彼女が街を歩いていると乗っていた車を急停車するために車の衝突事故が多発するらしい。時には一〇台の車が事故を起こしたと彼女は迷惑そうに言っていた。ちなみに私が歩いていて急停車した車はゼロであった!

授業のハイライトは全学生が出席する映画鑑賞である。終わると観た映画のディスカッションがある。私のイタリア語の知識では半分ほどしか分からなかったが、学生の映画を観る視点は非常に左翼的であった。

当時のイタリア社会は共産党とキリスト教民主政党の二つに分かれ、イタリア人はお互いに憎悪し合って生きている。北（ミラノやトリノ等）の中産階級は左翼思想であるが、シチリアなどの南は右翼思想の人たちなのだ。映画人の大半は左翼である。映画を志す学生が左翼的思考であるのは当然であろう。

教授は学生に一年に三〇〇本の映画を観るノルマを課す。今のようにＤＶＤやオンラインの無い時代である。生活費の大半は映画館の切符代に当てられた。私は最初の一年間で四〇〇本の映画を観て教授から褒められ、やっとイタリアの映画学校に溶け込んだ安堵感でほっとした気分になったのを覚えている。また同時に学生たちのイタリア映画しか知らない、いや観ていない無知さ加減が驚きであった。映画人を志しながらイングマル・ベルイマンや黒澤明映画も観ていない。映画館では外国映画も上映されているが、左翼リベラルを標傍する学生たちは実は国粋主義者であったのだ。私は世界一の映画学校の謳い文句が張子の虎である現実を知り、この程度の学生が映画界で生きていけるのなら私も将来映画界で仕事ができるのではないか、との一抹の希望も芽生えた。


学生たちによるストライキはある日突然行なわれた。学校に行くと門は閉鎖されており、鉄条網が壁の上を覆っている。ロックアウトである。

私たち外人学生はこの決定の蚊帳の外に置かれていたのだ。外人学生には迷惑をかけたくないとのイタリア人学生の思慮であったらしいが、同時に外人はイタリア社会、政治の状況を判るわけがないとの思い上がりでもあった筈だ（注：ストライキに参加し逮捕された外国人は国外追放）。

ストライキの趣旨は教授の何人かが右翼思想であるとの理由である。私のイタリア語のレベルでは完全に理解できなかったが、非難された教授の一人が映画鑑賞後にその映画について分析する内容は右翼の視点とは思われなかった。

また私は弾劾された教授の一人に親近感を持ってもいた。彼は一年中同じ皺のある上着を着て教えに来る。生活に疲れたような風貌は、ヴィットリオ・デ・シーカ監督の名作『ウンベルトD』（一九五二年）の主人公を髣髴とさせたからだ。

ストライキの趣旨に賛同した左派系の監督たちが、壁に立掛けた梯子を登って教えに来てくれた。パゾリーニ、ヴィスコンティ、ロッセリーニ、そしてドキュメンタリー監督のフォルコ・クイリチ等、イタリア映画界の巨匠たちである。私はスクリーンのクレジットでしか知らない巨匠たちの講義に興奮して、鉄条網の釘でナイロンのストッキングが破れるのものともせず早朝から教室に陣取ってい た。最初に来てくれたのはパゾリーニであった。天下のパゾリーニの講義に私たち生徒は頬を染めてじっと聞いていたものだ。イタリア映画界きってのコミュニストであるパゾリーニは、元軍国映画人材養成所の学校でストライキが起こったのが嬉しかったのではなかろうか。

ストライキの主導者たちは巨匠たちの応援を得た上にBBC、RAI等のテレビのインタビューに英雄然として答えている。学校の食堂では学生が美味しいスパゲッティを料理して私たちに食べさせてくれる。夜になると校庭では生徒たちのセックスが始まる。彼らのエクスタシーの雄叫びと蟬虫のさえずりが絡み映画のサウンドトラックとなり、濃厚なセックスシーンを見ているような気分である。セックスはストライキや革命に付き物の現象であるようだ。

しかし一か月が過ぎてくると生活費を絶たれた学生たちは一人一人と櫛の歯が抜けるように学校から、そしてストライキから去って行った。そして学校はその後、一〇年にわたって閉鎖されてしまう。学生たちはストライキをすると政府からの生活費が絶たれることも考慮せず、イデオロギーだけで突っ走る若さの無謀。その無謀がイタリア映画界の優秀なフィルムメーカーを育ててきた世界一の映画学校を破壊してしまう恐ろしさ。私がその後革命やストライキなるものに懐疑的になったのは、映画学校のストライキの影響である。

私は先生であったパゾリーニに頼み込み、彼の紹介で別の映画学校に入学した。私立なので高い授業料を払わなくてはならないのだが、パゾリーニの紹介状が効き授業料にランチも無料にしてくれた(注：パゾリーニはその後、ゲイの男に殺された。その追悼記事を私は『キネマ旬報』に請われ寄稿している)。

二年間で卒業の予定が、ストライキの学校封鎖で卒業証明書もないのが影響したのだろうか、映画学校同窓生四〇人のうち、映画界で働けたのは五人だけであった。スウェーデン人の超美人はテレビ映画のチョイ役出演をしていたが、その後イタリアの金持ちと結婚。アフリカのシエラレオネからカラシップで監督科にきていたシドニー・ポワチエそっくりのハンサムなジョンは、自国に戻ってテレビ監督をした後に国営テレビ会社の社長となった。彼は映画館に彼の車(同窓生の中で唯一車の持ち主であった)で連れて行ってくれる私のアッシー君だった。そしてイタリア人学生で唯一ストライキに反対した警察官の息子は私と二人だけのプロデューサー科の同級生であったが、彼はその後パワフルな映画プロデューサーとなった。その他にはテレビのコメディー番組で名前の出てきた女優やコスチュームデザイナー、プロダクションデザイナーなどがいる。

そして私はというと、日本に戻って配給会社に職を得、欧州映画の買い付けの仕事を行った後プロデューサーとなり、今私の映画人生を執筆している。

二〇数年ほど後になって、チネチッタ撮影所で私はプロデューサーとしてシェイクスピアの『タイタス・アンドロニカス』の映画化『タイタス』（一九九九年、ジュリー・テイモア監督。ブロードウェイ・ミュージカル版『ライオン・キング』の演出家でもある）を撮影していた。その時、母校の映画学校から生徒にスピーチをしてほしいという要請があった。そこで引退しているが時々学校に教えに来る昔の教授に出会った。四〇〇本の映画を観た私を褒めてくれた教授である。私はその教授に私の書いた入学論文の感想を聞くと、何と当時英語の分かる教授がおらず、私の論文は誰も読んでなかったらしい。入学を許したのは、日本くんだりから私費で留学を希望する女性が珍しいからであったうえに、一〇〇枚の長さの論文はイタリア映画界が誇る二大巨匠監督フェデリコ・フェリーニ、ミケランジェロ・アントニオーニの論文であったことを買ってくれ、読まずに入学を許したとのことで苦笑してしまった。

映画学校はストライキから一〇数年後に再開したが、時既に遅く、アメリカ、英国などの映画学校のレベルには及びもつかない凡庸な学校になってしまった。残念である。

ニュー
シネマ
パラダイス

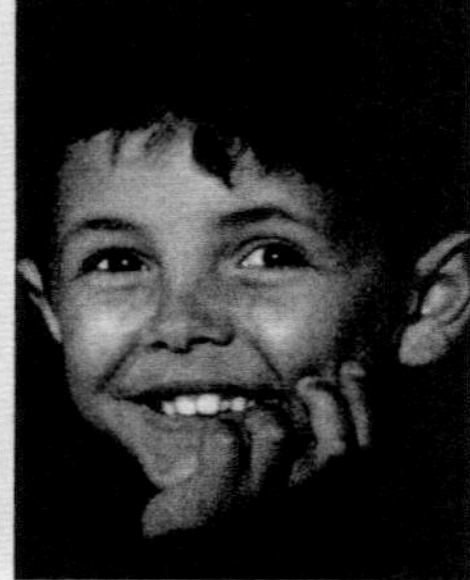

映画から夢が広がった　大切なぼくの宝箱。

1989年カンヌ国際映画祭
審査員特別大賞受賞
PRIX SPÉCIAL DU JURY, FESTIVAL INTERNATIONAL DU FILM CANNES 1989

1989年ダヴィッド・ディ・ドナテッロ賞音楽賞受賞
〈エンニオ・モリコーネ〉

製作/フランコ・クリスタルディ
監督・脚本/ジュゼッペ・トルナトーレ
撮影/ブラスコ・ジュラート
美術/アンドレア・クリザンティ
音楽/エンニオ・モリコーネ、編集/マリオ・モッラ

フィリップ・ノワレ/ジャック・ペラン
サルヴァトーレ・カシオ/レオポルド・トリエステ/プペッラ・マッジョ

Produced dy:FRANCO CRISTALDI
Written and Directed by:GIUSEPPE TORNATORE
Director of Photography:BLASCO GIURATO
Production Designer:ANDREA CRISANTI
Music by:ENNIO MORRICONE
Editor:MARIO MORA

CAST:PHILIPPE NOIRET, JACQUES PERRIN
SALVATORE CASCIO, LEOPOLDO TRIESTE, PUPELLA MAGGIO

クリスタルディ・フィルム+レ・フィルム・アリアーヌ+TF1フィルム・プロダクション+RAI 3+フォーラム・ピクチャーズ製作
1989年/伊=仏合作/カラー/提供=フジテレビジョン+ヘラルド・エース+俳優座シネマテン
配給/ヘラルド・エース、日本ヘラルド映画

『ニュー・シネマ・パラダイス』

第4章 ディストリビューターとして買い付けた映画と、思い出深い映画

私は映画の配給権を買い付ける、いわゆるディストリビューターとして、数え切れないほどの作品を二〇年間近く買い付けてきた。今ではタイトルすら忘れてしまった映画もあるが、思い出深い映画をいくつかあげてみたいと思う。

『ラストコンサート』（一九七六年、ルイジ・コッツィ監督）

白血病で死を宣告されたイタリア人のティーンエイジャーの女の子とイギリス人の中年のピアニストとの淡い恋物語を、モン・サン＝ミシェルのお城を背景にして描く〝泣き〟映画である。

この映画は厳密には買い付け作品ではない。私の初のプロデューサー映画と言えるだろう。しかし私のポジションは日本の映画配給会社社員（日本ヘラルド映画のヨーロッパ総代表、副社長）であったので、クレジットには名前を出していない。

ある日、友人のイタリア人プロデューサーと夕食をしている時に、私が「日本での映画のヒットは観客がどのくらい泣いたかで決まる」と話したのがきっかけで、そのプロデューサーと一緒に〝泣

き〟映画を作ることになったのだ。

私たちは早速企画のアウトラインをレストランのテーブルクロスに書き始めた。

一〇代後半～二〇代前半の女性観客をターゲットにした悲恋物語。そして場所はヨーロッパで、ロマンティックな場所のナンバーワンといわれるフランスのモン・サン＝ミシェル城を選んだ。言語は英語とイタリア語である。

ストーリーは白血病で死に行く十七歳の女の子が、死の前に長い間の願いであったモン・サン＝ミシェルに最後の旅をする。そこで彼女はしがないピアニストのイギリス人中年男性と出会う。彼はノイローゼから自殺の目的でモン・サン＝ミシェルに来ていたのだ。二人は恋に落ちる。女の子は亡くなる前に初めてのセックスをして欲しいと男に頼む。そして彼女は次の日に、ピアノコンサートで中年男の恋人が弾くピアノを聴きながら亡くなるのだ。

病死を白血病と決めたのは、癌などと違い最後まで綺麗で普通の生活が可能らしいとのいい加減な情報に基づいたものである。

セックスシーンについては、私の勤める配給会社のお偉方からセックス抜きの映画にしろとのクレームがついてきた。日本のティーンエイジャーの女の子は婚前にセックスはしない。キスだけにしろとの指令である。一方イタリアのプロデューサーも俳優も、ベッドシーンでセックスのない映画など笑止千万とこれもクレームがつく。結局、苦肉の策で外国バージョンはベッドシーンで二人がセックスをする。日本バージョンは二人一緒に同じベッドで寝るがセックスなし、という二バージョンの撮影をすることになった。

このストーリーは〝泣き〟映画で大ヒットをしたアメリカ映画『ある愛の詩』（一九七〇年、アーサー・ヒラー監督）の変形コピー版である。『ある愛の詩』は主演のアリ・マッグローが当時大スターであったこととテーマミュージックの大ヒットのおかげもあり、七〇年代にも拘わらず一億四〇〇〇万ドルの収益をあげている。

『ある愛の詩』にあやかって作った『ラストコンサート』は一億四〇〇〇万ドルの収益には遠く及ばなかったが、日本でも大ヒットとなった。僅か五〇万ドルの製作費の合作映画で、日本側の製作費負担分は二五万ドルだけである。そして配給会社には世界の配給権の五〇％の収益と永久権を取得できる。

四〇年後の今でも世界からの劇場上映権の他にＤＶＤなどの二次使用からの収入で一五〇〇万ドル以上の利益を上げたのではないだろうか。

これこそ、「海老で鯛を釣る」である。イタリアでも英国でもヒットした。英国人はドライな民族である。通常、ティアジャーカー（泣き映画）は軽蔑される。しかしヒットしたのは女性観客が一世を風靡した『ある愛の詩』の続編と思って観に来たのではなかろうか。

この映画がヒットした要素の一つに『ある愛の詩』と同様、旋律の美しさで観客の涙腺を誘うテーマミュージックが挙げられる。

『ある愛の詩』の音楽に魅了されていた私は、共同プロデューサーに「あのミュージックのコピー版を作れる作曲家を捜そう」と提案した。そして作曲家をオーディションした際、英国映画『逢びき』（一九四五年、デイヴィッド・リーン監督）のテーマ音楽として流れたラフマニノフの『ピアノ協奏曲第二番』を私たちにピアノで聴かせたイタリアの作曲家に決めたのだ。彼は当時フランス女優でフランスの著名な監督の妻と秘密の情事をしており、情事映画の傑作と言われる『逢びき』に痛く感動したらしい。そこで彼は『ラストコンサート』のテーマミュージックに『逢びき』の音楽をコピーしたのである。

私はまだ『逢びき』を観ていなかったが、この曲を聴きながら涙を流していた。彼と一緒に来ていた作曲家の恋人も感動したのだろう、ピアノを弾き終わった作曲家の手をそっと握っていた。私は直観でこの音楽に悲恋のラブストーリーなら無名のイタリア俳優主演でもヒットする手応えを感じていた。

しかし日本で試写を観た会社の宣伝部内ではあまりの古臭いストーリーに悪評紛々で、誰もヒットするとは思っていなかったらしい。ところが宣伝費もほとんどかけず数館で公開を始めると、映画を観た十代の観客の口コミが効き、映画館は女学生のすすり泣きの声で満ち溢れていたと言う。映画はヒットとなった。

プログラムピクチャー（商業映画）をヒットさせる主な要素は、過去の大ヒットをした映画のコピー版を、手を変え品を変えて作ることではないだろうか。それを学んだのが『ラストコンサート』である。

ところで、日本公開後まもなく、この映画を観た女子高校生がアパートのテラスから飛び降り自殺をするという事件が起こり、新聞でも大きく報道された。死んでいく映画の主人公に同情したのが原因だという。私はハンマーで頭を打たれたような衝撃を受けた。プログラムピクチャーと軽い気持ちで作った映画が観客にこのような大きな影響を与えることに恐怖の念さえ感じた。この事件は製作の意義について考える機会を私に与えてくれた。そして反省として、プロデューサーになった暁には社会的な問題提起をテーマの土台にした映画作りをしたいと決意したのだ。

『テンタクルズ』（一九七七年、オビディオ・アッソニテス監督）

『ラストコンサート』のプロデューサーから、『テンタクルズ』なる蛸のホラー映画を『ラストコンサート』同様に共同製作しようとの提案があった。柳の下の二匹目のドジョウを狙った企画である。プロデューサーのピッチ（プロモーション用説明）によると、既にヘンリー・フォンダ、ジョン・ヒューストンら名優との出演契約が出来ている。そのうえイタリア映画では初めての水圧マシーンを開発し、蛸のテンタクル（触手）を自由自在に動かすスペシャル・エフェクト満載の大作とのことであった。

しかしシナリオがパニック映画としてはあまりパニクらない凡作であるうえに、製作費がイタリア映画にしては高すぎる。そこで日本配給権の先買いだけをすることにした。

撮影現場に行って見ると、驚いたことに水圧マシーンなどどこにも見当たらない。蛸の足が人間を襲うシーンは、何とクルーが蛸に縄をかけて引っ張っているではないか。騙された怒りでプロデューサーに怒鳴り散らしたが後の祭りである。契約書の中にこの〝水圧マシーン〟を使う云々のプロダクション明細の一項が入っていないので、契約破棄もできない。当時は配給権に関する契約書を弁護士にチェックさせる慣習がなかったうえに、イタリアの契約書をチェックする知識が欠けていた私のミスである。買い付けの最前線で映画の配給権を買っているにもかかわらず、私の法律の知識は貧相なものであった。このミスの反省からエンターテインメント関連の法律の勉強を始めた。後述する私自身のプロダクション会社を設立した際に、この法律の知識は多いに役立つことになった。

できあがった映画は、恐れていたように酷い出来である。製作費の大半はヘンリー・フォンダやジョン・ヒューストン等のハリウッドのスター出演費に使われたのだろう。七〇~八〇年代のヨーロッパ映画界は、旬の過ぎたオールドスクール（古手のスター）に大金の出演料を出して大作インターナショナルムービーとして先売りするマーケット戦略が流行していた。盛りの過ぎた中年歌手が地方をドサ回りするのに似ているのではなかろうか。

私は解雇されるのを覚悟していた。しかし当時ミラクルワーカーといわれた宣伝部の〝誇大宣伝〟に助けられ、何と日本最大の映画館である有楽座で公開されたのだ。お陰でコケず、当時で三〇〇万ドルの配収（現在のレートでは六〇〇万ドル以上）があり、ほっと胸をなでおろしたものである（注：このあたりの巧みな騙し宣伝？　手法については、斉藤守彦氏の著書『映画宣伝ミラクルワールド』などで詳細に書かれている）。

プロデューサーで監督のアッソニテスはその後B級映画のキングを自称し、東南アジアやアラブ圏の製作者たちとホラー映画製作網を敷き大儲けしている。後年彼とロスで再会した際には、ぜひ『テンタクルズ2』をアル・パチーノ主演で作ろうと熱心に口説かれた。彼はアル・パチーノがオスカーの主演男優賞やゴールデングローブ賞の主演男優賞と作品賞などを獲った名作『セント・オブ・ウーマン／夢の香り』（一九九二年、マーティン・ブレスト監督）のプロデューサーの一人でもあり、パチーノとは親友の間柄になったという。彼曰く、「ミチヨが作る映画はハイブロー（良質）であるが儲からないのではないか。『テンタクルズ2』の大ヒットで今後心置きなくハイブローな映画製作が出来るのを助けたい」と、私の経済状況まで勝手に推測している。彼はイタリア式阿漕（あこぎ）な生き方の典型である。大ほら吹きで道義心などこれっぽっちも持たない。しかし憎めない。それがイタリア男である。

『グレートハンティング』（一九七五年、アントニオ・クリマーティ&マリオ・モッラ監督）

この映画は、ケニヤの自然動物園で観光客がライオンに襲われ引き千切られて殺されるまでを詳細に撮ったシーンが反響を呼び、大ヒットとなった。

私事になるが、イタリアでの試写直前に日本にいる家族から兄が自殺をしたというニュースを受けた。頭をハンマーで殴られたような衝撃であった。カミュのいう不条理ではないが、このような状況に接すると何をするべきか、系統だって考えることが出来ない。普通の状態では試写出席はキャンセルし日本に帰国する手配をするのであろうが、頭は空っぽの状態である。試写は私の要請でアレンジされているうえに、イタリア映画人の間で話題騒然になってきていたので、興味もある。キャンセルするか観にいくか逡巡している間に、プロデューサーから電話で試写に間に合うよう矢の催促である。

茫然とした状態で観たこのドキュメンタリー映画の恐怖のシーンの数々。あまりの迫力に圧倒されてしまい、それが兄の死と重なって、観終わった時には体が硬直状態になっていた。すぐさまセールス会社に電話をして買い付けた作品である。

二〇万ドルで買い付けたこのドキュメンタリー映画が、配収二〇〇〇万ドルの超大ヒットに繋がったのだ。誇大宣伝流に言えば『スター・ウォーズ』(一九七七年、ジョージ・ルーカス他監督)に迫る大ヒット。インディーの映画では劇映画も入れても戦後最高の配収ではないだろうか。日本の興行パターンを変えた革命的な映画といわれ、大騒ぎされた『サスペリア』(一九七七年、ダリオ・アルジェント監督)ですら配収一〇〇〇万ドルでしかない。このドキュメンタリー映画が観客に与えたインパクトがいかに凄かったかを二〇〇〇万ドルの数字が物語っている。また日本からの売り上げだけでプロデューサー側は製作費の二〇倍以上の収入を得た、稀有な映画である。

封切り後、このシーンがやらせなのか本物なのかが話題となり、日本ヘラルドの宣伝部は観客からの問い合わせで大わらわであったそうだ。当時やらせのドキュメンタリーはイタリア映画の独壇場であった。イタリア人はヨーロッパ人の中で最も好奇心に富んだお国柄である。世界中どこにでもイタリア人旅行客に出くわす。イタリアのドキュメンタリー監督たちは世界中の奇怪なシーンを求めて果敢にタックルする。奇怪な出来事がなければやらせでシーンを作り上げる。観客はやらせか本物かの区別などお構いなしに物珍しいシーンを観に来るのだ。そしてその多くはイタリアと日本でヒットをしている。

この経験から私は、イタリアでヒットする映画は日本でも当たるという確信が生まれた。日本人の抑えたストイックな国民性の反対がイタリア人の国民性である。しかしこの二か国の国民性には何か共通するセンシビリティーがあるのではないだろうか。

『グレートハンティング』が大ヒットした要因の多くは、ユニークな視点から描く監督のアイデアの勝利であろう。安全である筈の観光客用の自然動物園でライオンに殺されるという、思ってもいない観客の意識下の恐怖に目をつけた秀作ホラー＝パニック映画なのだ。

他のイタリア・ドキュメンタリー映画と一線を画している。それが大ヒットに繋がったのだろう。数十年経た現在、告白すると真に迫ったベストのやらせである。映像の素晴しさが〝本物〟の迫力と観客を信じこませた。まだスペシャル・エフェクトの技術が稚拙であった七〇年の初めであったが、監督が上手く本物とやらせを組み合わせたのだ。

日本のメディアでは観光客がライオンに引き千切られるシーンは日本の配給会社が付け足したと言われているが、それはフェイク（嘘）である。あのシーンがない『グレートハンティング』は泡の抜けたシャンペンのようなもので私が買う筈もないし、ましてや世界中でヒットする筈がない。

これ以後メインの監督でプロデューサーのアントニオ・クリマーティは、『グレートハンティング2』（一九七六年）、『グレートハンティング84』（一九八三年）と矢継ぎ早に続編を作ったのはよいが、何のインパクトもない不出来なドキュメンタリーで粗製乱造の感は否めない。しかし私は粗製映画を承知で続編を買い続けた。同じタイトルの映画であればヒットは間違いなしとの判断である。そしてその通りに『グレートハンティング2』は九〇〇万ドル、『グレートハンティング84』は三〇〇万ドルの配収と、配給会社は大儲けしている。『グレートハンティング』3作の収益で、配給会社社員はサラリーの三倍ほどのボーナスを貰っている。しかし買い付けた当事者の私は別契約とのことで、一銭のボーナスも無かった（その後も粗製乱造ドキュメンタリーを作り続けた監督のクリマーティはせっかくの才能を無駄にし、一〇年後には凡庸監督となりイタリア映画界からも相手にされず消えてしまった）。

経済的な利益は無かったが、この映画の日本大ヒットは私のイタリア映画界での〝名声確立〟には多いに役立った。この映画だけではなく、イタリア映画界さえも無視していたイタリア映画が、私が買い付け日本で大当たりしたというニュースが噂となり、私が買う映画はヒットするという評判となったからだ。セールス会社もプロデューサーも列をなして私に自分たちの映画を真っ先に観せたがり、私は自然に日本配給権のファーストルック（最初に映画を見せる優先権）を持つことになったのだ。

それだけではない。『ラストコンサート』と『グレートハンティング』三作の日本でのヒットで、私はイタリア映画界のパワープレイヤーナンバー一〇人の一人に選ばれた。女性は私一人である。かつて日本ヘラルド映画退職を決意した際にローマに行きイタリア映画会社での職探しをしたが、全ての会社から拒絶されたその私がイタリア映画界で尊敬を受けるポジションになったのだ。感慨深いものがある。

『カサンドラ・クロス』（一九七六年、ジョージ・P・コスマトス監督）

極秘研究中の細菌に冒されたテロリストが乗る列車を舞台に他の乗客への感染を防ごうと、同じ乗客の二人ソフィア・ローレンとリチャード・ハリスがテロリストと戦うディザスター映画である。

橋を爆発するスペシャル・エフェクト技術はハリウッドの大作映画に較べると稚拙なものだが、乗客を演じる俳優の中にバート・ランカスターやエヴァ・ガードナー、後に『地獄の黙示録』(一九七九年、フランシス・フォード・コッポラ監督)主演で有名になるマーティン・シーンや、はたまたその後アメリカの犯罪史上ナンバー・テンに入るであろう事件の主役になるO・J・シンプソンが出演している。

O・J・シンプソンは有名なアメフトの選手から俳優になったが、泣かず飛ばずであった。それがあの一夜をきっかけにしてアメリカ一の〝悪名高い〟大セレブになったのである。

ことの始めはシンプソンが他の男と情事をしていた白人のブロンド美女妻を嫉妬から殺害し、車で逃走するのをロサンゼルスのポリスが追跡する。それをテレビはライブ中継をする。このライブ中継をアメリカ人だけではなく全世界の人が固唾を飲んで見ていた。

裁判も全世界でテレビ中継され、ロンドンにいる私もテレビにかじりついて友人とポップコーン片手に見た。裁判の結果彼は無罪となるが、アメリカ中が無罪か有罪かで大論争が巻き起こったのだ。

裁判長が黒人であったことや、当時まだまだ珍しかった白人妻&黒人夫の夫婦を人種の問題にすり変えたシンプソン弁護士の説得に、評決を決める陪審員たちがポリティカル・コレクトネス(社会正義)の視点から判決をした面もあったようだ。

O・J・シンプソンは撮影の現場ではジョークを飛ばし、私たちにも気軽にインタビューに答えてくれ誰とでも写真を撮ってくれる非常にフレンドリーな人であった。私は彼と親しくなり、ハリウッド映画界情報を聞き出していた。今と違い当時、黒人が映画界で活躍できるのは万に一つのチャンスしかなかった時である。有名なスポーツ選手であった彼でも黒人俳優が主役を張るストーリーがなく、黒人俳優は悪役かメイドの役しかないと嘆いていた。

私は大勢のポリスが殺人犯容疑者の彼を追跡するライブのテレビを見ていて複雑な心境であった。極悪犯容疑のO・J・シンプソンと、撮影現場で親しく話していた気持ちの良いクールな彼とがまず一致しないのだ。俳優のシンプソンとしては、アクション映画主演で追跡シーンを演じている心境でもあったのではないだろうか。

この映画には、その他にも俳優養成のアクターズ・スタジオ（マーロン・ブランド、ジェームズ・ディーン、マリリン・モンローなどを輩出した養成所）の創設者で、スタニスラフスキー・メソッドを教えるリー・ストラスバーグも端役で出演している。アイロニカルなのは、伝説的な俳優の育ての親である彼の演技はあまりにもオーバーで臭く悪評であったことだ。

この映画が日本で大ヒットを飛ばしたのは、ひとえに日本ヘラルド映画宣伝部に負っている。このB級アクション・ディザスター映画を超大作として宣伝するために、会社はアメリカ公開に先駆け日本で〝世界初公開〟することにした。そして宣伝の一環として映画館主やジャーナリスト、一般観客百人をローマに招待し、試写でこの映画を観せるジャンケットプランを作ったのだ。

しかし個人的にはこの映画は多くの問題を抱えた買い付け作品であった。私は会社のヨーロッパ総代表としてこの宣伝プランを実行しなければならない。その宣伝アイデアは良いのだが、大きな障害が立ちはだかっていた。実は映画がまだ出来上がっていなかったのだ。ポストプロ会社が倒産し、ネガを含む全ての素材がその会社に置かれたままであった。本社の私の上司は毎日、昼夜にわたり電話で素材を送るよう矢の催促である。深夜に寝ていても叩き起こされ事情説明を要求される。ソフィア・ローレンの夫であるプロデューサーのカルロ・ポンティは雲隠れしたのか電話に出ない。ポストプロの会社は素材を〝誘拐の身代金入手の手段〟としてプロデューサーに負債の肩代わり交渉をしている最中であったらしい。会社は閉鎖したままである。お金には汚いことで有名なポンティは負債の肩代わりに応じない。素材が至急必要なのは日本だけである。そこで彼はこの会社に〝身代金〟の金額を払わず訴訟を起こしていたのだ。

切羽詰った私はポンティの自宅前で数時間待ち、夜遅く戻ってきた彼を摑まえ契約破棄を大声でまくし立て泣き始めた。彼は高額で売った日本配給権が無くなるのを苦慮したのか、あるいは私の涙にほだされたのか、何とジャンケットの二日前に試写用のプリントが送られてきたのだ。私はサスペンス映画の崖っぷち作戦シーンの中を生きているような心境であったが、今思い出すと懐かしい買い付け映画である。

問題多き映画は何故かヒットするというジンクスがある。皆が一丸となって解決策を探していくその過程でテンションが上がり、それが問題多き映画のヒットに繫がっていくのではないだろうか。

世界中を恐怖に陥れているコロナ・ウイルス感染症ヒステリアの今日、この映画をリバイバル公開すれば再びヒットするのではないだろうか。十年前に公開されたステーヴン・ソダーバーグの『コンテイジョン』（二〇一一年）は、映画で描かれた事象の数々がCOVID-19の世界的な感染拡大の状況を的確に先取りしていたと再評価され、日本でも欧州でもＤＶＤやNetflixで大ヒットとなっているからだ。

『ニュー・シネマ・パラダイス』（一九八八年、ジュゼッペ・トルナトーレ監督）

シシリーを舞台にした、幼い少年と映画館の映写技師の親子のような友情物語だが、テーマは映画讃歌である。少年は監督トルナトーレ自身であり、彼の少年時代から青年になるまでの自叙伝風映画とも言えよう。

シナリオは非常に良く出来ている。日本人観客好みの可愛い子供が主役であるが、名前のある俳優は出ていない。しかし私はこの映画を見たアメリカ映画人たちが騒ぎ始めているのを耳にしていた。そこで早速プロデューサーに試写を依頼した。

最初のシーンであるシシリーの風情のある風景と街並みの陰影のあるカラーの素晴らしさに引き込まれていった私は、その内に滂沱の涙を流し始めた。悲しいのではなく、パワフルな感動に全身が揺れ動き涙となっていく。名作映画の持つパワーである。そのうえ少年俳優の自然体の演技と私たちをスクリーンに釘付けにするストーリー展開の上手さは、もう傑作としか言いようが無い。

業界のジンクスで映画をエーマにした映画はヒットしないといわれている。しかし『ニュー・シネマ・パラダイス』は他の映画を扱った作品とは一線を画しているのだ。映画讃歌をストーリーのベースにしているが、少年の〝カミング・オブ・エイジ〟（成人になって行く過程）を溢れる叙情性でパワフルに語っていく青春映画である。

どうしても買いたい！　しかしオファー金額が高すぎる。値段交渉をするが口伝えに映画の評判が高くなり、セールス会社は頑として値下げに応じない。諦めて交渉の場から出た途端、ライバル会社の人たちがセールス会社のオフィスに入って行くではないか。慌てて引き返し、ミーティング中であったセールス会社のヘッドを急用と称してオフィスの外に呼び出して要求通りの金額で買ったのである。セールスのヘッドは私の難しい立場を考慮してくれ、カンヌ映画祭で賞が取れなければ金額を下げる条件をオーケーしてくれた。カンヌの受賞は逃したが、映画はオスカーの外国語映画賞を受賞した。そして映画は世界中でヒットしたが、とりわけ日本では大ヒットとなり、主演の少年はフジテレビの〝顔〟のコマーシャルで日本全国に知られる超セレブとなった。そして『ニュー・シネマ・パラダイス』は日本では国民映画となったのだ。

今では『ニュー・シネマ・パラダイス』は世界映画史のベスト・テンの一つに選ばれている（IMDBなどの映画・ドラマのデータベースによる）。アメリカでは〝死ぬ前までに見たい一〇〇本の映画〟などのリストの二七番目にも選ばれている（英国の映画雑誌「エンパイア」）。八〇年以降のイタリア映画界でこの快挙を果たした監督はトルナトーレだけである。

イタリア人は彼を「ペッピーノ」と呼ぶ。頭のひとつも撫ぜたくなってくるような名前のトルナトーレは、呼び名に相応しい可愛げのある人である。彼はイタリア人ではない。典型的なシシリー人なのだ。全てに疑い深い。ガールフレンド（現妻）いわく、「寝ている時にも目を開いている」らしい（？）。また好奇心ゼロの人である。日本に来ても外人が狂喜する寿司など生のものは気持ちが悪いと言って食べない。食べるのはピザか玉子焼きだけである。どんな高級レストランでもその二つの注文なので庶民食堂に連れて行くしかない。京都行きを誘っても興味なし。そもそも映画の宣伝で日本に招待しましょうと言っても興味なしなのだ。ベルトルッチとは正反対である。どちらかというとフェリーニに似ているのではないか。

映画オタクであるがイタリア映画にしか興味がない。黒澤映画にもあまり興味を示さない。頭の中は一貫してシシリーの原風景と自分が作ろうとしている映画で占められているらしい。好きなのは彼の映画のクルーたちと一緒に次回作の話や過去に作った映画の裏話をすることである。

女性の好みもインテリの美人など興味なし。ガールフレンドはペッピーノの映画など一作も見ていないと言う。「あはは」笑いの開けっぴろげな女性である。

ローマに行く度に私は彼のあまり綺麗ではないアパート近くのピッゼリーア（庶民向けレストラン）に招待される。そこではトルナトーレ軍団（彼のクルー）の若者たちが安ワインとピザを食べながら口に泡を飛ばしてイタリア映画の話をしている。ワインが効いてくると私たちはトルナトーレ映画の作曲家エンニオ・モリコーネやニーノ・ロータ（フェリーニ映画の作曲家）のミュージックにあわせて歌ったり踊ったりする。その時ほどトルナトーレは活き活きとして幸せそうなのだ。

ある時、私がロスのホテルに着いた途端にホテルのドアを開けて出てくるトルナトーレにばったり鉢合わせしたことがある。次回作を英語で撮る目的でロスに滞在しているらしい。ハリウッドの大プロデューサー製作によるメジャースタジオの映画とのことである。しかし契約条項の中に三か月間で英語をマスターし、英語でシナリオを書かなくてはならない規定があるという。彼曰く、一か月ロスにいるがシナリオを書いたのは一〇頁だけである。それも契約違反であるがイタリア語で書き、密かにアシスタントに英語の翻訳を頼んでいるらしい。

友達もいないロスでよほど孤独だったのだろう、私に会うと本当に嬉しそうにしている。私が夕食に招待すると二つ返事でオーケー。彼のために私たち女性チームはイタリアレストランに行き、トルナトーレにロス生活を聞くこととした。

彼の語るアメリカ滞在一か月の様子はコーエン兄弟の映画『バートン・フィンク』（一九九一年）の一シーンを彷彿とさせるものであった。運転嫌いな彼は外出も一切せず、ロスのホテルの中に閉じこもり書こうとしているが集中できない。それは隣の部屋のゲストが奇妙奇天烈な叫び声をあげながら部屋中を這い回っているらしい騒音が昼から朝方まで続くからである。叫び声は唸り声に変わっていく。その唸り声が収まると、夜中にもかかわらず友人とおぼしき男が部屋に入りひそひそ話を始める。変質者のドラッグディーラーか、プロの殺人者ではないだろうか。壁に耳を当てて話の内容を聴こうとするので眠れないし、仕事もできない。ノイローゼ寸前だという。

イタリアを代表するオスカー外国語映画受賞者の映画監督がロスに一か月滞在して、やっていることはホテルの部屋の壁に耳を当てるだけの生活！　私たちはその奇妙な取り合わせに驚くやら可笑しいやら、その夜の夕食は皆その話で盛り上がってしまった。

翌日再びプールサイドで出会うと、昨夜よりももっと浮かぬ顔をしている。ガールフレンドが他の男とアパートから出て行ったとのことなのだ。振られた顚末を聞かされた私は仕事のミーティングに遅れてしまったが、何故かやんちゃ坊主の弟を相手にしているようで憎めない人である。

監督、アーティストなる人たちの多くは彼のように愛想が良くても他人のことには興味を持たない。自身への興味で一杯なのだ。それが愛する妻であっても同じである。そしてマンマ（母）が無私の愛で育てたのと同じ愛を、妻やパートナーに要求するだけの一方通行の関係である。あの「あはは」と笑っているガールフレンドもトルナトーレとの長い一方通行の関係に耐えられなくなったのではないだろうか。

フェリーニと一緒に会ったこともある。フェリーニは自分の息子のように「ペッピーノ」と言うと抱き合い再会を喜んでいる。マエストロは普段は若い監督をサポートしたりしない人なのだがペッピーノの才能を認めたのだろう。そして「ペッピーノの映画ならサポートは幾らでもしようではないか」と言うとトルナトーレは喜びで顔が赤くなっている。フェリーニはハリウッド映画に押され先行き不安定なイタリア映画界を苦慮していたのではないだろうか。久しぶりのイタリア映画界の救世主、トルナトーレ出現でほっとしたのだろう。私はイタリア映画界のトルナトーレへの期待の大きさを垣間見た思いがした。

しかし期待の星であり一世を風靡した衝撃作の監督トルナトーレは、その後『ニュー・シネマ・パラダイス』クラスの秀作を作っていない。それは何故か。一作で彼の創作の泉は枯れたのだろうか。十年ほど前に私は『ニュー・シネマ・パラダイス』の続編といっても良いような映画『シチリア！シチリア！』（二〇〇九年）を観た。ファシズムが台頭してくる一九三〇年代から八〇年までのイタリア社会を横糸に、ファシズム誕生のメタファーとしてシシリー時代の少年ペッピーノのセックスの目覚めを縦糸に描いている彼の自伝映画である。相変わらずパワー溢れる作品だが、大仰なセンティメンタリズムで古い感覚なのだ。彼に必要であったのは国際的な感覚を持つアドバイザーの起用である。取り巻きのイエスマンばかりではなく、シシリー、そしてイタリア社会を新しい視点から真摯に描くことをアドバイスし、トルナトーレもそれを受け入れる度量が必要だったのではないだろうか。

私も一時彼の依頼で無給の「コンシリエーレ」となった。日本での宣伝旅行後、私たちは親友となっていたのだ。イタリア語を話しロンドンの映画界で働く私を信頼したのだろう。コンシリエーレとはアドバイザーの意味であるが、イタリアのコンシリエーレとは、『ゴッドファーザー』（一九七二年、フランシス・フォード・コッポラ監督）の中でマーロン・ブランドの命を受けて敵の愛馬を殺し、ベッドの中に入れるあのアドバイザーである。つまり無私で命令を遵守するのだ。次回作が世界でヒットするかどうかのデータに基づくアドバイスから始まり、編集中の映画の太鼓持ちコメント、そしてインターナショナルな企画探しに投資家集めである。私の意見は聞かない。彼の耳に心地よいものだけを取り入れる一方通行のコンシリエーレに嫌気が差し、二、三か月で辞めてしまった。

トルナトーレはロスでの『バートン・フィンク』経験を梃子（てこ）に彼の視点からアメリカ社会の現状をパワフルに描くことも可能であった筈だ。フェリーニやベルトルッチも果たせなかった世界映画史のベスト・テン映画監督であったのがトルナトーレである（業界紙「スクリーン」による）。人の意見を取り入れる度量と国際的な視点からイタリア社会、文化を描くトルナトーレであれば、ベルトルッチやフェリーニの後継になれた筈である。その為にはまず彼の創作の原点であるシシリーからの出奔が必要である。

彼も気づいたのだろう。最近私に、次回作のプロデューサー要請の電話があった。シシリーと英国が舞台であるが、ストーリーはかなり陳腐である。それを指摘すると珍しく素直に聞いている。そこで当時私が開発していた企画の一つである、カズオイシグロ原作作品を提案した。ストーリーの叙情性にトルナトーレのパワーとセンシビリティーを混合すると面白い映画が出来ると思ったのだ。イシグロも賛成してくれた。トルナトーレは大喜びで英語、イタリア語で原作を読み、シノプシス（概要）も書いて送ってきた。私はプレゼンテーションを作り投資家にアプローチしたが、誰からも色よい返事がない。二〇年前であればイシグロ原作、ジュリアン・ムーア主演、トルナトーレ監督であれば製作費は直ぐに集まった筈だ。遅きに失したトルナトーレはレトロ監督になってしまっていたのだ。私はトルナトーレに叶わぬ夢を見させてしまった。残念である。

『ジンジャーとフレッド』（一九八六年、フェデリコ・フェリーニ監督）

フェリーニ晩年の映画である。この作品の後、『ボイス・オブ・ムーン』（一九九〇年）監督を最後に他界してしまう。享年七三歳であった。

『ジンジャーとフレッド』のストーリーは、イタリアテレビ界の天皇にして右翼の政治家であり、フェリーニが最も嫌う人物シルヴィオ・ベルルスコーニがオーナーであるテレビ局の番組に焦点を当てた風刺ミュージカルをフェリーニ的世界で描くというものである。

ベルルスコーニはドナルド・トランプ以前のポピュリスト（選挙民への迎合）政治家である。彼はイタリア人の嗜好を熟知している。それは娯楽番組を茶の間に流し続けることなのだ。左翼のインテリは俗悪テレビ番組でイタリア人を総白痴化にするのがベルルスコーニの選挙戦略と批判をしているが、彼は一向に気にしない。イタリア政治とは一線を画すフェリーニであるが、イタリアのテレビ番組の酷さに一矢報いたかったのではないだろうか。

この映画は今までのフェリーニ作品と作風が異なる。最初に観た私は「これ、フェリーニ映画？」と疑問を抱いた。舞台裏での出演者たちを描くシーンは確かにフェリーニ映画風であるが、ミュージカル仕立てのシーンは月並みのテレビ映画である。ストーリーもちぐはぐである。しかしこの映画の企画が妻ジュリエッタ・マシーナによるものだと分かると私の疑問は解けた。彼女はマルチェロ・マストロヤンニとダンスを踊る映画の主演をやりたかったのだ。そして密かにダンスレッスンを受けていたらしい。夫フェリーニは長年彼に寄り添い尽くしてくれた妻マシーナへのオマージュとしてこの映画を彼女に捧げたのだろう。

マエストロ、フェリーニは自身のアイデアによる企画しかやらない。フェリーニだけではなく、名前のある芸術監督全てがそうである。しかしフェリーニも晩年になるとアーティストの自我を胸に納め、妻のアイデアにいつものフェリーニスタイルを取り入れて作ったフェリーニ夫婦による共同製作映画が『ジンジャーとフレッド』であったのだ。

マシーナは将来を嘱望されていた才能のある女優であった。しかしフェリーニと結婚してからは晩年近くまで夫の映画にしか出演しなくなった。夫が憂いなく映画作りに専念出来るようにするためである。天才監督フェリーニに全幅の信頼を寄せる彼女は自身で〝フェリーニ教〟を作り、熱烈な信者となった。そしてフェリーニの自作映画出演の女優たちとの浮気や秘密の恋人（私も会ったことがある）の情事にも、眼と瞑り彼を支え続けてきた。

『魂のジュリエッタ』（一九六五年）は実際にあったフェリーニの情事をストーリーの中心に据え、夫に欺かれた妻の心の軌跡を描いている傑作である（ゴールデングローブ賞外国語映画賞受賞）。フェリーニ教信者の彼女にとっては、自身のプライバシーは二の次にして実際に裏切られた妻の役を裏切った夫の監督で演じるなど当然のことだったのだろう。そして五〇数年間完璧な妻の役を演じきった最後に彼女自身が欲する役をスクリーンで演じたかったのではなかろうか。

この映画誕生の内実を知らない批評家たちは、天才フェリーニも老年となり、チャップリン同様に創作アイデアの枯渇による散漫な映画を作ったと貶しているが、そこは〝腐っても鯛〟のフェリーニである。番組の出演者たちの奇抜さを描く舞台裏のシーンはパワーに溢れており、観客はフェリーニ世界にのめり込み、出演俳優たちと一緒に二時間の旅をエンジョイするのだ。映画はアメリカでは四つ星級の好評でヒットもした。

『ジンジャーとフレッド』は、チャップリン最後の劇場映画『伯爵夫人』（一九六七年、マーロン・ブランド、ソフィア・ローレン主演）と状況が似ている。チャップリンの妻ウーナはスタジオから何十年かぶりにチャップリンに大作『伯爵夫人』監督のオファーが来た時、チャップリンの隣に座り〝共同監督〟をしたのだ。天才ではあるが老齢（八八歳）の夫の創作の枯渇を心配した結果である。しかし映画は大惨敗であった（本章『放浪紳士チャーリー』の項参照）。フェリーニの『ジンジャーとフレッド』もチャップリンの『伯爵夫人』同様、人生最後の段階で妻と作った映画であるが、フェリーニはチャップリンよりしたたかであったようだ。

私は映画『ジンジャーとフレッド』は黒澤明の『まあだだよ』（一九九三年）と比較できるのではないかと思っている。『まあだだよ』のあっと驚くパワフルなパーティシーンは、この映画の中で出演者が右往左往する楽屋の混沌としたシーンを髣髴とさせられるからだ。フェリーニ世界vs黒澤世界。日本ではフェリーニの映画は必ずヒットするジンクスがあった。そのうえ私はマエストロの熱狂的なファンである。フェリーニ映画を買い日本の観客に観てもらうのがディストリビューターとしての私の使命と意気込んで、映画の質には眼を瞑りこの映画を買い付けたのだ。映画は有り難いことにフェリーニの名前と〝フェリーニ・ミュージカル映画〟の宣伝で一応ヒットとなった。

私の映画人生の神様はフェリーニ

そのフェリーニに可愛がられ、七〇年代から八〇年代にかけて幸運にも一緒にサーカスに出かけたり食事を一緒にしたりと家族付き合いをさせてもらった。そこで私の映画人生の神様フェリーニとの交友の思い出をここで書くことにする。

フェリーニはサーカスをこよなく愛している。そしてサーカスを題材にした映画を幾つか作っているが、イタリア映画の傑作ベスト・テンの中に入るのが『道』（一九五四年）である。ニーノ・ロータのあのメロディカルな哀愁に満ちた音楽も映画音楽の傑作といわれ、映画同様世界中でヒットしている。

そのフェリーニとサーカスに一緒に行った映画人は日本でも英国でも私一人であると言われている。

私はサーカスの大ファンである。マエストロが欲しがっていた育毛剤「加美乃素」を日本から取り寄せてプレゼントをした際に、私のサーカス狂をマエストロに話すと、それ以後ヨーロッパ随一のオルフェイサーカスに何度か一緒に連れて行ってくれたのだ。

当時のサーカスは馬の糞やおしっこ、それに精液の匂いが紛々とする実に哀愁漂うセクシーさに溢れていた。この哀愁をフェリーニはこよなく愛したのだろう。

フェリーニはサーカス見物後、私たちと団員全員を借り切ったレストランに招待してくれた。フェリーニは嬉しそうに頬を緩め、サーカス団員一人ひとりを抱きしめながら肩を叩き労っている。彼の身体中から仲間と一緒にいる安心感が漂っているのだ。フェリーニがサーカスを、そして団員たちを尊敬しこよなく愛しているのが良く解る。

そのレストランで繰り広げられた〝乱交シーン〟は私にとって生まれて初めて目にするものであった。このような圧巻の乱交シーンを私は映画でも芝居でも目にしたことがない。

ワインをしたたかに飲み美味しいパスタの夕食後に興に乗ってくると、団員たちはそれっと言うノリで再び綱渡りなどのサーカス演技を披露し始める。彼らはハッスルして最上の演技をする。それはサーカスを愛するマエストロへのオマージュなのだ。その最中に別の団員同士が史上最高（?）のセックスをレストランの庭や片隅で始める。社会の底辺で生きる彼らには、社会生活の規範など屁の河童とばかりに酒池肉林のシーンを繰り広げるのだ。日本の小市民出身の私には劇薬を盛られたようなショックである。しかしフェリーニ自身は羽目を外すでもなく時には笑ったりと楽しんでいたが、あくまでも映画監督の眼差しで見ているのが印象的であった。

マエストロが一九七二年に製作した『フェリーニのローマ』の撮影で無給のパートタイムPR係で現場につかせて貰った思い出は私の宝の一つである。

この映画の中で非常に印象に残るシーンがある。フェリーニ映画では珍しく、何十台ものバイクが爆音をあげて遺跡を掠めて走って行く。それは当時のイタリア社会の断面を如実に象徴しているシーンである。遺跡とバチカン下でもがきながら生きるローマ人のフラストレーションをヘルレイザーたちがバイクをすっ飛ばすシーンに託してパワフルに描いているからだ。お見事ではないか。

また『カサノバ』(一九七六年)の撮影では、フェリーニがイタリア中から自称カサノバを七〇人ぐらいチネチッタに集めて体験談を訊いたことがある。セックスした数が五〇〇人とか一〇〇〇人とかいう男たちである。セックスを毎夜ワイフとするうえ、昼間は二～三人の若い子とやっちゃうという中年男は「僕、二四〇〇人」と豪語していた。その後自称カサノバたちは、女性を満足させるテクニックについて蘊蓄を傾けて手取り足取り説明する。それを主演のドナルド・サザーランドとフェリーニが笑いながら聞いているのだ。

代表作『甘い生活』(一九五九年)は、イタリアのデカダンスを壮大なスペクタクルに包んだ映画である。この映画はバチカン下で生きるイタリアの悲劇に喜劇を男女の機微を絡ませて描いた〝宗教映画〟なのだ。ヘリコプターがキリスト像をバチカンに運ぶのをビキニ姿のイタリア女性たちが見上げているファーストシーンがフェリーニの意図を如実に表現しているのではないか。そしてラストシーンでは、乱交パーティーで酔ったマルチェロ・マストロヤンニたちが朦朧とした足取りで夜明けの海辺を歩いていると、そこに腹をぶくぶくに膨らませた棘のあるアカエイ魚が死体で横たわっている。それを気味悪そうにじっと見ているマストロヤンニたち。それは正しく彼らの、そして六〇年代のイタリア人の心象風景である。

私は『甘い生活』はチャップリンの『独裁者』（一九四〇年）と共に映画史の金字塔を飾る傑作であると思っている。両作品とも当時の世界政治と社会をどっしりとテーマに据え、それをユニークな視点からワクワクする面白さに包み溢れるパワーで描いたエンターテインメント映画でもある。

私はこの映画を日本の場末の映画館で観ていた。何十回と回したのであろうプリントの状態は引っかき傷があったりしていたが、映画の持つパワーは少しも損なわれていない。エンドマークがスクリーンに流れライトが点いた後も、あまりの素晴しさに私は映画館から出て行くことが出来なかった。そして次の回もその次の回もと最終回が終わるまで観ていた。そして私はフェリーニ教信者となったのだ。

フェリーニはイタリアである。そしてイタリアがフェリーニなのだ。フェリーニがイタリア人に国宝扱いされるのも当然と言えよう。

『ジンジャーとフレッド』の宣伝の一環として、NHKがフェリーニのインタビューを要請してきた。私はそのアレンジをチネチッタ撮影所でするためにロンドンから幼い息子を連れて来ていた。私が息子をマエストロに紹介すると驚いたことに「思っても見なかったようなこの可愛い子供が、親友の息子とは素晴らしい」と、息子の額にキスし手を握り珍しく感動を示したのだ。NHKのクルーが撮影の準備をしている間に、漫画家でもあるフェリーニは子供と一緒に漫画を描きながら息子は英語、彼はイタリア語で楽しそうに話していたのが忘れられない。

最後にマエストロと会ったのは第1章で紹介したようにその数年後のオスカー受賞式であった。フェリーニは〝生涯映画貢献賞〟を受け受賞式に出席していたのだ。アカデミー賞受賞式後のディナーパーティーで近くのテーブルにフェリーニが座っているのを見つけた私は息子を連れて挨拶に行くと息子の手を握りながら懐かしそうに「大きくなったねー」と喜んでくれた。

これが神様フェリーニと交わした最後の会話であった。

そしてその数か月後に彼は亡くなった。合掌。

『イノセント』（一九七六年、ルキノ・ヴィスコンティ監督）

この映画を監督した直後にイタリア公開を待たずルキノ・ヴィスコンティは亡くなった。享年七〇であった。彼は良くも悪しくも消え行く古いヨーロッパ文化を象徴する最後の芸術家であった。

この映画のテーマは、一九世紀末を時代背景に、新興勢力ファシズムが政界に登場するイタリア社会の過渡期の変動の中で、滅び行く貴族社会と新興勢力ファシズムの対峙である。それを一人の傲慢な貴族に託して語っていく。

彼は妻ある身にもかかわらず愛人を何人も囲い堕落した生活をしている。そこに従順で美人の妻に恋する男が現われると、生まれてきた子供を嫉妬から妻とその男の間の子供と疑い、見殺しにしてしまうのだ。オペラティックだが情緒溢れるエンディングは悲哀に満ちている。

ヴィスコンティがこの映画で描く貴族社会は腐敗に満ち、貴族たちはエゴイストである。それは当時の混沌とした腐敗社会イタリアのメタファーなのだ。それを彼の映画では初めてであろう濃厚なベッドシーンと、世にも美しいと言われた絢爛豪華なインテリアデザインで描いている。彼自身がヨーロッパ一の貴族である。貴族社会を描くのはお手の物であった筈だ。しかし死期間近で老齢のヴィスコンティは、同じ貴族文化を描いても傑作であった『山猫』(一九六三年)の出来には遠く及ばなかった。だがフェリーニ同様〝腐っても鯛〟のヴィスコンティである。巨匠の創作のパワーは衰えていなかった。

私はディストリビューターとしてヴィスコンティ映画とフェリーニ映画を買うのが〝義務〟と信じていた。『イノセント』をヴィスコンティが作ると分かると、早速本社を説得して配給権の先買いをしたのである。『イノセント』は他のヴィスコンティ映画と異なり、日本観客好みのセンチセンメンタルな映画でもある。私は密かに当たる予感があった。いやヒットして欲しいと拝むような気持ちであった。同時に興行的に惨敗でない限り巨匠の映画公開は会社のステイタスを上げる筈ではなかろうかとの開き直った気分でもあった。そして映画は有り難いことにヒットしたのだ。

『ベニスに死す』(一九七一年、ルキノ・ヴィスコンティ監督)

ヴィスコンティはマエストロ中のマエストロである。私の神様フェリーニも晩年には凡作を作っているが、ヴィスコンティのフィルムグラフィーは秀作、傑作の数々であるからだ。『地獄に堕ちた勇者ども』（一九六九年）、『ルートヴィヒ　神々の黄昏』（一九七三年）、『家族の肖像』（一九七八年）等々一つとして凡作はない。特に六十七歳で監督した『ベニスに死す』（一九七一年）は、少年愛好者映画との誤解を受け公開時の批評は芳しくなかったが、今ではヴィスコンティ映画を代表する傑作と言われている。

ストーリーは老人になろうとしている作家がベニスでひと目見た世にも美しい少年に魅せられる。彼は日々ストーカーのように少年の後をつけて行く。その少年への妄執は若さにしがみつく妄執でもあるのだ。エンディングはその美少年が振り向き老作家と少年の二人が初めて眼と眼を交わした後に彼は心臓発作で亡くなってしまう。

老い行く心身の衰えと老醜への恥そして死を目前にした老人の孤独を官能的で哀愁のあるマーラーの音楽と共にオペラ監督ヴィスコンティらしいオペラティックなスタイルで的確に描いている。私にはこの老人のミケランジェロの彫刻のような若さの美にしがみつく心理が痛いほど胸に迫ってくる。後述するヴィスコンティのヘルムート・バーガーへの愛は『ベニスに死す』の実生活版ではないだろうか（注：最近その世界一美しい少年を演じた俳優ビョルン・アンドレセンのドキュメンタリー『世界で一番美しい少年』（二〇一九年）が作られている。六〇歳半ばになった昔の美少年が老醜をさらけ出して〝出演〟している。哀愁漂う映画である）。

ヴィスコンティはゲイである。しかし結婚をしている。それが当時のヨーロッパ上流社会と貴族社会の文化であった。結婚は世継ぎを産みお家安泰のためである。しかしヴィスコンティはパゾリーニと違いゲイであることの社会的な重荷も精神的な傷も背負っていない。それは特権階級出身だからだ。彼らは下層・中産階級のモラルから自由な人たちなのだ。見えない真綿で保護されたコクーンの中で生きていられるのが特権階級の特権である。ただし公式の場では、社会のポリティカル・コレクトネス（社会正義）に従って妥協する。結婚はその一例である。

ヴィスコンティは後に共産主義者になり、虐げられてきた下層階級の人達の味方になるが、最後まで豪華な生活スタイルの特権は保っていた。それがイタリア式共産主義者である。

彼の私生活に触れてみよう。

ヴィスコンティの数多くの情事の中で生涯の愛人はフランコ・ゼッフィレッリとヘルムート・バーガーの二人であろう。

またアラン・ドロン、バート・ランカスターとも撮影中に〝出来た仲〟の関係があったと言われている。二人はヴィスコンティの圧倒的なパーソナリティの魅力にまいったらしい。特にバート・ランカスターは『山猫』（一九六三年）出演後、ヴィスコンティの影響でゲイとなり、アメリカからローマに永住して若いイタリア男性と同棲生活をしていた。

フランコ・ゼッフィレッリと家族同様の付き合いをしていた私は、ゼッフィレッリ筋からヴィスコンティとゼッフィレッリの関係をつぶさに聞くことが出来たのだ。ここで二人の〝情熱的な愛と別れ〟を書こう。二人の関係にはマリア・カラスが絡み複雑な三角関係でもある。

ヴィスコンティ、ゼッフィレッリ、そしてマリア・カラスとの関係

ヴィスコンティがサルバドール・ダリとシェイクスピア劇の舞台化を演出した際にゼッフィレッリをアシスタント・プロダクションデザインナーとしてつけた時から、二人の〝恋〟が芽生えている。ダリとヴィスコンティの二人は若くハンサムで才能のあるゼッフィレッリに恋をした。そしてゼッフィレッリのハートを摑んだのがヴィスコンティであった。

ヴィスコンティは離婚をしてゼッフィレッリと密かに同棲を始めた。彼はひな鳥を暖めて世に送り出すように恋人ゼッフィレッリを庇護し、ゼッフィレッリがオペラ監督として一本立ち出来るようあらゆるサポートをしている。しかし二人の蜜月は長くは続かなかった。野心家であるゼッフィレッリはイタリアだけではなく他のヨーロッパの国々やアメリカのオペラ劇場で活躍を始めたからだ。そしてヴィスコンティ無しでの海外生活が長くなると二人の関係は疎遠になって行く。

またヴィスコンティにとっては、育てたひな鳥ゼッフィレッリが世界のオペラ界で自分を脅かす存在になるのを快く思っていなかったようだ。それに加えてゼッフィレッリと美青年の〝浮気〟がばれてしまい、ヴィスコンティは別れを宣言し二人の同棲していた家から出て行ってしまった。後にゼッフィレッリは私に「若かった当時の僕はヴィスコンティのインテレクチュアル（知識人）にコンプレックスを持っていた。同じレベルでの関係は築けないと分かった時、別離があったのだ。しかしヴィスコンティを知ることで上流階級や王室の人達と臆することなく友情関係を築くことが出来たのは彼

のお陰だ」と語っている。

一方マリア・カラスは眼も眩むような才能のあるハンサムなヴィスコンティに密かに恋をしていた（彼女は何故かゲイ・アーティスト好みである。ゼッフィレッリ、パゾリーニなど）。もちろんカラスはゼッフィレッリとヴィスコンティの関係を承知のうえでヴィスコンティに言い寄った。妻あった身ならば女性にも興味を示すはずではないかと。特に天才ともてはやされる自分ならヴィスコンティはなびくと思っていたらしい。しかし、ヴィスコンティは彼女の恋心を知りながらも歯牙にもかけなかった。ギリシャ風鉄火女カラスは袖にされたと分かると復讐に打って出た。それは彼女が歌うオペラの監督に、ヴィスコンティではなく若いゼッフィレッリを抜擢することであった。カラスはヴィスコンティがゼッフィレッリとの別離の心の痛手から未だ冷めやらないのを知る故に彼の傷口を抉る行為に打って出たのだ。そしてその後ゼッフィレッリの監督するオペラでしか歌わなくなった。つまりキャリアでヴィスコンティを袖にしたのだ。カラスが歌うオペラそっくりのストーリーではなかろうか。

その後ヴィスコンティはオーストリア＝ドイツ人、ヘルムート・バーガーを見初め、ヴィスコンティ映画『地獄に堕ちた勇者ども』、『ルードヴィヒ　神々の黄昏』、『家族の肖像』等に出演させバーガーの俳優としてのキャリア作りに貢献する。

私は真実はともかくとして、バーガーに恋したヴィスコンティが彼の映画の中での傑作中の傑作である三作品を彼に捧げたのだと思っている。『ベニスに死す』の美少年に魅せられた老作家同様、バーガーに魅せられたヴィスコンティはバーガーへの愛で創作の意欲を取り戻したのだ。これぞ究極のラブストーリーである。

ゼッフィレッリと違いバーガーは四〇歳ほど年上のヴィスコンティを真剣に愛し、二人の情熱的な恋はヴィスコンティが亡くなるまで続いて行った。七〇年代のヨーロッパ映画界では二人の仲は知る人ぞ知る関係であった。そしてヴィスコンティは死期間近にバーガーを彼の後見人に指定し、彼に全財産を与えている。バーガーはヴィスコンティ死後、強度の神経衰弱となり自殺を何度か試みるが助かり、数年にわたって麻薬とアルコール浸けの廃人同然となった（しかし八〇年代半ばになると再び映画界に復帰し、ゴールデングローブ賞助演男優賞など栄誉ある賞を受賞）。

バーガーには気の毒だが、若い恋人が後追い自殺を試みるほど愛されたヴィスコンティは幸せな人と言えるだろう。ヨーロッパ最高の貴族の家柄に生まれ美丈夫で見上げるような才能に恵まれたヴィスコンティは、神の恩恵を一身に受けた二〇世紀の光り輝く巨人アーティストである。

ヴィスコンティは私の映画学校の先生でもあった。彼は私たち学生がストライキをした際に講義に来てくれたのだ。ストライキの詳細は既に第3章で書いているが、学生による右翼教授排斥運動である。共産党員であったヴィスコンティはストライキの意図に賛同してくれ、ロックアウトで閉鎖されている門の傍の梯子を登って教えに来てくれたのだ。貴族らしい朗々としたバリトンのイタリア語は分かりやすくウットリと聞き惚れていた巨匠の講義を懐かしく思い出す。もし伯爵ヴィスコンティに再び会えるチャンスがあれば感謝の気持ちを伝えたかったのだが果たせなかった。残念である。

ピエール・パオロ・パゾリーニの思い出

実は私はパゾリーニの映画を買い付けていない。しかし私は自称イタリア映画のエキスパートを自負し、パゾリーニが亡くなった時には映画雑誌に追悼文も書いている（『キネマ旬報』一九七六年一月上旬号）。

そのうえパゾリーニは、ヴィスコンティ同様私の通う映画学校の先生でもあった。学生のストライキで閉鎖された学校の門の傍にある梯子伝いに壁をよじ登って私たちに教えに来てくれたのだ。そしてプライベートな付き合いもあった監督である。

そこでパゾリーニをこの章で取り上げるのは違反にはならないのではないだろうか。

パゾリーニの映画の中でベストは何と言っても『アポロンの地獄』（一九六七年）であろう。パゾリーを崇めるインテリ映画ファンだけではなく一般観客も映画館に来てこの秀作を愛でることが可能な〝普通の映画〟と言えようか。日本でもヒットとなった。そして公開年度のキネマ旬報のベスト・ワンに選ばれている。原題は『Edipo Re』、ギリシャ神話に由来したエディプス（オイディプス）王のストーリーを基にしている。

女王の母親から幼少時に捨てられたエディプスは青年になると夢に見る母親探しの旅に出る。そして見つけた母親と結婚するが、母親が神の名の下に息子の彼を殺す命令をしたと分かると母親を殺害し、自分の眼を抉るとアンジェロ（天使）と呼ばれる若者と贖罪の旅に出ていくのだ。

この難解な映画を観た配給会社社長は、ウエスタン映画として売り出そうと言って買い付けたそうだ。二〇〇〇年以上前の荒涼としたイタリアの砂漠で展開するこの映画は確かに高尚なマカロニ・ウエスタンと言っても過言では無い。

パゾリーニの死後彼の評価はうなぎ登りに上がり、今ではヨーロッパはもちろん、アメリカでも特にニューヨークのインテリの間で神格化されている。私がニューヨークのアーティストたちにパゾリーニは私の映画学校の先生であったと言うだけで私の〝株〟も急上昇するほどの尊敬を受ける。それはパゾリーニが人間の主体性を西洋と東洋文明の結合で普遍的に確立するという、これまでどの映画監督もやらなかったことを成し遂げているからであろう。また彼自身もニューヨークの混沌をこよなく愛していたせいもあるだろう。パゾリーニはアメリカから真の芸術、社会革命が起こると宣言していた。しかし起こったのはITテクノロジー革命とトランプのクレプトクラシー（泥棒政治）であったのは皮肉と言うしかない。

彼は真のポップアートアーティストでもある。『La Rabbia』（一九六三年、日本未公開）で描いた砂漠に万国旗がひらめくシーンの秀逸さ。『奇跡の丘』（一九六四年）や『アポロンの地獄』、『デカメロン』（一九七一年）などに観るあっと驚くようなポップアート的なイメージの数々。そのポップアートにパゾリーニは詩を加えている。唯のポップアーティストではないのだ。そのユニークさがアメリカ、ヨーロッパの芸術家から崇拝される理由の一つでもあるのだろう。

またパゾリーニの監督としての際立った特色は、イタリア人監督としては珍しくセンティメンタルな描写を一切排除し、詩人の視点から映画を描写していることだ。これはドキュメンタリー映画手法を取り入れた新しい形の劇映画と言えるのではないか。

彼の映画はイタリアの労働者階級社会とそこに住む若者への讃歌から出発する。しかしその後、戦後の経済復興で労働者がミニ中産階級となって行くに従い、興味の対象が人間の根源にせまるテーマに変わっていく。その梃子がオリエント文明であり、欧州文明とオリエント文明の結合を描くことであったのだろう。それが『デカメロン』や『アラビアンナイト』（一九七四年）となったのではないだろうか。同時にパゾリーニは七〇年代になると救いのないダークで醜悪、あるいはおぞましいようなシーンをこれでもかこれでもかと見せる腸（はらわた）を抉るような映画を作り始める。それは七〇年代のイタリア社会と関係があるのではないか。

当時イタリアは右翼に超左翼のテロリスト集団（ブリガータロッサ、赤軍）の闘争で荒れに荒れており無警察状態となっていた。政府の回し者であるマフィアとブリガータロッサが敵対し街、では彼らによるテロの爆弾が昼夜破裂する物騒な日々であった。そのうえ赤軍による拷問殺人、政治家の誘拐が日常茶飯事な暗闇のトンネルの中にいるような救いの無い社会であったのだ。

パゾリーニはそのイタリア社会＝政治の比喩として醜悪な映画を作ったのではないだろうか。彼の当時の心象風景を描いたのが最後の映画『ソドムの市』（一九七五年）であろう。

パゾリーニも五〇歳を越す年齢となっていた。体操とフットボールで鍛えた筋肉質の体も衰えていく。肉体の衰えとイタリア社会への絶望が『ソドムの市』を創ることであり、その後の自殺志向に繋がっていったのではないだろうか。

彼はゲイである。彼が育った一九二〇代から七〇年までのイタリア社会でゲイはタブーであった。

特に彼が育った下町の労働者階級ではゲイは大げさな言い方ではなくレプラ患者のような扱いを受けていたのだ。そのイタリアでゲイであるパゾリーニの精神的、社会的な重荷は想像にあまりある。彼の全人生を覆っていたはずだ。彼がゲイに寛容なアートの世界に救いを求めたのも頷ける。しかしアートの世界でも、彼はゲイの重荷から完全には自由となれなかったのだろう。それが堕落したイタリア政治や社会への絶望とあいまって、夜な夜なマフィアや男娼の巣窟であるローマ駅界隈を危険を承知で徘徊し男娼漁りをする動機だったのではないか。その暴力と汚物に満ちた下町は彼に運命を受け入れる安心感、いや諦観を与えたのだろう。そしてその諦観が見えない糸で繋がりゲイの男娼に殺害される最期となったのではないだろうか。

パゾリーニは、彼の映画と同じようにドライで素っ気無い人柄である。といっても不親切でも気難しいわけでもないが、彼の興味を惹かない発言をする人にはポイとそっぽを向いて相手にしない。

私は雑誌のインタビューで自宅を訪ねたことがある。庶民の住む趣の無いローマの新興住宅地である。そこに彼の映画には無くてはならない愛称アンジェロ（天使）のニーノ・ダボリと姪と一緒に住んでいた。ニーノ・ダボリは一五歳の時にパゾリーニの映画の主役に抜擢されて以来、パゾリーニが亡くなるまで愛人であった。パゾリーニは彼に素晴らしい詩を捧げ生涯の恋人宣言までしている。パゾリーニにとってダボリは彼のインナーデーモン（苦悩）に蓋をしてくれる天真爛漫な天使だったのだろう。ダボリに会うと途端にパゾリーニのごつい顔が愛で緩み、愛しい人というような暖かい感じに変わっていくのだ。

私のインタビューの内容が稚拙であったのだろう。一五分ほど経つと露骨に嫌悪を表わしそっぽを向かれてしまった。しかし私がイタリアと日本は敗戦国同士だが、イタリア王室が戦後廃止されたのに反して日本の天皇は国の象徴として今でも存在している偽善を指摘した途端、興味深々となり、それからはパゾリーニの方が日本についで私にインタビューを始めた。私の皇室存続の政治的な舞台裏知識はあまり豊富とは言えない。相手はイタリアきってのインテリである。しかし日本皇室情報はイタリアのメディアではあまり知られていなかったらしい。「皇室存続はアメリカとソビエトの政治綱引きの結果である」というある日本の知識人の言葉を引用するとパゾリーニは納得したようだ。

彼の人物テストに合格したようでそれ以後は試写会などに誘ってくれるようになった。何時もダボリが一緒である。試写の間中ダボリがあっはっはっと無邪気に笑ったり見当違いなコメントをしてもパゾリーニは微笑しているだけなのだ。

パゾリーニとダボリの関係は三島由紀夫と森田の関係を彷彿とさせる。パゾリーニとダボリ、そして三島に森田の関係はプラトニックな愛と友情で結ばれた英語でいう兄弟愛であったのではないか。ダボリはパゾリーニの愛人ではあったが、肉体関係はなかったとダボリ本人は告白している。

パゾリーニと三島は二人とも詩人であり、ボディービルで体を鍛えるエクササイズフリーク(熱狂的ファン)でもある。しかし二人の政治信条、生きる姿勢は根本的に異なっている。パゾリーニは左翼(コミュニスト)で三島は天皇を祭るいわゆる右翼と言われている。パゾリーニが社会の底辺の人々を讃歌し映画化したのに反し、三島はプチブルジョアの人たちを書いている。

三島は良家の長男として生まれ育ったのに比べてパゾリーニは下層階級育ちである。その背景の違いがアーティストとして創作にアプローチする姿勢の違いとなったのではないか。

パゾリーニ殺人事件

パゾリーニの最期は悲惨そのものであった。ローマ駅で拾ってきた若い男娼と夜の海辺でセックスを始める。男娼は最初にパゾリーニと交わした約束である〝女役〟（ゲイセックスのポジション）を無視しパゾリーニのお尻にペニスを突っ込み強姦する。そして滅多打ちし気絶して倒れたパゾリーニを車で轢き殺すと財布の金を取り逃走してしまう。中年になったとはいえボディービルで鍛えた体のパゾリーニは襲ってくる小柄な男娼を倒すことも可能であったはずだ。しかしパゾリーニは抵抗しなかったと言われている。殺されながら彼は例の悲しそうな眼で満足気に微笑んだのではないだろうか。『アッカトーネ』（一九六一年）のように「やっと平和になれる、Che Bello（何て美しいのだろう）」と微笑みながら。

海草で覆われた遺体を見つけたのは、早朝ゴミ捨て場から商売に役立つものを拾いに来た大工であった。遺体をパゾリーニが愛して止まなかったプロレタリアート（労働者）に見つけられたのがせめてもの慰めといえる。そして私たちは現代をオリジナルな視点から見ることができる偉大な文化財産を無くしてしまったのだ。

三島はショーとして自殺をしパゾリーニは殺害されてしまう。私には彼らの最期は二人の生きる姿勢を象徴しているように思われてならない。

イタリア映画学校で学びイタリア映画専門家（？）を自称していた私はフェリーニ、ヴィスコンティ、そしてパゾリーニのイタリア三大巨匠との思い出をどうしても書きたかった。そしてこの三人を書いた今、私のイタリア映画メモワールは完了したと思っている。

ゲテモノ映画買い付け二作品
その一 『カリギュラ』(一九七九年、ティント・ブラス監督)

ハードコアポルノ映画である。イタリア人監督ティント・ブラスが当初作ったオリジナル版『カリギュラ』は非常にセクシーで暴力シーン満載の映画であり、公開されたボブ・グッチョーネ(ポルノ雑誌『ペントハウス』のオーナー)版のようなチープなハードコアポルノ映画ではなかった。

オリジナル版はローマ帝国時代、最も暴力的で精神異常者のエンペラーと言われたカリギュラを複雑な家族関係の犠牲者の視点から描いた力作であった。幼年時代から暗殺の恐怖に怯え、母親をも信頼出来ない腐敗した宮中の生活で精神を患っていく皇帝のストーリーである。

私はシナリオを読み監督の意図を聞いた後に先買いをした。この種のバイオレンス&セクシーイタリア映画は、シリアスなテーマを持つ作品であってもサービス精神旺盛で日本ではヒットするジンクスがあったからだ。

私は撮影現場にも頻繁に顔を出してデイリー(その日に撮影したもの)を監督と観て意見を言うほどこの作品にのめりこんでいた。それが予算超過でアメリカのポルノ雑誌『ペントハウス』に身売りされてしまったのだ。オーナーのボブ・グッチョーネはポルノマーケットのキングと言われている。

彼は『カリギュラ』にファイスバリュー（付加価値）をつけるために『ペントハウス』の女優を使って彼のスタジオでレスビアンシーンや乱交シーンを撮影し、ハードコアポルノ映画にして彼が所有するニューヨークの映画館で劇場公開をした。シェイクスピア映画の女優であったヘレン・ミレンが抗議をしたが、時既に遅く映画は少しのカットだけで上映されたのである。

映画はヒットした。当初の芸術ポルノ映画版『カリギュラ』はアメリカでは当たらないとのグッチョーネの判断は正しかったわけだ。降ろされたオリジナル版『カリギュラ』の監督ティント・ブラスはその後芸術ポルノはヒットしないとの諦観からか、あるいはグッチョーネへの面当てからか、おぞましいチープなポルノ映画の監督に堕ちてしまった。

配給会社宣伝部は宣伝の一環として日本人ジャーナリストたちをニューヨークのグッチョーネ宅に招待した。彼の室内プールでは全裸のペントハウス・ガールズが泳いでいる。彼女たちにベッドシーンの再現を頼むと、ぱっとタオルを脱ぎ捨てて全裸でベッドに横たわった。驚いた宣伝マンは真剣な表情で「ケ、ケッ（毛）」と叫ぶではないか。その真剣な彼の表情にイタリアから来ていた私は「che?」（何？）と間違えたのだが、日本のテレビでは陰毛を見せることが出来ないので困ったということが分かり、大笑いした思い出がある。

私はどういう訳かグッチョーネとガールフレンドに気に入られ、その後ニューヨークに行く度にランチをご馳走になっていた。ある日彼は、イタリアの歴史映画をフェリーニ監督で製作するのが夢なのでフェリーニとのミーティングをセットしてくれないかと私に依頼してきた。

私はマエストロ、フェリーニがニューヨーク・マフィアとも関係のあると言われるイタリア系アメリカ人グッチョーネに会うとは思っていなかった。しかし『カリギュラ』の宣伝でお世話になっているグッチョーネの依頼をむげに断る訳にはいかない。そこで「ノー」の返事を見越してフェリーニに話をすると、何と二つ返事でオーケーとの快諾である。次回作の投資家を探していたフェリーニはグッチョーネが彼の次回作の映画製作資金を出してくれると思ったらしい。ニューヨークからやって来たグッチョーネは、歴史映画企画をピッチ（売り込み）し、七桁の監督料をオファーしただけではなく創作に関する全ての権利をフェリーニに与える条件を提示した。マネージャーがディールの詳細についてグッチョーネと話している間、フェリーニはうんともすんとも言わずにグッチョーネの胸を覆う純金のネックレスばかりを見ていた。

しかしディールは無かった。フェリーニが他人の企画、ましてや歴史映画を受けるはずは無い。しかしフェリーニはグッチョーネとの出会いが余程面白かったのだろう。その後会う人ごとに純金のぐるぐるネックレスの話をしていたものだ。

そしてフェリーニの次回作『そして船は行く』（一九八三年）は、難産の末だがアメリカではなくヨーロッパからの投資資金で製作された。フェリーニ映画の中でも秀作中の秀作であろう。フェリーニの選択は正しかった。ヨーロッパ人監督がアメリカ資本で製作した映画は殆ど成功していない。それはヨーロッパとアメリカのセンシビリティーの違いだけでは無く映画文化への対峙の違いであろう。アメリカでは映画は芸術ではなく消費文化の一つなのだ。

ゲテモノ映画買い付け二作品
その二『ゾンビ』（一九七九年、ジョージ・A・ロメロ監督）

当時この種のアメリカホラー映画が日本で当たっていた。コピーを得意とするイタリア映画人が早速作ったのが『ゾンビ』である。世界最低の醜悪ホラーとでも言えようか。ストーリーなどどうでもよく、おぞましいゾンビたちがただただうごめくシーンばかりの映画であるが、イタリア映画らしくパワーがある。ホラー映画は男性観客好みである。劇場でヒットしなくとも二次使用で損はしないのではないかとの判断で買った映画であった。しかし本社の評判が悪くお蔵入りも囁かれたらしい。私は『テンタクルズ』の二の舞（？）と嫌な予感がしてきていた。それを救ってくれたのが当時の松岡功東宝取締役社長であった。イタリアに住みイタリア映画を買い付けていた彼は、この種のイタリア映画は当たると判断して、何と日本最大の劇場有楽座での公開を決めてくれたのだ。そして日本ヘラルド映画宣伝部のあっと驚くような奇抜な宣伝とあいまって、このチープホラー映画がヒットをしたのである。今では日本だけだがカルト映画となっている。

また松岡社長は本社から袖にされた私の〝勘〟の名誉挽回にも寄与してくれている。第6章で後述するように、私の〝勘〟ではヒット間違いなしとセールス会社に日本配給権の仮契約書まで作らせていた『サスペリア』（一九七七年、ダリオ・アルジェント監督）を本社は気に入らず、私は恥を偲んで仮契約書破棄をプロデューサーに伝えた経緯がある。彼はその『サスペリア』をライバル会社のために買い付けて大ヒットを飛ばしたのだ。ローマで配給会社のヨーロッパ総代表としてイタリア映画を買い付けていた彼は、『ゾンビ』の例で分かるように、サービス満点でこれでもかとやるイタリア映画の興行力を信じていたのだろう。

松岡社長は『ゾンビ』公開と『サスペリア』大ヒットで私の〝名誉挽回〟を助けてくれただけではなく、私の飢餓状態をも救ってくれている。貧乏な映画学校生時代の私に同情してくれローマに来る人たちの通訳の仕事をくれたのだ。私がその後、彼のライバル配給会社に入社した際に〝マカロニお姉ちゃん〟の愛称（？）を付けてくれたのも松岡社長であったようだ。次回出会うチャンスがあった際にはお礼を言いたい。

私は現在の元気な韓国映画の原点は、イタリア映画ではないかと思っている。彼ら韓国若手フィルムメーカーは、イタリア映画を勉強しコピーしヒット作の秘策を学んだのではないだろうか。韓国映画が恥も外聞もなくこれでもかと描く暴力満載のシーンは七〇年代のイタリア映画そのものである。そして当時のイタリア映画が世界でもヒットしていたように韓国映画は世界的なヒット作を作り続けているのだ。

『ミッション』（一九八六年、ローランド・ジョフィ監督、デイヴィッド・パットナム卿製作）

ストーリーは二人の司祭（ロバート・デ・ニーロ、ジェレミー・アイアンズ）がバチカンの命令でラテンアメリカのジャングルに住む原住民たちをキリスト教徒に改宗させていく。しかし本国の政府が原住民たちを奴隷として欧州に売る決定を下すと、デ・ニーロはその決定に反抗し原住民たちと共に本国の兵隊と闘って死んでいく。一方アイアンズは神の名の下に本国政府とバチカンの決定を遵守し、キリスト教徒に改宗した原住民たちと共に無抵抗で殺戮されて行くのだ。キリスト教アクション映画と言えようか。

この映画を買い付けたのは、超大作英国映画であるだけではなく、デイヴィッド・パットナム製作であったからだ。プロデューサーがタイトルロールに俳優、監督を差し置いて映画宣伝の〝主役〟をはれるのはパットナムだけであった。アメリカでもいない（スピルバーグにルーカスはプロデューサーだが監督でもある）。パットナム映画は、彼自身がセールスポイントなのだ。

パットナム映画は、ハリウッドのパワフルなメージャースタジオプロデューサーも製作できなかった社会的なテーマを持つ真面目映画を、アメリカのフランチャイズ映画（大作シリーズ映画『スター・ウォーズ』等（第一作一九七七年、ジョージ・ルーカス監督）と同じ程高い製作費をかけて作れる特権を持っていた。彼の映画は日本だけではなく世界的にヒットするからである。

また彼はイギリス皇室とも親密な関係も築いている。皇室メディア対策アドバイザーでもある。当時世界一有名なセレブであったダイアナ妃が地雷キャンペーンでマスクを被り地雷が埋めてある場所を歩くシーンは大反響を呼んだ。そのアイデアはパットナムがダイアナ妃に進言したものである。そして彼女は一躍女王を凌ぐ皇室ナンバー・ワンスターになり皇室の株をあげるのにも成功している。女王がパットナムに映画界初の lord（卿）の称号を与えたのも皇室への貢献賞であろう。

『ミッション』が日本観客には馴染みのないキリスト教映画にもかかわらず日本でヒットしたのは、パットナムの名前で観なければならない〝傑作映画〟のイメージを観客に植え付け、皇室のサポートでハイブロー（高級）感を出した宣伝の勝利であろう。

八〇年代〜九〇年前半までのヨーロッパ映画界で、唯一のインターナショナルなプロデューサーであったのがデイヴィッド・パットナムである。ハリウッドの商業映画に対抗し〝良識ある商業映画〟大作でオスカー戦線を勝ち抜くのがパットナム映画製作戦略であった。その通りにオスカー受賞からあらゆる世界中の賞を受賞している。しかし真面目大作映画には落とし穴がある。大作映画の製作には有名なハリウッドのスターが主役として必要なのだ。ムービースターの出ない大作はインターナショナルなマーケットで公開されないからである。パットナムの『キリング・フィールド』（一九八四年、ローランド・ジョフィ監督）は、カンボジアのポルポトによる殺戮のストーリーにもかかわらず白人スターが主役となる矛盾と妥協しなくてはならない。迫力ある凄まじい悲劇描写故にオスカー賞を受賞したが（助演男優賞ほか）、今では真摯＝本物な映画ではないと批判されて流行遅れの骨董品となってしまった。

英国王室プレミア試写会　ダイアナ妃とチャールズ皇太子の夫婦喧嘩目撃スクープ！

私は亡きダイアナ妃に二度、チャールズ皇太子には三度お会いしている。お会いしていると言っても一対一と言う意味ではなく、『ミッション』と『恋人たちの予感』（一九八九年、ロブ・ライナー監督）の王室プレミア試写会でダイアナ妃とチャールズ皇太子の臨席を仰いだ際に、試写会関係者の一員として二人と握手をし、二人の至近距離に座って一緒に観賞しているからだ。そのうえ『ミッション』プレミア試写会ではタブロイド紙もスクープしていない極秘（？）ニュースであろうチャールズ皇太子から〝苛めにあっていたダイアナ妃〟も目撃もしているのだ。

また『ムッソリーニとお茶を』（一九九九年、フランコ・ゼッフィレッリ監督）のロイヤルプレミアでは監督の要請でゼッフィレッリの妻としてチャールズ皇太子の隣の席に座り親しく会話をしたこともある（第4章「ゼッフィレッリとの出会い」参照）。

私は『ミッション』王室プレミア試写会で二人の二列後ろに座っていた。当時人気絶頂であったダイアナ妃はグリーンのベルベットのドレスが良く似合い、光り輝いているように見えた。私はプリンセスの洋服を見ながら『風と共に去りぬ』（一九四〇年、ビクター・フレミング監督）の1シーンを思い出していた。それはスカーレット・オハラが監獄にいるレッド・バトラーに金の無心で会いに行こうとするが、南北戦争直後でドレスが一枚も残っていない。そこで彼女はグリーンのベルベットカーテンをバシッと引き下ろしてドレスを作り会いに行くというシーンである。

プリンセスが劇場に入ってくると観客は一斉に立ち上がり盛大な拍手を始めた。苦虫を噛み潰したような浮かない顔の夫チャールズ皇太子は、完全に彼女の人気の影で萎んでしまっている。観客はチャールズ皇太子が出席しているのかいないのかなど歯牙にもかけない程、彼の存在感は妻の前では薄かったのだ。

私は一〇歳の息子を連れて出席したのだが、ダイアナ妃は学校でも人気があったのだろう。息子は走ってちゃっかりとプリンセスの隣りの皇太子席に座ってしまった。慌てた皇太子のボデーガードが「ヤングマン、そっちに行きなさい」と言って席を追われたのをダイアナ妃は面白そうに見ていたのが印象的であった。一年のうちに一〇〇日にも満たないほど自分の息子たちに会えないプリンセスである。もしかすると苦虫を噛み潰したような夫のプリンスより、私の息子が隣の席に座った方が気が楽だったのではなかろうか。当時夫のチャールズはカミラとの情事が暴露され、彼女の有名な言葉「ひとつのベッドルームに三人は狭すぎる」とばかりに離婚を迫ったニュースが世間を騒がせていた時である。

試写が終わるとチャールズ皇太子は早々と席と立ちダイアナ妃を急き立てて帰ろうとする。しかし総立ちで彼女に拍手を送る観客の声援に答えてダイアナ妃は席を立とうとしない。夫チャールズは妻ダイアナに氷のような目ざしを向けると低い声でダイアナ妃を叱責し始めた。その温かみの無いプリンスの声に私たち周囲の観客は吃驚してしまっている。そして二人の低い声での言い争いは関係者の私も含めて出口に出ようとする二人を送り出す時まで続いていた。本来は茶目っ気たっぷりであると言われるダイアナ妃は夫のいやみな小言に彼女の顔は「私は貴方が嫌い」と出ているのだ。

皇室の人が公式の場で言い争いをするなど前代未聞である。特にチャールズ皇太子は英国次期キングであり、ダイアナはクイーンになる人たちである。私はやはりこの二人の不仲は新聞が書き立てていたゴシップ通りと納得させられたものだ。

当時チャールズ皇太子は妻の人気に嫉妬していたのであろう。世界一有名なセレブであるダイアナ妃の下にはあらゆるチャリティーの団体が彼女の出席を仰ぐ。ダイアナ妃が出席してくれると団体は五〇〇〇万円以上の寄付金を集めることが出来るからだ。そしてそのイベント出席の多くはオペラや芝居そして映画のプレミア試写会である。彼らの出席で映画に箔がつき宣伝に大きく貢献してくれ、ヒットが保障されるのだ。そこで私たちは必死で皇室にアプローチをする。特に一番人気のダイアナ妃には一年前から出席の依頼を出す。彼女が駄目ならばしょうがなく二、三番手のチャールズ皇太子に依頼するのが当時の習慣であった。これではチャールズが妻に嫉妬するのは当然であろう（一時はチャールズによるダイアナ殺人事件陰謀説が密かに囁かれていたこともあった）。

『恋人たちの予感』（一九八九年、ロブ・ライナー監督）

次にダイアナ妃にお会いしたのはこの映画の皇室試写会であった。当社が日本配給権を先買いし、宣伝の一環として私にジャーナリストたちの皇室試写会出席のアレンジを依頼してきたからである。映画のテーマは女性と男性とのセックス抜きの友情は存在するのだろうかと言うロムコム（ロマンティックコメディ）映画である。プリンセスから二つ後ろの席に座っていた私は、彼女がどのシーンで反応をするのか興味津々であった。それは宣伝に多いに役立つのだ。

プリンセスは今回、チャールズ皇太子と同伴ではなく御付きの女性だけで出席していたこともあったのだろうが、のびのびとしており笑ったりお付きの人に耳打ちをしたりしている。プリンセスが一番大きく笑ったのは、何と言ってもこの映画のベストシーンと言われている〝オーガズム〟シーンである。メグ・ライアンが冗談でバーガーの店でチーズバーガーを食べた後セクシーになり、テーブルを叩いてエクスタシーの雄叫びを上げるのだ。ダイアナ妃はもう声を上げて笑っていた。その時私はこの映画が日本でもヒットする確信を得た。そして世界中で大ヒットとなった。アメリカ公開後には女性客がバーガー店に押しかけチーズバーガーのオーダーが倍増したそうだ。このシーンのお陰で映画はカルトとなり今以ってお笑いテレビ番組などで真似られている。

お茶目なプリンセスはこのシーンを苦虫を嚙み潰したような夫ではなく、彼女が唯一真剣に愛したと言われているパキスタン人の外科医と演じたかったのではないだろうか。

『トスカニーニ　愛と情熱の日々』(一九八八年、フランコ・ゼッフィレッリ監督)
『尼僧の恋』(一九九三年、フランコ・ゼッフィレッリ監督)

『トスカニーニ　愛と情熱の日々』は文字通り伝説的な指揮者アルツーロ・トスカニーニの若き日を描いた伝記映画である。若いトスカニーニの俳優は無名であるがエリザベス・テイラーが主演している。

『尼僧の恋』(原題『小さい雀の物語』)は一九世紀のシシリーを舞台に若い修道女の性の目覚めと宗教の掟の相克で精神を患う悲恋物語である。

彼女は神の花嫁になる誓いに反し若い男性へ恋心を抑えることが出来ない。修道院は神に反抗した罪で彼女を牢獄に監禁してしまう。小さな雀のような修道女は因習でこり固まったバチカン下のイタリア社会で犠牲となった若い女性を投影しているストーリーである。

残念ながら両作品とも興行的に惨敗してしまった。出来は何時ものゼッフィレッリ・スタイルで悪くないのだが、時代が変わり〝ゼッフィレッリ神話〟は若い観客には通じなくなっていたのだ。〝ゼッフィレッリ神話〟と言われ六〇年代から九〇年代まで世界の映画界、演劇界で一世を風靡したのがフランコ・ゼッフィレッリである。彼は映画だけではなくオペラの巨匠でもある。

若い読者には馴染みの無い監督であろうが、九〇年代まで世界の映画ファンはゼッフィレッリの名前だけで映画を見に来た稀な監督の一人であった。そして彼の映画は世界中でヒットすると決まっていた。

彼の名声を不動のものにしたのがシェイクスピアの悲恋映画『ロミオとジュリエット』（一九六八年）である。この映画はシェイクスピア原作と言う古典ものであるだけでなく無名の若い俳優が主役の映画である。ヒットする条件は皆無である。しかし公開されると世界中の老若男女が映画館に押しかけ大ヒットをした記念的な映画でもある。ジュリットを演じたオリビア・ハッセーは長い間日本では超人気であった。そして映画は傑作クラシック映画となっている（一九九六年にはレオナルド・ディカプリオ主演で再映画化された）。

この映画がヒットした理由の一つがゼッフィレッリの映画手法の改革である。彼は古典であるシェイクスピア本に〝新鮮さとハート〟を吹き込み、それまでは文学、演劇のインテリ用であったシェイクスピアを、名前さえ知らない世界中の普通の人に映画を通して身近なベストセラー作家にしたのだ。

シェイクスピア本はストーリーの宝庫である。叶わぬ恋、情緒の機微、嫉妬、親子の確執云々とドラマが埋蔵している。ゼッフィレッリは『ロミオとジュリエット』で中世時代のフローレンスの美しい町並みを背景に若い二人の恋が大人達の紛争に巻き込まれる悲劇を彼が得意とする溢れる情感のスパイスを振りかけ分かり易い会話で感情を込めて描いた。一六世紀の悲恋ストーリーが現代に蘇り観客は身近な話として共感し感情移入が出来たのだ。『チャンプ』（一九八七年）では女性観客のハンカチーフがずぶ濡れになる程泣いたと言われている。センチメンタル嗜好の日本人にはゼッフィレッリの描くエモーショナルな悲劇映画は私達の琴線にふれたのだろう。

彼は監督だけではなくセットデザイナーや建築家としても有名なマルチアーティストである。ある意味では二〇世紀のB級〝レオナルド・ダ・ヴィンチ〟と言えなくも無い。（彼はダ・ヴィンチの末裔であることが最近立証）またダ・ヴィンチ同様敬虔なキリスト教徒にしてゲイである。

ゼッフィレッリほど本国と他国の評価が違う監督も珍しい。イタリア映画界では彼は嫌悪されている。それは左翼が多勢を占めるイタリア映画人はゼッフィレッリを右翼と看做しているからだ。そのうえ彼の国際的な超人気は嫉妬とやっかみの対象である。しかし普通のイタリア人たちにはイタリアの誇るセレブナンバー・ワンなのだ。

私が買い付けたゼッフィレッリ映画は興行的には不成功ではあったが、このマルチタレントアーティストにして家族同様の親友関係を築いてくれた異才ゼッフィレッリの素顔を、この私のシネマメモワールで紹介したい。彼はその後『フローレンスの人々　ミケランジェロとダ・ヴィンチの関係』と言う超大作企画の私の共同製作者でもあったのだ（第9章「企画中の映画作品」参照）。

ゼッフィレッリとの出会い

それは二五年ほど前に、私が『トスカニーニ　愛と情熱の日々』の宣伝協力要請でローマの郊外アッピア街のゼッフィレッリのヴィラに会いに行った時である。イタリア人から夢の邸宅と呼ばれる豪華なヴィラにはゼッフィレッリのデザインによる庭がある。そこには花々が咲き誇り天使の彫刻が立ち並ぶ。ウットリと庭を愛でているとそこに現われたゼッフィレッリは開口一番「配給権を買ってくれて有り難う、ほんとに嬉しい。僕の一番好きな国が日本だ。オペラで日本人と一緒に仕事をしているが彼らほど優秀でプロ意識を持つ人たちはいない。その上に立ち振舞いが優雅なこと」とべた褒めなのだ。これで私のゼッフィレッリ嫌いは吹き飛んでしまった。私がイタリア映画学校の貧乏学生であった時に、雑誌で頻繁に見る絢爛豪華な彼の邸宅やプールにはべるスターやセレブの写真に憧れと夢の中の生活を生きるゼッフィレッリに軽い嫉妬と嫌悪を感じていたものだ。アーティストには相応しくない。そのうえ彼の映画は余りにもセンチメンタルと一蹴していたが、密かに彼の映画が醸し出す得も言われぬ官能さにウットリとしてもいた。

それからはロンドン、ローマでのオペラの招待、クリスマスに復活祭のパーティーと招待が続き、何時の間にかゼッフィレッリ家族の一員になっていた。ロンドンからローマに行った際にはマリア・カラスやエリザベス・テイラーが寝泊りしたのと同じ部屋を私に使わせてくれる。夏のバカンスには毎年ポジターノの別荘かローマの邸で家族ぐるみで過ごしていた。その上に私は彼の〝公式の場の妻〟である。ゼッフィレッリがゲイであるからだ。今でこそゲイカップルは公式の場に一緒に出席するが、数年前までゲイのパートナーは日陰の存在であった。そこで映画、オペラのプレミアには私が妻の役で出席を請われるのだ。

ゼッフィレッリが育った一九三〇～四〇年代のイタリアではゲイはレプラ扱いであった。（注：「ピエール・パオ・パゾリーニの思い出」参照）そのうえ彼は私生児である。ゲイと私生児、その二重苦の出生はゼッフィレッリに黒い焼印を胸に押されたような精神的社会的な重荷を与えた筈である。その重荷を払拭する手段として彼はコスモポリタンマルチアーティストを目指す。インターナショナルな芸術界ではゲイに非寛容なイタリア文化と違い寛容だからだ。そこで幼少時から習ってきた英語、仏語を駆使して世界のオペラ、映画の監督として成功を博して行った。しかしそれだけでは社会の棄民扱いであったゲイと私生児の重荷と劣等感は払拭されなかった。そこで彼は世界の超セレブのキングとして君臨する生き方を選ぶ。それは同時代のゲイの映画監督であるパゾリーニと一八〇度異なる生き方である。ゼッフィレッリの意図は見事に花咲き、世界中の名だたるセレブやヨーロッパ中の王族達が世界で最も美しい一〇の館の一つと言われているゼッフィレッリのポジターノ別荘に集うのだ。

この館はオペラの舞台を彷彿とさせるあっと眼を見張るほど豪華なものである。そこに綺羅星の如く超セレブがゲストで宿泊している。バレリーナのルドルフ・ヌレエフ、マリア・カラスにオナシス、ジャッキー・ケネディ、ローレンス・オリヴィエ、マイケル・ジャクソン、エリザベス・テイラー、リチャード・バートン、プラシド・ドミンゴ、リチャード・ギア、そしてマーガレット王女、チャールズ皇太子等、数えたらきりがない。そして自他共に許すハイソサエティーのキングとなり棄民の生い立ちの劣等感は払拭されたのだ。

超セレブの中でもゼッフィレッリが特に親しくしたのはマリア・カラスとエリザベス・テイラーである。カラスは一時彼女のオペラにはゼッフィレッリ監督でしか歌わなかった。お返しとしてゼフィッレッリは彼女を世界のオペラ界にデビューをさせ伝説のオペラ歌手となるのを助けている。オナシスがジャッキー・ケネディとの結婚を発表した後には傷心のカラスを彼の家に匿まってもいる。

またゼッフィレッリは彼女が亡くなるまで私生活でも唯一の相談相手であった。ゼッフィレッリとカラスの関係は親友と言うよりも庇護しなければならない〝いたいけな妹〟であったようだ。

一方エリザベス・テイラーとの友情は、テイラーとバートンが二人の企画であるシェイクスピア映画『じゃじゃ馬馴らし』の監督にゼッフィレッリを抜擢した時からである。二人はゼッフィレッリのシェイクスピア映画に感銘を受けて依頼したのだ。

ゼッフィレッリが苦しい恋で悩んでいた時に真っ先に相談相手になったのがエリザベス・テイラーである。またゼッフィレッリもテイラーが『クレオパトラ』の撮影中にバートンと〝できてしまった恋〟がメディアに知られ、パパラッチが騒ぎ始めた際には気づかれないように自宅を〝避難場所〟として提供している（ゼッフィレッリは後ほど私たちに二人の夜な夜な繰り広げられる情熱的なセックスの雄叫びは広い庭に響き渡り、一二匹の犬がそれに答えてわんわんと鳴いたと二人の情熱的な関係のエピソードを面白おかしく語っている）。

ゼッフィレッリは敬虔なカソリック信者である。毎日曜日には教会に出かけ祈ってくる。また彼は映画史に残るベストの宗教映画と評価されている『ナザレのイエス』(一九七七年)にアシッジの聖フランチェスコを描いた『ブラザー・サン　シスター・ムーン』(一九七二年)も監督、製作している。しかし彼はキリスト教が認めないゲイを公にしている。『ナザレのイエス』の世界的なヒット後、一時期バチカンのメディアスポークスマンの役目も負っていた。しかしバチカンや法王なるものは信じていない。このような水と油を一緒にさすような生き方に対して彼は何の矛盾も感じていない。これこそイタリア流生き方である。そして私は第二の故郷であるイタリア流生き方をゼッフィレッリ同様こよなく愛するのである(ゼッフィレッリは二〇一九年に死亡。享年九六であった)。

『午後の曳航』(一九七七年、ルイス・ジョン・カルリーノ監督、三島由紀夫原作)

私は買い付けの拠点をローマからロンドンに変えることにした。そしてロンドンでディストリビューターとして最初に買い付けたうちの一つがこの映画である。

私がロンドン在住を決めたのは、イタリア社会が七〇年代後半からの政治の腐敗で物騒で荒れた潤いのない日々になったからである。それを反映してイタリア映画界自体が重病患者になったような衰弱した状態になって来ていた。製作される映画は駄作ばかりなのだ。私はイタリア映画界が国際映画界から取り残されタイタニックのように沈んでいく前にローマから脱出しよう、それが私の将来のインターナショナルな映画界でプレーヤーになれる唯一の手段ではなかろうかとの決意が仕事の場を変える動機であった。

ハリウッドではなくロンドンと決めたのはアメリカとヨーロッパの中継地で英語圏であることだ。英国映画界は氷河期であるがインディペンデントのアメリカ映画の多くがロンドンで製作されており、インターナショナルセールスエージェントはアメリカ映画を売っている。また将来の子作りも視野に入れていた。産まれてくる子供は英語を母国語とし、世界一の教育システムを誇る英国で育てるストラテジー（戦略）である。

ロンドンに着くや否や全てのセールス会社とプロデューサーとのミーティングをセットした。有り難いことに彼等の多くは映画祭やマーケットで知り合った友人であった。そして諸手を挙げて私のロンドン在住を歓迎してくれたのだ。ジョーク好きなイギリス人曰く「これで日本に映画を売りに行く必要がなくなった。経費節約だよー」。

そのジョークを飛ばしたプロデューサーが『午後の曳航』の企画開発をしていたのだ。原作は三島由紀夫の同名の小説である。

ストーリーは、一四歳の息子を持つ未亡人が彼女の住む海辺の海岸に停泊している船の乗組員（船員）と恋に落ちる。母親と船員の関係を知った息子は嫉妬から他の悪がき仲間と船員への復讐を企てるのだ。

私は三島文学のファンではないが、この小説は珍しくエロティックな匂いを秘めたサスペンス溢れる私好みのストーリーである。シナリオは原作の骨子をきちんと踏まえた上で英国映画にしては珍しく行間からセックスの匂いが漂う非常にエロティックなストーリーである。ストーリーの舞台を英国の鄙びた海辺の町に置き換えても原作のエッセンスは少しも減じていない。いやストーリー自体が外国の方が合っている。私は三島の原作と言うだけではなくこの魅力的なシナリオに惚れて先買いしたのである。

出来上がった映画は主演のサラ・マイルズの情熱的な演技が光る秀作となった。サラ・マイルズは当時ジュリー・クリスティーと並ぶ英国の有名スターであった。特に彼女のニューロティック（神経過敏）な性格が演技に反映し『午後の曳航』の熱演となったのではないか。彼女だけではない。英国の俳優は舞台で鍛えられており無名の俳優でも素晴しい演技を見せる。私はやっとプロの映画人によるプロの映画製作の場所に来た安心感と、プロのいる現場での映画製作の夢が芽生えて来た。

英国美青年ブームの火付け役は私
『モーリス』（一九八七年、ジェームズ・アイヴォリー監督）

私はアメリカでマエストロと尊敬されているアイヴォリー映画ファンではない。英国に住み日夜英国の〝暗〟を経験している私には彼の〝明〟を描く英国映画には違和感がある。二〇世紀始めの英国は階級制度社会であった。彼が好んで描く上流階級はその英国社会の癌の震源地とも言える。そして私にはアイヴォリーがその英国階級制度の癌を認知しているように思われるからだ。いや階級制度をほのかなオブラートで包みこみ、綺麗綺麗なコスチューム映画にしているとでも言えようか。

しかし『モーリス』はアイヴォリーが始めて英国上流階級の偽善の象徴であったゲイ文化と対峙している社会性を持つ映画である。

映画の舞台は一九〇〇年の英国パブリックスクール（エリート輩出私立校）である。当時タブーであったゲイ二人の秘密の初恋をアイヴォリー映画としては珍しくぴんと張り詰めた緊張感でパワフルに描いているのだ。サスペンス映画の秀作である。私は若いゲイカップルの恋が何時学校に暴かれるか胸をドキドキさせながら観ていた。その上に主役のヒュー・グラントとジェームズ・ウィルビーは日本で英国美青年ブームを起すきっかけとなる最初の俳優達であった。

私は日本の若い女性観客は主役の二人に魅了され、ゲイの恋であることを忘れ禁断のラブストーリーとして観るのではないかとの勘で買いつけたのだ。キリスト教の掟のない日本ではゲイタブーは現実性を持たないからだ。日本では美青年ならゲイ男性も若い女性のアイドルの対象になるのではないかと思惑もあったが、ゲイ映画買いはやはり賭けでもあった。しかし映画は思惑通りにヒットした。

この映画以後日本の映画館には青い瞳にブロンド髪の美青年俳優を観たさに女性観客がつめかけ〝イングリッシュビューティ〟映画はヒットすることになる。その先鞭を努めたのが『モーリス』でありその火付け役が私であった。

ここで英国ゲイ歴史を少し解説しよう。と言うのは、ゲイは英国社会のダブルスタンダード（偽善）の象徴だからだ。そしてゲイは階級制度と関連している。当時上流エリート階級の男性の多くはゲイかバイであった。それは七歳から親から離れてパブリックスクール（私立校）の男性寄宿舎に入る特権階級の子弟がゲイとなる慣習があったからだ。それに反して下層階級の労働者は、パブリックスクールはファゴット（お釜）の巣窟だとぽいと唾を吐いて軽蔑を表わすのが英国社会の慣習でもあった。しかしパブリックスクール・ボーイは公にはゲイに蓋をして陸軍、海軍でキャリアを作り女性と結婚する。そしてゲイフレンドとは密会との二重生活をしていた（上流階級子弟は大学卒業後には兵役が出世の階段であった。今でも英国王室の子弟たちは兵役が義務づけられている）。

しかし関係が表沙汰になると社会から除け者として葬られるだけではなく、監獄行きも待ち構えていた。

その有名な例が作家オスカー・ワイルドである。彼は一九〇〇年にゲイの罪に問われ監獄で重労働の刑に服した。出獄後も英国社会は彼を許さず追われるようにフランスの片田舎に住み無一文で亡くなっている。（第7章「映画製作会社ＮＤＦインターナショナル設立」の「オスカー・ワイルド」参照）。

『アナザー・カントリー』（一九八七年、マレク・カニエフスカ監督）

『モーリス』の世界的なヒットで英国美青年俳優出演映画のちょっとしたブームが日本でも起こってきた。私はそこで第二段として二匹めの鰌を狙いこの映画を買い付けたのだ。しかしそれだけではなく、『モーリス』より出来の良い映画だったからでもある。

パブリックスクール（オックスフォード校等）学生のストーリーは『モーリス』と同じであるが、『モーリス』より複雑で骨子には三〇年代の英国偽善社会と大英帝国軍隊批判を鮮明に描いている。監督は綺麗綺麗映画のアイボリーではなく、チェコからの移民であるマレク・カニエフスカだからだろう。

主役はこの映画でデビューしたルパート・エヴェレットにコリン・ファース（『ブリジット・ジョーンズの日記』二〇〇一年、シャロン・マグワイア監督）である。この二人の美青年ぶりはヒュー・グラント等の比ではない。特にエベレットのダークなセクシーさが、ゲイとして弾劾された後にはオックスフォード校を追われ社会から葬られていく転落のストーリーに官能的な色合いをそえ観る人の心に迫ってくる。

一方ファースは共産党員になりエリートのキャリア関門である大英帝国軍入隊を拒否する。ストーリーのテーマが二つに割れた傷があるが、第二次大戦後消え行く英国エリート階級社会を予兆した社会的メッセージを持つ映画である。しかし日本の観客はテーマである英国階級制度下であがく英国の若者達への共感より〝隠れた禁断の恋〟映画として観に来ていたようだ。

『眺めのいい部屋』（一九八七年、ジェームズ・アイヴォリー監督）

この映画はゲイ美青年ものではなく、フローレンスに観光客として来ている英国女性たちを描いている。彼女等に絡むのが美青年のダニエル・デイ＝ルイスである。マーロン・ブランドを継ぐ天才俳優と後に賞賛される彼の演技の一端がこの映画で窺える。

映画はあくまでも美しいフローレンスの街並みの風景が主役の一つである。そして「眺めのいい部屋」のあるホテル宿泊ゲストたちのストーリーをヨーロッパ映画の真髄であるゆったりとした流れの中でアメリカ人のアイヴォリーが語っていく（二時間四五分の長編！）。アメリカ映画創りの作法と百八十度異なる映画の描き方なのだ。

『君の名前で僕を呼んで』（二〇一七年、ルカ・グァダニーノ監督）は主役のゲイボーイを演じるティモシー・シャラメの世にも美しい美少年＝青年ぶりと世界でも最高に美しいと言われるトスカーナ地方を観にくる女性観客で大ヒットとなった。この映画はアイヴォリー映画のコピー版であるが、それはアイヴォリーがシナリオを書いているからだ（オスカー脚本賞受賞）。

アイヴォリー映画は英国映画人には揶揄の対象である。高級な『ローマの休日』（一九五三年、ウイリアム・ワイラー監督）風であると。しかしアメリカでは彼の映画は批評家にも絶賛され興行的にも成功するのはアメリカ人のヨーロッパへの憧れか又は彼等の祖先、ヨーロッパへの追憶からであろうか。

日本公開後二〇数年を経ているので時効と言うことで告白すると、この映画の買い付けは私の勤める配給会社ではなく内緒で姉の配給会社（シネマテン）用に買い付けたものである。それは前述した如く、綺麗綺麗なアイヴォリー映画に私はアレルギーがあったことと社会的なテーマのない二時間四五分の長尺映画が日本でヒットするとは思えなかったからである。そこでこの映画の美しさに感嘆し恋をした姉に譲ったのである。姉のこの映画に賭ける情熱と宣伝の上手さで映画はヒット作となった。

私の買い付け勘の狂いと同時に私的な感情を買いの決定に入れた私のディストリビューターとしての敗北である。プロではない。好きでなくとも映画を分析し観客の共感を得る要素を見つける作業をした上で買いつけを決めなくてはならない。一作を創るのに監督もプロデューサーも二〜三年の年月をかけるのだ。創作者に対する尊敬に欠けている自身の行為に反省したと同時に当然であるが、作品に惚れることがヒット作に繋がるという教訓も得た。その教訓が後ほどアイヴォリー監督のオスカー受賞作『ハワーズ・エンド』共同製作に繋がっていったのだ。

チャーリー・チャップリンのドキュメンタリー『放浪紳士チャーリー』（一九七六年）

映画は全人生を映画作りに捧げた映画の産みの親チャップリンへのトリビュート（賛辞）である。私はチャップリンが亡くなる一〇日前にチャップリンと妻ウーナに会っている。それは私が日本配給権を買ったチャップリン最後の映画『放浪紳士チャーリー』の宣伝企画〝チャップリンとの会見旅行〟の為であった。時は一九七七年の一二月一五日であったと思う。チャップリンに会えたら死んでも良いと常日頃から言っていたチャップリンの熱烈ファンで、コメディアンとして有名であった伴淳三郎が団長となり、日本からチャップリンのファンたちにジャーナリスト、総勢一五人ほどを連れてスイスのチャップリン邸を訪問したのだ。

スイスに引退後のチャップリンは日本人だけではなく世界中のジャーナリストたちを一切シャットアウトした隠遁生活を送っていた。日本人でチャップリンにあった唯一の人はコメディアンの萩本欽一だけと言われていた。それも欽ちゃんは三日間スイスの彼の自宅の外に泊まりこんでやっと庭に出てきたチャップリンに五分間の会話をしたとのニュースが週刊誌を賑わした程チャップリンに会うことは至難の技であったあったようだ。

しかしウーナは夫の最後の映画の宣伝の為にスイスまでやって来た私たち一行を自宅に招待し、子供まで総動員をしてシャンペン付きのパーティーまでしてくれたのだ。それは自然体の暖かいもてなしであった。余命いくばくもない愛する夫の看病で妻ウーナは大変であったに違いないが、陰気な雰囲気などおくびにも出さずにジャーナリストたちの質問には熱心に答えてくれた。そして最後には私たちの要請に応じてチャップリンの寝室のドアを開けてくれ、ベッドに横たわっているチャップリンとひと目だけの会見をも許してくれたのである。それもこれも神の如く尊敬し愛する夫チャップリンの映画が日本でヒットする宣伝の為である。

私は知らなかったのだが私たちが訪れた時にはチャップリンは死期間近だったのだ。そして私たちの訪問一〇日後のクリスマスの日に死亡している。

そのクリスマスの日にチャップリン邸を訪問した日本人のジャーナリストにファンの人たちが「チャップリンを語る会」として集まった。しかしクリスマスを祝う会は期せずしてチャップリンが亡くなった人なり「チャップリンを偲ぶ会」となってしまった。熊本県からわざわざ上京してきたチャップリンの大ファンと言う農業を営む男性は「苦しい時にもチャップリンの映画が僕を救ってくれました。観ている間に笑い泣きそして終わると苦しんでいた問題も余り大変なことではないと解決する意欲が出てきたのです」とチャップリン逝去の知らせに号泣してしまっていた。私も涙を流していた。映画が田舎に住む普通の人たちの人生に潤いをもたらし、私たちの生きるアドバイザーにもなれるほどの影響力に感動していたのだ。映画とは何と素晴しいコミュニケーション手段ではなかろうか。今で言うインターアクティブのベストのコミュニケーション手段である。

私も熊本の農家の男性と同じように九州半島のどんずまりの村で一六ミリの映画を観ては感動し寂しい時には映画が友人となってくれたのだ。そして映画界で生きる喜びを噛みしめてもいた。

偲ぶ会の出席者全員がウーナから手紙を受け取っていた。彼らは目に涙を浮かべながら手紙を手にかざして見せた。その手紙の内容は「わざわざ、夫チャップリンの映画の記事を書くのに遠い日本から来てくれて嬉しかった云々」の暖かい内容のものであった。私たちはその手紙の持つ重みと彼女の優しさに感激していた。普通の妻なら臨終間近の夫の世話で手紙を書くどころではないだろう。しかしウーナにとっては夫の人生の全てであった映画の成功の為には、夜も徹して手紙を書くなど朝飯前であったのだろう。私たちの人生に太陽の光を与えてくれた天才チャップリンの死を悼み私たちは頭を垂れて一分間の黙禱で追悼の意を表したのである。

チャップリンは『伯爵夫人』（一九六八年、マーロン・ブランド、ソフィア・ローレン主演）を最後に映画を作っていない。それは『伯爵夫人』の出来が悪く批評も興行的にも惨敗してしまったからである。傷心のチャップリンはスイスに戻り再び隠遁生活をする。そして八年後の一九七六年に創られた映画が『放浪紳士チャーリー』なのだ。このドキュメンタリー映画は彼が創った初期のコメディー映画から抜粋したシーンを繫いで編集したものである。そしてチャップリンは妻ウーナと主演（？）、そして音楽を担当している。

スイスの彼の邸宅には素晴らしい大きな庭がある。映画のラストシーンは広大な庭の木々の落ち葉が散る中を八七歳のチャップリンと四八歳のウーナが手と手をつないで歩く後姿を映し出している。このシーンは映画の中のハイライトとして非常に胸を打つ感動的なシーンである。人生経験と背景の全く違う夫婦が、長い間かかってお互いに譲り合い理解しあいながらやっと全幅の信頼を寄せ合うパートナーとなった象徴がこの落ち葉の中を手に手をつないで歩く二人なのだと。

ファザコンのウーナが一七歳で父への面当てか又は父への挑戦からか初老のチャップリンを夫に選んだ賭けは見事に当たったと言えようか。

チャップリンの幼少時代

ここではチャップリン映画の名作の数々は映画好きな読者なら誰でもが知っているので書くことは避けよう。その代わりに私が垣間見た天才チャップリンと妻ウーナの私生活を書くことにする。

しかしその前にチャップリンの幼少時代にちょっと触れよう。それはチャプリンの名作が産まれる原点だからである。

チャップリンは四歳でボートビルのステージで踊りやコミックのエンターテイナーとしてデビューしている。ある日母親がステージで歌っている最中に声が出なくなり急遽ステージの脇でみていたチャップリンが母親の代役となりステージに上がったのだ。産まれた時からステージの脇で過ごしていた彼は母親や兄たちの歌の内容を暗記しており、舞台に上がっても臆すること無く歌とコミックな演技を披露し観客から喝采を受けたと言う。

大酒飲みで暴力を振るう父親が出奔した後には精神障害者である母親（精神病院で死亡）が家族を養う為に働いていたのだが、餓死寸前の貧困生活であった。以後四歳のチャップリンは兄と組んでボードビルのステージ出演で一家を支えて行く。

チャップリンの育った当時（一九世紀末）の英国は階級制度でがんじがらめの社会であった。社会の底辺の人々は二〇世紀の初めでもビクトリア王朝時代と全く変わらない悲惨な状況下で生活していた。下水道は完備していない為に、道路は住人の捨てる汚物で臭気が四六時中漂っている。彼等の困難な生活をもっと惨めにしていたのが霧で覆われた英国のじめじめした気候である。それはホラー映画の舞台そのものなのだ。チャップリンの映画と生き方を語るには彼が英国人それも極貧家庭出身であることを抜きには語れない。英国社会の底辺で生き幼少からボードビルの舞台で働いてきたチャップリンは一〇代初めで大人以上に私たちの心の機微を理解する人生のプロとなっていたのだろう。彼が他のアメリカ人コメディアンと一線を画しずば抜けてオリジナルで情緒多感なストーリテラーなのは、彼の出身が大きく寄与していると私は思う。

チャップリン嫌いな批評家は彼の映画はセンチメンタルと言う。しかし人生の達人チャップリンは、大きなテーマのストーリーを語る上で観客の心を揺さぶる感情のボタンを何処で押すと観客はテーマをより良く理解しストーリーに惹き付けられるのを心得ているのだ。これは後に私がプロデューサーとしてライター、監督とディスカッションする際に多いに役立つことになった。

チャップリンがアメリカ、ロスに移住した後にも未成年女子とのセックススキャンダルが絶えなかったのは、彼が英国出身それも社会の底辺出身者からではないだろうか。当時の英国はアメリカと違い未成年者とのセックスは寛大であった。また悲惨な生活の中でセックスは彼等の唯一の規制を受けない解放されたものだったのだ。またチャップリンは小柄である。未成年の女性の未だ発達していない体に性的な興奮を覚えたとしても不思議ではない。これはポーランド出身のロマン・ポランスキーに合い通じるものがあるように思われる。

未成年で神様と結婚したウーナ

ウーナは一七歳で五六歳のチャップリンと結婚している。チャップリンに見初められプロポーズをされたウーナは未成年にも拘らず周囲の大反対を押し切ってチャップリンと結婚をした。この結婚は彼女が一七歳と言う親の承認が必要な年齢であったことと作家である父親ユージン・オニールが大反対したこと等がメディアでセンセーショナルに報道されるとアメリカのフェミニスト団体はチャップリン弾劾を始めた。彼女達は日頃からチャップリンが未成年の女性との情事を繰り返し反省の色も無い怒りからである。そこにＦＢＩが絡みアメリカ社会を揺さぶる大スキャンダルに発展してしまったのだ。

当時ＦＢＩはハリウッドのアーティストたちをターゲットにした共産党員狩りに熱心であった。(二〇〇六年に公開された映画『トランボ』はこの時期のハリウッドを描いている)。彼等はこの期とばかりに世界一有名なチャップリンを弾劾する手段として彼をコミ（共産党員）とでっち上げメディアを煽ったのだ。仕事も無くなったチャップリンとウーナは追われるようにアメリカを後にしてスイス、それも全くの片田舎に移住してしまった。

ウーナは典型的なファザコンであったと言われている。父ユージン・オニールはノーベル賞受賞者でアメリカ一の作家である。しかしウーナはアルコール中毒で性格も傷の多い父親とは愛と憎しみの関係であった。そこに父親より秀でた天才そして巨人のアーティストから結婚を申し込まれたのだ。ウーナにとってチャップリンを夫に持つことは父親を見返すベストのチャンスであっただろう。その為には四〇歳近く違う年齢差など歯牙にもかけずチャップリンに彼女の全人生を預ける覚悟をしたのではないか。そして最後まで子供たちにも嫉妬されるほど夫を愛し、神の如く仕えスイスの片田舎で映画も創れず意気消沈している夫の面倒を、妻として、母として、また後半には看護婦として生活する人生を選んだのだ。

彼女のユニークなところは八人の子供を産んでいるが、彼女の目線は常に夫のチャップリンに注がれていた。それは娘で女優のジェラルディンが語る母親像から垣間見られる。

「母の目は常に父に注がれていました。私達がパパを批判でもしようものなら母親ではなくなり真っ赤な顔でパパを庇い最後には泣き出す始末だったのです。私たちは勿論パパを尊敬していますがそんな母を見ると悲しい思いを味わったものです」

ウーナにとって子供たちとはチャップリンがスイスの片田舎の退屈な生活に潤いをもたらす梃の存在であったと言うのは酷であろうか。

スイスの自宅を訪れた私たちにウーナがチャップリンのことを話す会話から「私は夫と生活する為

に生まれてきました」と言うような彼への愛と貢献に満ち溢れていた。彼女の努力は報いられチャップリンも妻の愛を身体ごと受け入れ半世紀近く妻ウーナを愛し慈しんだのだ。

チャップリン最後の映画『放浪紳士チャーリー』は彼の映画人生の集大成であると同時にチャップリンと妻ウーナの愛情物語でもある。

そして五〇年後のオスカー授賞式でハリウッドは〝許されざる者〟としてアメリカから追い出したチャップリンに生涯映画貢献賞を与え〝映画の父〟チャップリンの業績を讃えている。

亡き大島渚監督追悼記　『戦場のメリークリスマス』（一九八三年）

一九八一年のことだったと思うが、本社より大島監督の企画『戦場のメリークリスマス』製作の為に欧米のプロデューサーを探すようにとの指令がきた。大島にとって始めての国際映画企画であると言う。ストーリーは第二次世界大戦時の英国人捕虜と日本軍人の捕虜収容所を描いたものと聞いて嫌な予感がしてきた。この種の〝英国人捕虜と残酷な日本軍人〟の映画は嫌と言うほど英国では作られており、私は観る度に意気消沈して映画が終わる前に試写室から出てきていたからだ。そこで送ってきた脚本のタイトルも見ずに〝積読シナリオ〟の整理箱の中に放り込んで置いた。この箱は各国のプロデューサーから送られてきたシナリオだが興味なしの姨捨山企画の数々である。しかし本社の命令を無碍に断る訳にはいかない。四、五日後に箱から取り出したシナリオのタイトルが『戦場のメリークリスマス』。不思議なタイトルに惹かれて読み始めると、今までの英国人捕虜対残虐な日本軍人のステレオタイプとは違いデヴィッド・ボウイに恋した日本軍将校サカモトの複雑な心理をユニークでフレッシュな観点から描いている。そしてゲイの匂いのする官能的なストーリーなのだ。原作者のヴァン・デル・ポストはチャールズ皇太子のゴッドファーザーそしてサッチャー元首相のアドバイザーであるがゲイでもある。

その見事なシナリオに恋をした私は喜びいさんでその後の二年間『戦場のメリークリスマス』企画実現の為に奮闘することになる。

当時、私は日本ヘラルド映画社のヨーロッパ総代表／副社長として日本への映画買い付けをしており、映画製作は本業ではなかった。しかし私の本業である買い付けの仕事が本妻であれば『戦場のメリークリスマス』企画は愛人であったと言えるだろう。

まず英国中のあらゆるプロデューサーに打診を始めた。しかし誰一人興味を示さない。ヨーロッパのインテリ映画愛好家の間では大島はアート映画監督として名前もあり一目置かれていたが、まだまだ世界的には無名である。その上に英語の出来ない日本人監督による英語映画なのだ。またまたその上に翻訳が酷く日本版で描かれている内容の深さが英国人には理解出来なかったせいもある。しかし最後にその企画に興味を示したのが、後に『ラストエンペラー』（一九八七年）のプロデューサーで私の親友でもあるジェレミー・トーマスだった。

その後の二年間は針の筵の上を歩くような困難の連続であった。しかしデヴィッド・ボウイが主演をオーケーした後には投資家も興味を示し何とか数か国の投資家による製作資金調達が出来た。そして契約書調印式をすることになったがオランダ、ニュージーランドなどに住んでいる投資家や銀行マンもいる。その投資家全てが契約書にサインをし英国時間の朝六時までに入金されないと契約は認められないと言う崖っぷちの交渉である。私たちはチーズバーガー片手に夜通しで電話での交渉を行いサイン完了そして送金のゴーサインが出たのが朝の五時であった！

このサイン会には映画の中でみるギャングを彷彿とさせるいでたちの男性が混じっていた。白黒のメッシュの靴に飛び切り派手な縞のスーツを肩に掛けている。そのギャング風投資家はアムステルダムからロンドンに契約書のサインで来てくれたのだ。彼は表向きは建設会社の経営者であるがオランダで有名な〝ガラス窓の女〟（娼婦がショーウィンドーで客引きをする）を数軒経営している。つまり闇の世界と表の世界のボーダーラインで生きるビジネスマンである。製作者側が契約の詳細を話し始めると、意味も無く靴を蹴って天上に向かって飛び上がり首を捻じらせて下りて来る。契約事項に難癖をつける銀行マンには傍に行き指をピストル風に突きつけると再び飛び上がる。このギャング氏は余程銀行嫌いなのだろう。私立学校出身のエリート銀行マンは月世界のエイリアンに遭遇したようであっけに取られている。しかしギャング氏が一番先に四の五を言わずに契約書にサインをしてくれたお陰で他の投資家たちも彼に倣い調印式が無事に終わったのだ。有り難いことにギャング氏は映画愛好家で彼の名前がクレジットに出ること以外には映画からの利益は期待していなかったことだ。

この映画の製作資金繰りの詳細は第8章「プロデューサーとは、そしてその役目」で後述するが、インディーの映画製作資金集めにはプロデューサーは欧州各国の援助金の他に闇と表のボーダーラインマネーも受けつけるタフさが必要であろう。そして私はこの企画製作の最前線で働いた経験が後にプロデューサーとなった際に多いに役立つことになった。

大島自身は世界的な俳優探しでロスに出かけていた。最初に会ったのがロバート・レッドフォードである。レッドフォードは大島監督の映画『儀式』（一九七一年）を観ていたこともありエージェント無しで直接会ってくれることになった。しかし彼はアメリカの大スターである。ハリウッドという牢獄の虜囚でありハリウッド映画の方程式に沿った映画出演、そしてスターの生き方を要求される。エッジー（尖がった）映画出演などはご法度なのだ。大島はレッドフォードからアメリカ方式シナリオ作りの講義を受けたと言う。

ファーストシーンは例えば美しい妻に可愛い子供とバーベキューをしているハッピーな主人公を描く。そしてすぐにストーリーは音楽のクレセントのように主人公の人間関係へと盛り上がっていくが、その内に主人公は大きな問題を抱えるようになる。家族崩壊の危機云々、しかし家族や友人に励まされ解決に乗り出し大団円へと突き進む。つまりナスダック市場の株価のような振幅激しいシナリオがハリウッドでは要求されるとのレクチャーをしたうえで、大島にシナリオの全面変更を求めたそうだ。

それに較べれば、次にイギリスで会ったデヴィッド・ボウイは大島映画のファンと言うことで何も聞かず注文もつけずに出演に同意した。当時のアメリカとヨーロッパの映画文化における姿勢の違いではなかろうか。

また大島はプロデューサーとして自宅を抵当に入れてまで六〇〇〇万円の製作資金を調達している。この企画が暗礁に乗り上げ頓挫しそうになった時に彼は私にこう語った。〝まあ、英語の勉強に払ったと思えば良いのですよ〟

六〇〇〇万円の英語レッスン料！　そうあっさりと語れる豪胆さが、大島が恐れを知らずに『愛のコリーダ』のようなハードコアポルノ／芸術映画に挑戦出来る秘密であろう。

映画は無事にカンヌ映画祭の正式出品に選ばれた。しかし残念なのは日本映画としてではなくニュージーランド映画となったことだ。当時日本には正式な合作映画協定が無くニュージーランドで撮影する条件でニュージーランド政府からの援助金を得ていたからである。

大島は宣伝用として山本寛斎がデザインをしたクールなTシャツを日本から持ってきていた。このTシャツは黒と赤で、〝OHSHIMA　GANG〟と文字が書かれている。そのデザインの派手さが話題になりこのシャツを着ていないのはクールじゃないと言われ馬鹿にされるほどの大フィーバーとなったのだ（ここで言うGANGとは、アーティストの才能に惹かれて集まった人々という意味で使われている）。この時点で私たちはカンヌ映画祭最優秀映画賞、パルムドールは間違い無しと浮かれていた。しかし結果は同じ日本映画監督今村昌平の『楢山節考』であった！

大島はカンヌ、ヴェネチア映画祭常連である。そしてカンヌ映画祭は大島を尊敬しているがヴェネチア国際映画祭は大島に恋をしている。黒澤監督以来の世界的監督との評価なのだ。

またカンヌ映画祭は地味な〝芸術映画〟志向である。彼らは『戦場のメリークリスマス』を超セレブ、デヴィッド・ボウイ主演の派手派手商業映画と判断したらしい。そこでカンヌは大島と同じ、いや大島以上の芸術監督とカンヌでは評価されている今村監督『楢山節考』を受賞させたらしいのだ。もしヴェネチア国際映画祭に出品していたらグランプリは間違いなかった筈ではなかろうか。そしてオスカー受賞も実現したのではないか？　アメリカ映画人はカンヌ国際映画祭受賞作よりヴェネチア国際映画祭受賞作をより高く評価するからである（一九五〇年の『羅生門』はヴェネチア国際映画祭最優秀映画受賞、二〇一六年、デイミアン・チャゼル監督の『ラ・ラ・ランド』はヴェネチア国際映画祭最優秀映画受賞そしてオスカー賞を総なめしている）。

『愛のコリーダ』（一九七六年）カンヌ上映会の衝撃

『愛のコリーダ』がカンヌで上映された際の映画人たちの大騒ぎは二〇二〇年のオスカー受賞式で韓国映画『パラサイト　半地下の家族』が受けた騒ぎに匹敵しているように思われる。

アメリカや英国のマスコミは伝統あるカンヌ映画祭に始めてのハードコアポルノ映画出品作とスキャンダラスに騒ぎ始めた。そのせいか映画祭用上映館は見たい観客が滂沱の列を作り道路を埋め尽くしている。車の渋滞で警官が整理に来たほどである。

またディストリビューター用の試写ではイタリア随一の配給会社社長は試写後に立ち上がり「バチカンに挑戦する最初の映画だ。聖書のように意義がある！」叫んで私たちを吃驚させた。

私は『愛のコリーダ』は性に対するアメリカ／ヨーロッパの意識の違いを浮き彫りにした映画であったと思っている。アメリカはプロテスタントを土台にした文化であり性道徳には厳しい。しかしヨーロッパはカソリック文化である。性には鷹揚なのだ。その上に『愛のコリーダ』は宗教の足枷のない日本文化から製作されたハードコアポルノ芸術映画である。

『愛のコリーダ』はイタリアの配給会社社長と同じように、私にとっても映画の概念を破り新しい試みにチャレンジする勇気を得た意識革命的な映画であった。それ以来、あのような素晴らしいセックス映画の製作ができれば死んでも良いと公言しているほどの大ファンになったのだ。後述する私の映画製作会社ＮＤＦインターナショナル設立の第一作『カーマ・スートラ／愛の教科書』（一九九六年）はその結果として製作したものである（第７章「映画製作会社ＮＤＦインターナショナル設立」参照）。

大島が国際的な監督として成功した要因の一つに彼のポップアート感覚が挙げられよう。重厚なテーマの映画がダークにならず落ち着いた画面から色気が発散しているのは、ポップアート的なカメラアングルと編集、そして映像の描き方であろう。日本人監督には珍しい美的感覚のアーティストである。画面からセックスの匂いが充満していると言われたベルナルド・ベルトルッチに通じるものがある。

またこれも日本映画には珍しい映画音楽の斬新さが挙げられるのではないか。坂本龍一の音楽は日本映画音楽の大きな革新であった。日本映画の音楽は欧州では悪評である。映画音楽やサウンド技術に関して日本映画は三〇年ほど遅れていると言われている。『ゴッドファーザー』（一九七二年、フランシス・フォード・コッポラ監督）の作曲家ニーノ・ロータは私に「黒澤の映画音楽を是非やりたい。無料でも構わない。黒澤映画に唯一欠けているのは良い音楽なのだ」と語っていた。

英国はビートルズ（六〇年代）以来、音楽業界は大産業であるだけに音楽に関してはインテリのリベラル文化人も〝国粋主義者〟に変身し英国音楽が世界で最高と信じている。その英国人でさえ、サカモトサウンドには「恋した！」と宣言する人が大勢いたのだ。あのヒプノティックなミュージックは東洋音楽の優雅さを知らしめたパイオニアの役を担ったのである。そして三〇年経った今でも英国人はあの音楽を愛でている。

『戦場のメリークリスマス』の映画化をきっかけにその後大島とは何回会ったことだろう。後年私は『カーマ・スートラ／愛の教科書』という映画の企画をインド人女流監督のミーラー・ナーイルを起用して製作準備をしていた。この企画は後述するように『愛のコリーダ』に触発されたものである。私は大島と東京のホテルで会った際に早速この企画のアドバイスをお願いした。「この映画を成功させる秘訣を聞かせて欲しい。『愛のコリーダ』のようなセクシーな映画を創りたいのです」と言うと大島は「その秘訣は撮影中、監督にプロデューサーそしてクルー全員が起床後まず大声でセックス！朝食の前にもセックス！　ランチ時にセックス！　夕食時にもセックス！　とにかく二四時間セックス！　と言うことです」との事であった。

それは大島が私に映画の成功は二四時間の集中力が必要とのアドバイスだったのだろう。

彼と最後に会ったのはロンドンで一九九七年前後であったと思う。凍てつく冬の日でホテルのロビーに毛皮のコートを着て現れた大島はゲイの男性風に見えるのだ。そこで私は大島に「この国ではオスカー・ワイルドから始まって、毛皮を着る男性はホモが多いですよー」と話しかけると彼は笑いながら、「本当にイギリスはゲイ男性が多い」。

芸術家の多くはバイセクシャルやゲイである。私は大島も心情的にはゲイではなかったかと思っている。

その数日後ロンドン滞在を終えて帰国する日、大島はヒースロー空港で脳梗塞で倒れた。知らせを受けた時私は頭を壁に打ったような衝撃を受けた。毛皮のコートに身を包んだ恰幅の良い彼は元気一杯に見えただけに、突然の悲報は悲しみに耐えなかった。しかしその後回復し半身不随ではあったが映画『御法度』（一九九七年）を創っている。映画作りに情熱を燃やす彼はリハビリ集中力で体を鍛え全身の力を絞って最後の映画をやり遂げたのであろう。そして映画はカンヌ映画祭公式出品作となり受賞は逃したが観客にも批評家にも好評であった。

大島は自他共に認めるファイター（闘志家）である。旧態依然とした日本映画界、そして彼の映画製作を阻む権力と闘いながら傑作の数々を創った改革者でもある。黒澤映画の主人公のような侍が大島であった。しかし『御法度』の後、闘い止んで火が消えていくように家族に見守られながら二〇〇三年に亡くなった。享年八〇であった。

その悲しみは彼の死というだけではなく、日本映画界から黒澤明亡き後、唯一であろう国際的な日本人監督が去ってしまった悲しみでもあった。

買い付け仕事の限界

買い付けは私一人の判断では決められない。『ラストコンサート』、『グレートハンティング』三作のヒット以後、イタリア映画界は私にファーストルックの優先権をくれることになった。出来上がった映画を他社に先駆けて観る権利であるしかし本社がノーと言えば買いたい作品も涙を呑んで諦めざるを得ない。

典型的な例はライバル配給会社で大ヒットとなった『サスペリア』（一九七七年）である。詳細は『ゾンビ』の項で書いているように、この映画がイタリア映画人の間で話題騒然となっており私は他社に取られない前に買う交渉を始めセールス会社と仮契約書の作成もしていた。しかし本社から買い付け交渉ストップの命令である。それはストーリーや写真から判断すると余りインパクトのない映画との意見なのだ。私の意見は無視されている。ヒットを信じていた私はセールス会社を説得して他社に見せないように頼み、プリントを本社にも送って上司たちに見せたにも拘わらずノーの返事であった『テンタクルズ』後私の買い付け映画の〝勘〟の評価が落ちていたのだ。私は恥を偲んでセールス会社に仮契約書破棄を申し出た。そして『ラストコンサート』、『グレートハンティング』等の日本でのヒットで築いたイタリア映画界の私のディストリビューターの評判はガラガラと崩れ去ってしまった。

次の二作はどうしても買い付けをしたかった映画であるが、上司の反対で買いを断念した映画である。そして二作品ともオスカー賞を総なめしている。

『ラストエンペラー』（一九八九年、ベルナルド・ベルトルッチ監督）

まず製作順に『ラストエンペラー』から始めよう。

私は中国最後の皇帝、愛心覚羅溥儀の自伝『我が半生』を読んでいた。波乱万丈の悲劇の家族物語が日本人の琴線にふれたのかベストセラーになっていたように記憶している。また皇帝の娘（実際には弟の娘）である愛新覚羅慧が日本男性と心中し天城山心中事件として新聞雑誌で話題になってもいた。その最後の皇帝溥儀の自伝を基にした映画企画を親友でもあるプロデューサーのジェレミー・トーマス（『戦場のメリークリスマス』プロデューサー）が開発していた。そして彼から日本配給権の先買いか合作映画をしてくれないかと要請があった。要請と言うより泣きである。製作費集めが難産を極めていたのだ。

当時の英国では中国映画企画は投資家にはご法度であった。それも製作費三〇〇〇万ドルの大作である。そこでジェレミーは中国皇帝のストーリーは隣国である日本では興味があるではないか。日本の配給会社が先買い又はマイナーな共同プロデューサーとしての合作映画に乗ってくれれば仏伊の投資家は安心するであろうとの思惑である。

監督のベルトルッチの『ラストタンゴ・イン・パリ』（一九七二年）は欧州映画界を揺るがす衝撃作であった。映画も大ヒットし批評家は彼の前にひれ伏したのだ。そして彼の映画には仏伊のテレビ局が損も覚悟で投資をしてきている。しかしこの企画は桁外れな大作である。その上に有名スターも出ていない。日本かアメリカの配給権利の先売りが製作のゴーサインには必要であったのだ。アメリカは当時の映画界常識では中国映画は買わない（反中国映画はオーケーである）。まして大作なのでディストリビューターは数一〇〇万ドルの配給権利金を払わなければならない。アメリカの次にメージャーな国は日本であったのだ。

筋金入りのマオイスト（毛沢東信奉者）であるベルトルッチに中国政府はこの企画のサポートを全面的にすると言う。中国のシンボルである元皇帝宅、紫禁城を始めて撮影場所に使う許可も得ている上に中国の映画人スタッフを含む国営ＣＦＧＣ（中国映画撮影公司）が無料での全面協力をするとの好条件である。

早速彼の書いたシナリオを読むと素晴らしい。さすが天才監督ベルトルッチの書いたものである（マーク・ペプロー他との共同執筆）。特に幼少時から母親代わりであった乳母とのエピソードは涙をそそられる感動的なものである。そのストーリーのオープニングシーンはお払い箱になり、去って行った乳母を求めて幼少皇帝が汚れた服に着替え紫禁城から密かに門際の秘密のトンネルを通って城外に出る。初めて見る街は道路に張り出した食品雑貨マーケットの呼び込みで活気を呈している。お腹を空かした彼は果物を屋台から取って食べようとした途端に屋台主から汚い小僧と叱られ首を摑まれ道路に放り出されてしまう等々の体験後やっと乳母に出会う。しかし彼女は既に結婚し赤ん坊にお乳を飲ましている。乳母は優しく左の乳を開けて皇帝にも飲ませるのだ。

このシーンは劇場映画版ではカットされている。それは幼少皇帝とピーター・オトゥール演じる教育係との関係や皇室と中国、そして日本政府との政治関係をストーリーの軸にしたからであろう。

素晴らしいのはシナリオだけではない。監督のベルトルッチとプロデューサーのジェレミーが詳細なストーリーボードを私に見せながら語る映画の内容の豊かさに、豪華絢爛な衣装とプロダクションデザインの素晴しさ。そのうえベルトルッチのこの映画にかける情熱が痛いほど伝わってくる。『ダンス・ウィズ・ウルブズ』のケビン・コスナーがロスでストーリーボードを語る企画への意気込みと全く同じなのだ。また私はジェレミーと創った大島渚の『戦場のメリークリスマス』時の体験を懐かしく思い出していた（製作年代は『ラストエンペラー』が一年先だがコスナーとの出会いはベルトルッチとの出会いの前であった）。

映画の出来はシナリオの質と監督の情熱で決まる。そして監督は天才のベルトルッチなのだ。先買いがリスクであれば共同製作にすれば日本でヒットしなくとも世界中からの収益が見込まれる。

私は早速上司説得の材料として膨大なプレゼンテーションをジェレミーと作り本社に送ったが梨のつぶてである。上司が日系アメリカ人になって以来買い付けのシフトがアメリカ映画購入に変わってきたのだ。

しかしこの映画のヒットを確信している私はカンヌ映画祭時にも上司とベルトルッチ、ジェレミーとの夕食ミーティングをアレンジしたりと買い付け説得に奔走していた。しかし結果はノーであった。中国政府と日本政府のしのぎ合いの政治色が絡むシナリオは一般観客用ではない。中国で撮影される映画は共産党讃歌になるに違いない。そのうえスターが出ない高い製作費のアート映画であると切って捨てている。それだけではない。私が余りにもこの企画にのめり込んでいるのは監督かプロデューサーと性的関係があるのではないかとの疑惑も仄めかされた。日本いや世界中の女性会社員が上司から受ける屈辱である。

私を信頼してライバル会社へのアプローチを待っていてくれたジェレミーとベルトルッチに泣く泣く断わるしかなかった。しかし私の企画への情熱を買ってくれたジェレミーはその後彼の映画の日本配給権は私に最初にオファーしてくれたのだ。そして二人の信頼関係は私自身の映画製作会社NDFジャパン設立第一作『裸のランチ』の共同製作と繋がっていく。

『ラストエンペラー』は東京映画祭のオープニング映画に選ばれた。そのプレミア試写会に出席した私が吃驚したのは映画を見に来た観客が会場を二重巻きにするほど長蛇の列で待っていることであった。日本一の産婦人科医師と言われていた私の子供の出産医も超多忙なスケジュールにも拘わらず辛抱強く並んでいる。中国の話は他人事でない。自国の話のような日本人の琴線にふれるのではないか。それも最後の皇帝の数奇な運命は心躍る話である。それが映画観たさに朝早くから試写を待つ観客の長い列となったのだろう。最後の皇帝はトム・クルーズ並のマーケットバリューであったのだ。外人のジェレミーが日本人の観客の嗜好を予測した通りである。

映画買い付けには自国の社会、政治の動静を把握することで観客の嗜好が感知出来るのだ。そして映画が三度の飯より好きでなければ買い付けはハリウッドのメジャースタジオ映画が捨てたB級アメリカ映画購入係りと化す。

上司がヒット絶対なしと決め付けた映画は世界中で大ヒットとなった。日本でも大ヒットである。そのうえにアカデミー賞で九部門にノミネートされ、作品賞、監督賞など九部門の受賞である。英国映画では歴史的な出来事として映画史に刻まれている。

『ダンス・ウィズ・ウルブズ』（一九九〇年、ケビン・コスナー監督・主演）

企画のオファーは通常インターナショナル・マーケットに映画を売るセールス会社かプロデューサーからくる。しかしこの企画はケビン・コスナー側から直接私のもとにオファーがあった。私の友人のプロデューサーが私をコスナーに推薦してくれたのだ。

コスナー監督、製作、主演の企画である。ライターは無名であるがシナリオを読み始めるとランチを食べるのを忘れるほど素晴しい。ウエスタン映画であるが、今までのジョン・ウェインに代表されるウエスタン映画と一八〇度異なるユニークなウエスタン映画である。それは今までのウエスタン映画では描かれなかった二〇世紀のアメリカの良心と過去に殺戮をしてきたアメリカンインディアンへの贖罪をインディアンに改宗する白人兵士の視点から描いているからだ。その上にコスナーの新しい家族となるインディアンたちとの暖かい交流にコスナーがインディアンとなっていく過程は〝意識変遷の過程〟のベスト映画とも言える。

ストーリーは白人兵士がアメリカ先住民に助けられ彼等と生活していくうちに彼等が家族となっていく。そしてアメリカ軍が襲ってきた時には白人兵士のアイデンティティーを捨てインディアンたちと共にアメリカ軍と闘い、殺戮を逃れた残りのアメリカ先住民と共に山岳に逃れていくのだ。

主演はコスナーだが、インディアンたちも準主演である。シナリオを読んだ後にコスナーがこの企画を私のようなインディーのプロデューサーにオファーしてきた意図が理解出来た。メジャースタジオ映画になると、シナリオはアメリカ軍と白人兵士としての視点から描くように要求される筈だからだ。

この企画の配給権先買いには幾つかのハードルがあった。先ずウエスタン映画である。そしてコスナー初監督映画なのだ。そのうえ彼の出演する映画の多くはこれまでライバル会社が買っている。当時の日本映画界のエチケットとして、他社が独占的に買っている映画には手をつけない慣行があった。しかし断わるにはもったいない企画である。逡巡している間に他の用事でロスに行くことになり、そこでコスナーとミーティングをすることになった。当時の彼はこの映画の大ヒット前であったが、それでも超有名なムービースターであった。しかし住んでいた田舎からわざわざロスまで日本の一ディストリビューターに会いに来て企画をピッチする彼は気迫がこもっている。私はこの映画に賭ける彼の情熱に打たれた。彼の絵コンテ（ストーリーボード）は今まで見た中で最高のものである。詳細な説明にコスナーのコメントがあちこちにちりばめられている。その中にはウエスタン映画の傑作『赤い河』（一九四八年、ハワード・ホークス監督）で数千頭のバッファローが土煙を巻き上げて荒野を疾走するシーンを彷彿とさせる迫力ある絵コンテもある。そして既に五千頭のバッファローを集めているとのことであった。しかし私の上司は「バッファローが何頭スクリーンに出ようが観客は観に来ない」。私を信頼して他の会社にはオファーをしていなかったコスナーに断わらなければならなかった

映画はオスカー作品賞を受賞しただけではなく、ライバル会社配給で日本でも大ヒットとなったのだ。

私の勤める配給会社は『ラストエンペラー』に『ダンス・ウィズ・ウルブズ』というオスカー受賞

作を逃しただけではなく、収益と共同プロデューサーであればオスカー受賞式で大きくクレジットに会社名が出る名誉も逃したのだ。

買い付けに大切なのは勘と経験から培ったマーケット知識にスピードである。次にプロデューサー、そしてセールス会社との信頼関係である。ファーストルックという、最初に映画を見る優先権をくれた彼等にノーを繰り返すとその関係が壊れてしまう。最もダメージを受けるのは自身の勘を疑ってしまうことだ。私は大会社の下で買い付け前線で働く限界を感じ始めていた。

さらに映画買い付けの情熱も減退してきていた。また私のヨーロッパ総代表、副社長のポジションが会社内で脇に押しやられかけているのを感じてもいた。しかし未婚の母として子供を抱え仕事をしている現実では、二〇代前半のように辞表を出す訳には行かない。不満を抱えながらの仕事は出口無しの暗いトンネル内でもがく鼠になったような心境であった。何とかトンネルから出なくては自滅してしまう。眠れぬ夜が続く数か月後に、自身で決断出来る配給会社を作るか、製作会社を作るか、二つのオプションを考え図面にしてプラスマイナスのリストを作成した。配給会社設立案は直ぐに消えてなくなった。極小配給会社では買いたい映画は高くて買えないジレンマがある。そのうえ他人の創った映画を買うより映画製作の方に情熱が湧いてきていた。イタリアの映画学校に入学したのもインターナショナルプロデューサーを目指したからである。その結果、製作会社を作る案となったのだ。

自身で企画を開発しライター、監督、投資家たちと話し合いながら映画作りをする創作の過程はスリリングである。しかし当時、女性プロデューサーは世界的にもゼロに等しい状況であった。ハリウッドのパラマウント映画社ＣＥＯ、プロデューサーのシェリー・ランシングのほか二、三名だけであったように記憶している。しかし私は、プロデューサーは女性に合っている仕事であるとの確信があった。製作の過程は出産と似ているからだ。では自分の製作会社を創ろう。

しかしまず世界の映画業界に通用するプロデューサーのノウハウを勉強しなくてはならない。私はプロデューサーになる夢を友人であるデイヴィッド・パットナム卿に話し、製作したい映画企画書に自身で書いた長いシノプシス（梗概）を彼に送った。そのストーリーの骨子は、息子をヒントにしたアメリカ男性と日本女性との間の混血の少年が、日本人かアメリカ人かのアイデンティーを求めて旅をするカミング・オブ・エイジ（大人になる過程）映画である。

パットナムは世界一のインディープロデューサーであったが、当時の彼はコロンビア映画の会長になったばかりであった。コカ・コーラの会長が買収したばかりのコロンビアにパットナムを抜擢したのだ。企画のストーリーをパットナムは新鮮との解説付きで直ぐに二〇万ドルを開発費として出してくれることになった。配給会社を首になっても二、三年は子供と路頭に迷う心配もこれでなくなったのだ。

企画は最終的には陽の目を見なかった。アメリカのライターが書いたシナリオがハリウッド映画に通用する水準ではなかったのだ。しかし製作のノウハウは習うことが出来た。このノウハウの知識を得たことで、自身の製作会社を創る夢の実現に少しずつ近づきつつあるのを肌で感じていた。

傑作である二本の映画の買い付けを上司のノーの一言で断念しなければならなかった無念さがディストリビューターの仕事を辞めるきっかけとなり、私自身の映画製作会社設立につながっていったのだ。私を袖にした上司が私の夢の実現の後押しをしてくれたのだ。アイロニカルではなかろうか。

日本ヘラルド映画宣伝部成功の秘密

自身の制作会社を立ち上げるプロセス云々について書く前に、私が一七年ほど勤めていた、日本ヘラルド映画の宣伝部を紹介したい。私の買い付けた映画のヒットの多くは、パワー溢れるヘラルド宣伝部に負うところが大であるからだ。これは私の日本ヘラルド映画宣伝部へのオマージュ（賛辞）である。

映画のヒットには三要素が必須条件である。先ず（1）目利きが選んで買い付けた映画、（2）宣伝、そして（3）公開のタイミングである。特に買い付け作品の質と宣伝はコインの両側として上手く稼動して初めてヒットするのだ。

日本ヘラルド映画が日本の映画配給市場で次々とヒットを飛ばした成功の秘密を、手前味噌（？）も含めて書こう。

ヘラルド映画宣伝部の手腕は当時業界で伝説となっていた。秀作、駄作も含めて買ってきた映画を宣伝マンが一体となってメガ強力宣伝コンベアーマシーンに乗せていく。それは掘り当てたばかりのラフなダイヤモンドを綺麗に磨いて高価に売る宝石商人の手腕とでも言えようか

『ラストコンサート』や『グレートハンティング』等、安く買ったヨーロッパの小作品をヒットさせたのは他社には出来ないようなオリジナルで太っ腹なアイデアで勝負するからである。

ここでその一例を紹介しよう。

チャップリンの項で書いたように、ジャーナリストにファンたち総勢一五人程をスイスのチャップリン邸に招待したことなどは序の口である。

私が買い付けた映画『カサンドラ・クロス』、『グレートハンティング』や『ラストコンサート』の映画宣伝キャンペーンの豪華さは後にも先にも無いのではなかろうか。宣伝部は三作品の現地試写会との謳い文句で、一般観客やジャーナリストたち、そして映画館主総勢一〇〇人をローマ、パリに招待する大キャンペーンを張ったのだ。このジャンケットのハイライトは大作『カサンドラ・クロス』を観せることである。ヨーロッパ映画としては大作だがアメリカ映画には適わない。そこでこの映画をヒットさせる戦術として、ヘラルド宣伝部はアメリカ公開前に世界マーケットで初めての〝日本プレミア公開〟をすることにした。七〇年代後半当時でも数千万円の宣伝費をかけた企画である。私はヘラルドヨーロッパ総代表としてこの宣伝プランを実行しなければならない。余りのプレッシャーで夜中に突如ベッドから起き上がり仕事を続ける日々であったが、何とか一〇〇人がローマに到着する日には全てのプリントも無事に届き試写のスケジュール作りが出来上がったのはこの章で紹介した通りである。

チネチッタ撮影所での『ラストコンサート』『グレートハンティング』に『カサンドラ・クロス』試写後は、ジーナ・ロロブリジーダ等の有名スターを呼んでの夕食会である。ローマの町が一望に見えるイタリアナンバー・ワンの豪華なレストランを借り切り、野外大パーティーをしたのだ。そして世界初公開の『カサンドラ・クロス』、そして『グレートハンティング』、『ラストコンサート』は前述したように日本で大ヒットとなった。

宣伝部は買い付けた駄作もヒットさせる〝義務〟の役目を負っている。私が買い付けた超駄作パニック映画『テンタクルズ』をヘラルド宣伝部は六〇〇〇席の武道館で大音響システムを使い試写をしたのである。宣伝の効果は大であった。映画は何と日本一の映画館であった有楽座で公開されたのだ！　興行成績は大ヒットではなかったがまあまあの成績であった。宣伝部のお陰で私は解雇される心配も無くなりホッと胸を撫で下ろした。

宣伝とはサーカスと似ているのではないか。テクニックを使って観客を煙に巻き信じさせるのである。


ヘラルドは配給会社の草分けである東宝東和に較べて新興勢力である。当時ヘラルドが日本のマーケットで次々とヒットを飛ばし老舗の東宝東和を追い越す勢いになると、保守的な映画業界からやっかみも含めて非難、悪口の対象になってきていた。その主なものにオーナー古川家が名古屋出身なので〝田舎者〟というレッテルである。しかしアイロニカルなのは、新興そして田舎者は素手で勝負出来る強みがある。新興勢力は戦さに勝ち続けなくては生き残れない。その闘いの為には日本映画界を覆っていた偏見や伝統、そして女性／男性のジェンダーにもこだわってはいられないのだ。新しいアイデアと会社丸ごとパワーで勝負していく。タレントがあれば若い女性もキャリアを築けたのである。私が三十代前半でヨーロッパ総代表兼副社長になれたのも、イタリア映画学校出身で欧州映画に詳しい経歴を買ってくれたのだろう。

またヘラルドは配給会社で映画製作を始めたパイオニアでもある。それも黒澤明の『乱』を筆頭に、

『デルス・ウザーラ』、前述の『戦場のメリークリスマス』、そしてアニメ製作もしている。それらの映画は全て秀作揃いである。

六〇年代から九〇年代まで日本映画界の革新に大きく貢献したのがヘラルドであろう。いや日本映画界だけではなく世界映画界にも貢献している。私がディストリビューターであった時代は日本の買い付け金額が一〇〇万ドルを越す映画はざらであった。（『ロード・オブ・ザ・リング』トリロジー三部作でヘラルドは日本だけで配給権を一八〇〇万ドルで購入し、映画界で話題となった）。私たち日本のディストリビューターはインターナショナル映画界でトップ・オブ・ザ・ゲーム（頂点に立つ）のプレーヤーと尊敬されていた。その貢献の多くはミラクルワーカーの宣伝部に負うところが大であったのだ。しかしその日本ヘラルド映画社も二〇〇五年、角川グループホールディングスに買収され会社の名前は消滅してなくなった。そして今では日本の外国映画買い付け業界は地盤低下してしまい〝ジャパン〟は世界マーケット地図の片隅に小さく載っているだけの存在となってしまった。

第5章● ヘラルド・ポニー会社設立

ビデオカセット日本配給権の買い付けは私がパイオニア

私がローマで配給会社日本ヘラルド映画のヨーロッパ総代表として買い付けを始めた経緯はヘラルド・ポニーの設立とリンクしている。

ではここでフラッシュバックの手法を使い日本ヘラルド映画、そしてヘラルド・ポニーに入社しローマのヨーロッパ駐在員となる経緯を書くことにする。私の夢の実現である、インターナショナル映画界の土俵に上がりインターナショナルプロデューサーになる第一歩の孵化期間がヘラルド・ポニーでの仕事であったからだ。

私はローマの映画学校ストライキ直後に急遽日本に戻ることになった。それは父が病で倒れたことに加え、お金も尽きてしまったからである。ローマに残り映画界で働く夢は無残に消えてしまった。将来のことを考えると暗いトンネルの中にいる状態である。しかし有り難いことに帰国直後、テレビのディレクターから音楽番組のアシスタントディレクターのオファーがあった。映画界ではないがテレビも映像の世界である。

張り切ってテレビ局に出社すると、先ず歌手の洋服のアイロンかけを要求された。次にはキューを出すだけの仕事である。アシスタントディレクターなる立派な肩書きは実ははハウスキーパーと同意語であったのだ。

そのうえ日本全国のテレビ局で女性のディレクターが二人ぐらいしかいない女性差別業界でもあった。テレビ局での仕事に嫌気が差した私は将来の当てもなかったが二週間で退職してしまった。

私はローマの映画学校生時代に映画雑誌『キネマ旬報』にイタリア映画の監督たちの記事を執筆していた。そのよしみで、『キネマ旬報』の当時の編集長であった白井佳夫氏の紹介を得て外国映画の配給をする日本ヘラルド映画に入社した。

日本社会の習慣を心得ない私は、日本ヘラルド映画社長との面接にお尻が見えそうなミニスカートを穿いて出かけてしまった。ありがたいことに社長はユーモアのセンスのある方で、私のミニスカートから見え隠れするお尻を見て面白そうに笑ってくれたのだ。そして入社が決まった。

配給会社社員は皆映画が好きで入社している人たちである。そして社会的には外様である。私は直感で配給会社の環境は私の感性に合っていると感じていた。夢のゴールである製作ではないが、映画の買い付けはローマの映画学校で習った知識も役立つからだ。映画の買い付けで観客の嗜好が分かるうえに、世界の映画人とのネットワーク作りが出来る。これは将来プロデューサーになった暁には強力な武器になる筈ではなかろうか（買い付け映画の詳細は第4章参照）。

しかし勇んで出社したのは良いが、私の仕事は欧州の現地買い付け会社とコンタクトするだけのデスクワーク仕事であった。徐々にフラストレーションが溜まってきていた。

思い余った私は八か月後退職を決意する。そして休暇を取り再びローマに行くことにした。映画製作会社への就職活動の目的である。

私はローマの映画学校出身である。プロダクション・アシスタントの仕事があるのではないだろうか。しかし直ぐに厳しい現実に直面した。第一の障害は女性であること。製作会社にプロダクション・アシスタントとして入社を希望するのは男性ばかりである。当時イタリアの映画界でも女性プロデューサーは一、二人しかいなかったのではないだろうか。彼等は大金持ちの娘か、パワフルなプロデューサーの夫との共同製作者であった。そのうえ私は外国人である。イタリア語も現地人に較べたら劣る。プロダクション会社の入社は狭き門どころか、門が閉ざされた業界であったのだ。また、リベラルで左翼を標榜する映画界にも拘わらず人種差別が存在していた。学生時代には感じなかった差別が現地人と競って働く場所では厳然としてあるのだ。日本人であっても黄色人種として一段下に扱われる。海外の映画界で働く夢は無残に泡と化した。

私はすごすごと日本に戻ってきた。レター書きだけの仕事を続けるしかないのだろうか。お金も使い果たし将来の当てもない状態だが、生来楽観的な私は第六感で少しずつ世界の映画界で働く夢に近づきつつある予感を感じ取ってもいた。

会社を辞める意思を上司の一人に告げると、その上司は何と私に新会社の重役の仕事をオファーしてきたのだ。それがヘラルド・ポニーであった。

アメリカで話題になっていたビデオカセットの日本マーケットを見越して、フジサンケイグループの総帥である石田達郎（フジテレビ&ニッポン放送社長）、愛称石田のおじさんが日本初のビデオカセット会社を設立したのだ。音楽会社ポニーがカセット販売、そしてソフトの日本配給権を買い付けるのがヘラルド・ポニーである。社長は石田達郎、そして副社長はヘラルドエース社長原正人で、唯一の社員兼重役の私の三人だけの会社である。ヨーロッパ映画のビデオカッセットの買い付けが私の仕事である。早速ビデオカセット用にイタリア、フランス映画名作の買い付けのためローマとパリに行くことになった。

フランスでは過去の名作八作を買い付けたのだが、その中に『太陽がいっぱい』（一九六〇年、ルネ・クレマン監督）が入っていた。プロデューサーの要求額は二万ドル（現在のレートでは五万ドル）であったが、最終的には三〇〇〇ドルで買い付けた。さらに一五〇本の短編ドキュメンタリーを五〇〇〇ドルで買い、一躍タフネゴシエーターとの噂が流れ、石田達郎から信頼されることになる。

実はタフでも何でもなく、ヨーロッパの映画界では未だビデオカッセットマーケットは存在しておらず、プロデューサーたちは日本マーケットだけのカセット販売は劇場映画マーケットを侵食することもない。それで安くとも早く売ってしまおう、との思惑であったのだ。

その後石田達郎からの信頼を得て私はヘラルド・ポニーと日本ヘラルド映画のヨーロッパ総代表としてローマに駐在することになった。ヘラルドには劇場映画、ポニーにはビデオカッセットと音楽著作権を買い付ける仕事である。ヘラルド・ポニーは念願のインターナショナル映画界の土俵に上がる第一歩のチャンスを私に与えてくれたのだ。

フジサンケイグループ総帥鹿内信隆死後、グループの総帥となった鹿内春雄と石田達郎はエンターテインメント業界はアバウトでなければ成功しない。官僚社会の弊害を壊せるのは〝アバウト精神〟（注：四角四面の反対の思考又は理念）なるフィロソフィーを提唱しアバウト会を創った。そして私も会員の一人に入会を〝許された〟のだ。石田のおじさんが若い女性の私を信頼してヘラルド・ポニーの仕事を任してくれたのも、私の中にアバウトのキャラをみてくれたからではないだろうか。

フジサンケイグループとの関係は石田のおじさん亡き後も続き、フジテレビ社長／ポニーキャニオン会長の羽佐間重彰に受け継がれ、私がＮＤＦジャパンを一九九二年に設立した際には株主として、そして一九九五年のＮＤＦインターナショナル設立時には製作資金ファンド投資家になってくれたのである。

第6章 NDFジャパン製作会社設立（一九九二年）

オスカー受賞作製作そして私が拘わった映画三作とそのエピソード

私の最終ゴールはインターナショナル・プロデューサーになることである。前述したように買い付けの限界を感じてきた私は、経験で培った嗜好で映画製作を創る夢の実現を目指し始めた。しかし当時の映画界でインターナショナル・プロデューサーになるにはハリウッドのメジャー・スタジオか大手映画会社のヘッドになるか、または自身の会社を作るかのどちらかであった。

前者は外人女性でプロデューサーでもない私には全く手の届かない夢また夢の世界である。当時ハリウッドの映画界でも女性プロデューサーは二、三人しかいなかった。それだけではなく、メジャー・スタジオでは私の作りたい映画を作ることは出来ない。プログラムピクチャー（商業映画）製作が主なマーケット至上主義であるからだ。

しかし自身の製作会社なら出来るのではないだろうか？　プロデューサーのノウハウはコロンビア映画会長のデイヴィッド・パットナムからの企画開発基金で勉強は出来たが、会社経営のノウハウはゼロである。どのような戦略で製作会社設立が実現するのか？　私はロンドン住在の一日本女性配給会社員である。プロデューサーでもない。信頼しろと頼む方が無理であろう。しかし今まで不可能と思われたローマの映画学校留学、そして映画配給会社ヨーロッパ総代表、女性副社長も何とか実現出来た。三度目の正直で今回も確固とした鉄の意志を維持していけば実現出来る筈ではなかろうか。また目標に向かってのチャレンジは、苦しくともアドレナリンが湧きエキサイティングなことである。

まず子供を学校に送った後、ジョギングをしながら戦略を頭の中で作り始めた。ジョギング中は集中して考えられるからだ。その上で会社経営の勉強を始めた。そして出てきたアイデアが、一株一〇〇〇万円株主オファーである。一〇〇〇万円であれば会社はオーケーし易い筈でないだろうかとの思惑である。そして株主の〝権利〟は、私の会社が将来製作する英語映画に投資家として乗れることである。

正式社名は NIPPON FILM DEVELOPMENT FINANCE INC. としたが長いので通称ＮＤＦジャパン、又はＮＤＦと呼ぶことになる。

家族の紹介でまず住友商事にアプローチをした。駄目で元々と言い聞かせながら担当者に会いに行き、情熱を込めた私のピッチ（プロモーションの説明）が終わると、椅子から立ち上がった担当重役は何と三〇〇〇万円株主を約束してくれたのだ！

彼らは当時映画界進出を狙い、映画会社を買うつもりであったらしい。ハリウッドの会社買収には莫大な資金が必要であるうえに成功の約束も無い。そこに日本の会社ではあるが、英語映画を外国の映画会社と共同製作するプロダクション会社の株主オファーが入って来たのだ。彼らは映画界進出の手始めにＮＤＦジャパンの株主投資で勉強をして見ようとの思惑であったようだ。住友商事は私の会社への投資から設けを期待していなかったことも幸いした。それは当時日本経済界で文化に貢献する〝メセナ精神〟が流行していたことと、社員のリクルートが目的である。映画部門を作ることでクールな会社のイメージが出来、優秀な学生を雇用出来るからだ。また時が味方をしてくれた。八〇年後半から九〇年のバブル経済で日本企業はＮＤＦジャパンのような小会社の株主ファンドに投資する余裕があったのだ。

住友商事が投資家として乗ってきたメリットは大であった。直ぐにバンダイ、横浜銀行、日本ヘラルド映画、ヘラルドエース、ポニーキャニオン、イマジカそして東京海上火災保険等、大手の日本企業が次々と株主になってくれ、映画製作会社ＮＤＦジャパンが発足したのである。

そして私の要請で住友商事は『ハワーズ・エンド』に映画投資をしてくれたのだ。彼らの期待無しの〝レッスン〟料が『ハワーズ・エンド』で投資額の数倍の儲けがあっただけではなく、映画が九つのオスカー候補になり、オスカー受賞式で見せるノミネーションクリップではクレジットで投資会社の名前が大きくスクリーンに出た。ニューヨークの住友商事事務所には多くのクライアントから「オメデトウ、素晴しい映画だ」との賞賛の電話があり、会社の国際的な名声が上がったメリットもあったのだ。無名の女性である私を信頼して最初に株主になってくれた住友商事の恩に報いることが出来たのである。

インターナショナルな映画製作会社としてはＮＤＦは極小会社である。しかし日本屈指の企業が株主である。ハリウッドからも注目を浴び有名監督の合作、共同製作の企画オファーがアメリカの大手の製作会社から続々と入ってきた。当時の映画界では、アメリカも含めてエグゼクティブ・プロデューサー（ＥＰ）が開発の段階から基金を出すような会社は皆無であった。私のロンドンの小さいオフィスには世界中からＮＤＦ詣での映画人がやってきた。しかし内実は全くのバブル張子の虎である。世界の一流映画製作会社は何千万ドルの製作ファンドを持っている。ファンドが無いとやりたい映画製作にゴーサインが出せない。ＮＤＦには製作ファンドはゼロに近い。そこで投資家たちにピッチ（プロモーション用説明）した如く、戦略としてとったのは、（１）英語映画、（２）ゲリラ手法、（３）世界的に有名な監督の企画を捜し数社を引き込んでの共同製作、（４）ヒットし易い時局的で社会性のあるテーマを持つエッジー（尖った）な商業映画それはアート映画と一般観客用映画のボーダーライン映画製作である。

（３）の一流監督の映画には、インディーの低予算映画でもハリウッド映画には何百万ドルの出演料を取るムービースターが出演をしたがる。オスカー受賞の対象となるからだ。（４）は戦略だけではなく私の会社設立のフィロソフィーである社会的なテーマをエッジーに描く映画創りである。そのような映画は批評家に注目され、低予算映画でもヒットが予想される。そのベストの例が『クライング・ゲーム』である。

その他に会社存続戦略の一環として、私は共同プロデューサーに彼らの三倍のプロデューサー料を請求した。その見返りとして私が開発した企画でも自分の〝プロデューサー〟クレジットを返上して、共同プロデューサーに華を持たす戦略である。私のゴールは映画界で生き延びることなのだ。映画製作のメリットの一つは映画のコピーライトと永久権利（配給権を含む）を確保出来ることである。映画がヒットすれば永久に世界からの収益が見込まれる。タイトル、クレジット等は必要ない。〝花より団子〟である。その戦略はNDFジャパン後に設立したNDFインターナショナルにも受け継がれ、今ではNDFジャパン（一九九二年設立）とNDFインターナショナル（一九九五年設立）を加えると三〇年以上の会社存続である。いまや英国製作会社としては最も古い製作会社の一つとなっている。それは私の誇りの一つでもある。

さあプレイゲーム、映画製作開始である。

NDFジャパンの第一回合作映画
『裸のランチ』（一九九二年、デイヴィッド・クローネンバーグ監督）

『戦場のメリークリスマス』で一緒に仕事をした戦友ジェレミー・トーマス（『ラストエンペラー』プロデューサー）製作である。原作はビートニック時代のヒーロー、ウィリアム・バロウズ。スペシャルエフェクトの費用が嵩むこの企画は、製作費が二〇〇〇万ドル弱であった。英国映画としては異例の高予算大作である。そのうえ有名なムービースターも出演予定がない。投資家はリスクのあり過ぎるこの映画に興味を示さず、暗礁に乗り上げていた。

私がNDFジャパンを設立したのとほぼ同時に、親友のトーマスから助けて欲しいとの要請があった企画で、それに答えて製作に乗ったのである。彼には借りがあった。第4章で前述したように、『ラストエンペラー』を最初に私にオファーしてくれたにも拘らず、上司の反対で買えなかった経緯がある。今回は私が決定権を持っている。

またこの企画には、当時世界で一〇人の有名監督の一人と言われていた、デイヴィッド・クローネンバーグが監督としてついている。渋いキャストであるが、ウィリアム・バロウズの名前はAクラスのスターほどの価値がある。またユニークなスペシャルエフェクトシーンの数々はハリウッドのメジャースタジオで公開される可能性大である。NDFジャパン設立初作品としては国際的にも注目を浴びるであろう申し分ない映画なのだ。そのうえジェレミーにも借りを返せる良いチャンスでもあった。

しかし私はゴーサインを出す条件として、当社に有利になるあらゆるインセンティブ（有利な条件）を付けた。夢にまでみた自分の会社が映画界で生き残れることが出来る唯一の手段は、利益を上げ株主達の期待を裏切らないことだからだ。ありがたいことに難解な映画にも拘らず、公開されると日本がアメリカ、英国以上のヒットとなった。日本にはバロウズの隠れたファンが大勢いたことと、今まで見たことも無い独創性のあるSF映画であったのが若い観客に受けたのではないか。ヒットする映画とは思えなかっただけに、投資した金額だけではなく利益配分が入ってきた時にはホーッと胸を撫で降ろしたものだ。

そして次の英国映画で共同製作した『クライング・ゲーム』と『ハワーズ・エンド』が合わせて一五のオスカーノミネーション（候補）を受け、四つの受賞を得た。何しろ同じ年に『クライング・ゲーム』九つと『ハワーズ・エンド』六つのノミネーションは英国映画史上初めての快挙である。この二作の製作で私の会社NDFジャパンは一躍インターナショナル映画界で確固としたポジションを築くことが出来たのだ。氷河期と言われていた当時の英国映画界の状況を考慮すると、それは正しく神風旋風が私の会社の上に吹いてきたとしか言いようが無い。

　ここでＮＤＦジャパン成功の起爆剤となった『クライング・ゲーム』に『ハワーズ・エンド』の製作に携わった経緯、そして当時の英国映画界の状況を書こう。

　当時の英国映画界は〝氷河期〟であった。映画興行はハリウッドに席巻されており、英国映画界はハリウッドの植民地と言われていた。映画人の多くはハリウッドに〝移住〟してスタジオの撮影所で働くのを余儀なくされてもいたのだ。英国映画界の巨匠デイヴィッド・リーンでさえも、大作の英国映画『アラビアのロレンス』（一九六二年）等はハリウッドの資金でアメリカ映画として製作されている。一八四五年のアイルランドの飢餓から民衆が決起した〝ジャガイモ飢饉〟後に、アイルランド人がアメリカに大量移民した状況と似ているのではないか。

　その氷河をメルトダウンしたのがハリウッド大作映画の一〇〜二〇分の一程度の製作費で作られた両作品である。そしてハリウッド映画を差し置いてインディー映画としては最多とも言えるオスカー計一五のノミネーションを得たのだ。

　当時のオスカーはメジャースタジオに牛耳られており、インディーの映画受賞は稀の稀であった。いかに二作品がアメリカの観客とハリウッドにインパクトを与えたかの証拠であろう。そして二作品が英国映画復興の起爆剤となったのである。私のキャリアでも起爆剤となったのだ。

『クライング・ゲーム』(一九九二年、ニール・ジョーダン監督)

ＮＤＦジャパン設立後初のオスカー受賞作の一つである。しかしこの映画製作は難産を極めた。まず日本では殆ど知られていないアイルランドと英国の政治紛争をテーマにしたポリティカルサスペンス映画である。つまり通常の日本の興行概念ではヒットはゼロの企画なのだ。

私が製作する映画の基本的な条件は、日本でヒットする映画創りということである。それは日本の配給権を先売りし、それをコラテラル（担保）に使い残りの製作費を出す投資家を欧州で捜すからである。

では何故ヒットゼロの企画に携わったのか？　それは監督ニール・ジョーダンの並外れたタレントに賭けたからである。彼との友情は、私が日本配給権を買った彼の初期の映画『狼の血族』（一九八四年）が東京国際映画祭のコンペティション映画に選ばれ、彼が日本に来た時からである。処女作と言うこともあろうが、彼は東京に来られただけでも最高に嬉しいと大喜びで、ジャーナリストからの質問にはいちいち「このような答えで良いですか」と私にお伺いをたてるような初心な監督であった。それ以来仲の良い友人となったのだ。アイルランド人の彼はイギリス人の気質の一つである皮肉や気取りがない。そしてイギリス人やイギリス映画界大嫌いのアイルランド映画人なのだ。日本人の私を信頼したのか、または私の英国批判の意見を買ったのか、それ以後次回作の企画は先ず始めに私にシナリオを送ってきて意見を聞くことが続き、私はいつの間にか彼の私的アドバイザーとなって行った。そして私は彼の全作品の日本配給権を買ったのである。

ある日、ニールがどうしても私に会いたいのでロンドンに行くとの連絡があり私のオフィスにやってきた。次回作『クライング・ゲーム』の製作に携わって欲しいとの要請である。当時私はＮＤＦジャパン製作会社を作ったばかりであった。住友商事やフジサンケイグループ傘下のポニーキャニオンなど日本の大会社が株主とはいえ、全く小額の出資金である。

私は『クライング・ゲーム』のシナリオは読んでいた。トランベスタイト（女装愛好家）の英国女性／男性と、アイルランド共和国軍ＩＲＡのテロリストとのラブストーリーを軸にしたポリティカルスリラーである。アイルランドの政治状況は日本では誰も興味のないうえに、清純好みの日本の女性観客はトランベスタイトの歪んだラブストーリーは受け付けないのではないかとの危惧もあった。

ＮＤＦジャパンの乏しいファンドでは、無名の監督に無名のキャスト、そしてアイルランドの政治映画に資金を出す余裕はない。それに私としては、創ったばかりの会社の存命の為には『裸のランチ』のような有名監督の映画製作に携さわりたかったのだ。有名な監督の映画には有名なスターも主演をオーケーする。日本だけではなく世界中に売れるリスクの少ないビジネスである。『クライング・ゲーム』は全くの反対の映画である。彼にはこの映画の共同製作は難しいと断わるしかなかった。事情を説明した後にすごすごとアイルランドに戻っていくニールに、私は自分の無力さを感じていた。

その後二週間程して、今度は彼とこの企画のプロデューサーにエージェント、そのうえにフィルム4投資部門のヘッドが私のオフィスに嘆願にやって来た。余程のことが無い限りフィルム4のヘッドが一プロデューサーである私の小さいオフィスに来ることは考えられない。英国映画界のニールへの期待の大きさが窺い知れる。

彼ら曰く、「私が共同製作に参加しないとこの企画はワインスタイン（ハーヴェイ）にアメリカ配給権を二束三文で買われたうえに、彼の要求でシナリオを大幅に変えなければならない。ゲイ／トランスベスタイトのストーリーはアメリカの観客はアレルギーを起すとワインスタインが言っているからだ」。

それではストーリーのコンセプトそのものを変えなければならない。私は創作者を無視し金儲けしか考えないワインスタインのやりかた方に怒りが生じてきた。また彼らは私が共同製作に参加する条件として私がノーと言えない程当社に有利になるあらゆるインセンティブのオファーをしてきたのだ。

夜、再びシナリオを読むと、最初に読んだ時には気がつかなかったストーリーの骨子と精髄が理解出来てきた。

トランスベスタイトの英国女性／男性と北アイルランドのテロリスト男性との悲恋はアイルランドと英国との歪んだ政治状況（英国からの離脱を目指す北アイルランド共和国軍と英国軍との闘争）の比喩なのだ。『ロミオとジュリエット』アイルランド版とでも言えようか。その比喩のストーリーを土台に、観客があっと驚くようなアイデアを盛り込んだ商業映画でもある。そして一分もだれないピーンと張った緊張感溢れるストーリーは殆ど完璧に近いポリティカルスリラーでもある。私はこの独創的でセクシー、そして心を揺さぶるエモーショナル（感情豊か）なラブストーリーに感動していた。

ニールはシナリオライターとしては世界でもベスト・テンの中に入るほど上手いライターである商業性と政治、社会状況をバランスよく上手に入れ込んだシナリオは、英国映画の質を大きく上回っていた。

彼の映画は当時の英国映画の特徴であった〝キッチンシンク〟(台所映画)や、またはケン・ローチ映画のような社会の不公平/不正をストレートに弾劾・告発し観客が見るのが苦しくなるような暗い映画とは正反体である。

無名のキャストだけであるが、私が観客の嗜好をディストリビューターとして培った経験から、主人公のトランスベスタイト女性/男性がセックスシーンでミニスカートを脱ぎ、ペニスを見せる衝撃のシーンは世界の観客に受けるのではないかとの判断があった。

そして衝撃シーンを起爆剤として、観客は刺激性のある面白いストーリーに惹きつけられ。二時間の間、映画館で主演の俳優と一緒に旅が出来るベストの映画としてヒットの可能性があるのではなかろうか。日本でも女性はともかく、ゲテモノ好きな日本の男性観客には受けるであろうとの勘もあった。但しそのシーンを削除無しに日本で観せられなければならない。

検閲で削除、またはライトのボールなどで隠すのではインパクトのない映画になってしまう。私の元上司の日本の配給会社社長に相談すると、スクリーンの光のボリュームを低くするとシーンはカット無しで上映可能と言う。ではニールに賭けよう。日本のビジネスパートナーの反対を押し切りフィルム4と共同製作に同意した。そして奇跡の神風が吹いたのだ。製作費二〇〇万ドルの映画が、アメリカで公開されると何とアメリカだけで七〇〇〇万ドル、世界では一億ドルの興収利益を上げたのだ。私の賭けは大当たりである。

ニールは私が製作に参加したことでワインスティン無しで映画が出来たのを恩に感じ、素晴しい〝ラブレター〟を送って来てくれた。

製作の経済的なメリットの重要な要因の一つが、日本を含む全世界の永久配給権が得られることだ。共同製作の場合には投資額に応じて他のプロデューサーと世界からの収入を分けるのだが、日本の権利は百%私の会社の資産となる。『クラング・ゲーム』は三〇年後の今でも何処かの国での劇場上映、DVDセールス、テレビ放映などからの収益があり、毎月小額ではあるが収入が入ってくる。宝くじが大当りしたとでも言えようか（第8章「プロデューサーとは、そしてその役目」参照）。

収益があるだけではない。名誉も続々と入ってきた。映画祭での受賞である。特にオスカーでは六つのノミネーションを取り、ニールはオリジナル脚本賞を受賞した。

オスカー受賞式でニールは受賞するとは夢にも思わず、オスカーのプレゼンターが彼の名前を呼んだ時にはトイレにおり、もう少しでオスカー像を逃がすところであったのだ。彼の舞台でのスピーチ「ごめんなさーい。受賞するとは思っても見なかったのでトイレでゆっくりとおしっこをしていました。アカデミー会員に感謝しまーす」は冗談好きなハリウッド映画人がワースト（最悪）オスカースピーチの一つに選んでいる。

そして『クライング・ゲーム』はわが社を代表する映画となった。

監督のニールはこの映画で大ブレークした後トム・クルーズやブラット・ピットなど超ムービースターが主演するメジャースタジオ大作のハリウッド監督となる。英国映画監督ではなくなったのだ。しかし映画歴史の中でのニールのポジションはアイルランド映画の小作『クライング・ゲーム』監督である。皮肉ではなかろうか。

もう一つ皮肉なのは、英国映画のヒットが英国から優秀なタレントをハリウッドに輸出する手助けの片棒を担いでいることである。私たち小インディー英国プロデューサーは再びタレントのある無名の監督を見つけなければならないのだ。

『ハワーズ・エンド』(一九九二年、ジェームズ・アイヴォリー監督)

アイヴォリーはマエストロの一人である。アメリカの映画批評家たちから彼の映画ほど美しくエレガントな映画はないと絶賛されている監督である。しかし前述したように私はアイヴォリー・ファンではない。彼の映画には違和感がある。二〇世紀初めの英国上流、中産階級の人々を描く彼の映画は、英国社会の癌である階級制度を認知しているように思われるからだ(第4章「ディストリビューターとして買い付けた映画と、思い出深い映画」参照)。

そのアイヴォリー嫌いの私がこの映画を共同製作したのは友人でもあったプロデューサーのイシュマイル・マーチャントに監督のジェームス・アイヴォリーそして『クライング・ゲーム』の共同製作会社でもあるフィルム4のヘッドから懇願されたからである。『クライング・ゲーム』と同じケースである。また私がアイヴォリー映画への偏見から配給権を買わなかった『眺めのいい部屋』が日本でヒットした教訓からアイヴォリー映画のマーケットバリューを見直したこともある。日本にもアート映画マーケットにはアイヴォリー・ファンが大勢いたのだ。しかし最大の動機はソニークラシックがシナリオの段階でこれも信じられないような高額でアメリカ配給権を取得していたことだ。彼等はシナリオの質の高さだけではなく、一般観客も興味を示すであろうドラマ性とアメリカ人観客が好む英国の優雅さを高く買っていたらしい。ハリウッドのメージャースタジオが英国映画配給権をシナリオだけの段階で買うのは稀である。私の買い付けの経験からアメリカで上映されある程度のヒットがあれば日本でも当たる可能性は大なのだ。

早速シナリオを読むと面白い。二〇世紀初期の英国階級制度、そして社会が変遷していく過度期をブルジュアの家族に託して語るストーリーを英国映画らしいゆったりとしたスケールで描いているが、少しもだれず読む人を釘付けにするパワーがある。またアイヴォリー初のフェミニスト映画でもある。女性たちは強く、男性達は弱いエゴイストたちなのだ。

しかし当時は無名に近いエマ・トンプソン（オスカーでは主演女優賞受賞）にアンソニー・ホプキンスというキャスティングにも拘らず、製作費が馬鹿高い。要求されている共同製作の金額を回収するには、日本だけではなく世界の一般観客が映画館に駆けつける映画でなければならない。しかしこの映画は製作費の高いアート映画なのだ。

私はいったんは降りようと決めたが、それによって映画製作の目途が立たなくなった。それはフィルム4が英国配給権全てを取得するので、他の英国投資家は敬遠したからである。またまた『クライング・ゲーム』と同じケースである。私は罪悪感を感じていた。しかし最終的にはフィルム4と英国映画協会が損を覚悟で当社の投資のリスクヘッジをする条件に同意し、私はこの映画の共同製作にゴーサインを出したのだ。アイヴォリーはアメリカ人であるが彼の映画は英国映画界の誇りである。フィルム4も英国映画協会も半公共会社である。彼の映画に参加する義務があったのだろう。

完成した映画は素晴らしい。後にアメリカ人が感嘆したように優雅でエレガントである。そしてロンドンの春の淡い陽射しのカラーがストーリーに官能的な色合いを添えている。しかしインテリ好みの映画である。一般の観客が見る映画ではない。私はこの映画の製作に同意したことを後悔し始めていた。しかし『クライング・ゲーム』と同じく奇跡が起こった。九つのオスカーノミネーションに三つの受賞である。

ＮＤＦの二番目のオスカー受賞作でもある。ハリウッドの大作映画を差し置いて英国映画『クライング・ゲーム』に『ハワーズ・エンド』二作がインディー映画としては最多の六つと九つのオスカーノミネーションに四つの受賞を取ったのだ。二作はハリウッドの慣習を破る記念的な映画となったのである。英国映画史でも初の快挙である。私はその記念的な映画製作に参加出来た喜び、そして誇りと同時に、ＮＤＦジャパンが世界映画業界の地図の中に確固としたポジションを確立出来た安堵感を感じていた。またそれは私のプロデューサーとしてのポジションがインターナショナル映画界で確立したことを意味してもいたのだ。

英国メディアからも注目を浴びた。英国の代表的な新聞であるガーディアン紙が「氷河期であった英国映画界復興二作品の製作に携わった救世主は、英国人プロデューサーではなく日本人である。英国映画人はこの現状をしっかりと受け止めてグローバルな視点から映画製作をしない限り、英国映画産業は石炭産業の二の舞となる。云々」との英国映画業界への警鐘の記事が書かれた後には、日本の読売新聞を含む多くの新聞が取材に来て、私がどのような理由でこの両作品がオスカーを受賞すると確信出来たのかと言った質問をされたのである。私には確信など全然なかった。私にはオスカー受賞などは夢の世界の物語でしかなかったのだ。しかし映画とは思っても見なかった夢が叶える媒体である。映画の中で見る奇跡が現実に起こり、夢が正夢になるのが映画界で働く醍醐味ではなかろうか。

日本でも読売新聞が芸能欄ではなく一面で「日本の映画会社が共同製作した『クライング・ゲーム』と『ハワーズ・エンド』が世界規模で大ヒットし、オスカーを受賞した後には投資家は投資額の四倍の収益と名誉があった」と大きく報道したほどである。

私はその後英国映画業界で『クライング・ゲーム』のオスカーノミネーション六つに『ハワーズ・エンド』九つのオスカーノミネーションで〝69（シックスナイン）のミチヨ〟との名誉ある渾名（？）で呼ばれることになる（注：シックスナインはセックスのポジションとして有名である）。

長い道のりであったが、中学校からの帰り道に通るお寺で世界の映画界でキャリアウーマンとして生きたいと参拝した祈願が実ったのだ。

『クライング・ゲーム』

『ハワーズ・エンド』

第7章 映画製作会社NDFインナーナショナル設立（一九九五年）

製作作品とそのエピソード

しかしすぐに危機に遭遇する。それは私の会社内からであった。

NDFジャパンが世界の映画界で認識され始めると、日本文社は私の了解無しに日本の税法を使ったタックススキームで投資家を募り、次々と外国映画プロデューサーと共同製作を始めていたのだ。ロンドンにいる私は蚊帳の外である。その内に日本の税務署からスキームにクレームが着き始めた。スキームの認可が下りず投資家は一〇〇％の損金となり、彼等からの苦情が相次ぐようになってきた。国内外の映画界ではNDFジャパン＝（イコール）ミチヨ・ヨシザキである。また私が自社株の多くを持っている。会社の失敗は私が全責任を取らなくてはならない。両手両足を縛られた状態で溺れていく夢を見るようになってきた。せっかく苦労の末に設立した私の夢の会社が破産するのも間近に迫っている。溺れる前に避難しなくてはならない。

私はNDFジャパンと袂を分かち、ロンドンで映画製作会社NDFインターナショナルを設立することにした。有り難いことに内外の映画界ではまだまだ私の信望は壊れていなかった。オスカー受賞の威力である。NDFジャパン経営で得た教訓は、インディーの映画会社はプロデューサーである私が百%の株主となるということと、株を切り売りするのではなく映画製作ファンドの投資家を募るということである。すぐに英国の銀行と日本のメジャーな映像会社が企画&製作ファンドの投資家となってくれた。それも彼等の同意を得ること無く企画選定の全権限を私が持つことが出来る好条件である。（第8章「プロデューサーとは、そしてその役目」参照）。

私はNDFインターナショナル初作品の映画製作として、社会性のあるテーマを持つセックス映画を作ろうと決めていた。

セックスは人間の根源である。恋愛を深く描くにはセックスを避けては通れない。そのうえセックスは私の映画製作のフィロソフィーである。〝社会性のあるエッジー（尖った）なテーマ〟がベストのサブジェクトだからだ。それは『愛のコリーダ』（大島渚監督）の影響でもある。『愛のコリーダ』は私にとって映画の概念を破り、新しい試みに挑戦する眼を開かせてくれた革命的な映画であったからだ（第4章の「亡き大島渚監督追悼記」参照）。

また一作目の映画は興行的にヒットしなければならない。最初の映画製作が惨敗するとファンド投資家の信頼を失い、サバイバルは難しい。セックス映画には名前のあるムービースターもスペシャルエフェクトも必要としない。低予算で製作出来るうえに世界中で上映され、ヒットの可能性が期待出来る安全パイ企画でもある。

セックスをストーリーの土台にした企画探しを始めた。企画を置いてある棚を見るとそこに『カーマ・スートラ』というタイトルのプレゼンテーションが目に入って来た。以前にインドの女流監督ミーラー・ナーイルからインド舞台にした映画を共同製作したいとのオファーがあり、幾つかの企画アイデアを送ってきた中に『カーマ・スートラ』が入っていたのだ。

カーマ・スートラ本は当時の日本では知られていなかったが、二〇〇〇年前に書かれたこのインドの性典は世界中で有名である。欧州では中学校の生徒でもカーマ・スートラと聞くと赤面する。英国ではカーマ・スートラの本を隠し持ってきた中学生が放校されるほど〝悪徳の性典〟なのだ。興行バリューは抜群である。『カーマ・スートラ』はタイトルだけでレオナルド・ディカプリオ出演並みのセールスバリューがある。NDFインターナショナル第一回製作にはベストの企画であったのだ。

『カーマ・スートラ／愛の教科書』（一九九五年、ミーラー・ナーイル監督）

映画『カーマ・スートラ』はインド人の監督でなくては本物でなくなる。また、エッジーでシリアスな問題提起のある『カーマ・スートラ』でなければ唯のセクシー映画となり、タイトルを利用した悪徳性典映画と批判される恐れがある。

ミーラーは女流監督としては世界でも一、二を争うベストの監督と言われていた。ミーラー・ナーイル監督『カーマ・スートラ』は大島渚の『愛のコリーダ』同様に世界的に注目を浴びる可能性があるのではないか。

しかしこの黄金の企画には障害が立ちはだかっていた。監督がハードコアセックス映画を作る案には否定的であったからだ。しかし『カーマ・スートラ』がソフトセックス映画では泡の消えたシャンペーンになってしまう。それではミーラーが同意するハードコア『カーマ・スートラ』のテーマは何か、そしてどのテーマとストーリーが観客と批評家の認知と賞賛を得られるのか、では女性の性の解放の視点から描こう。社会的な問題提起があれば女性観客は〝芸術セックス〟映画観たさに映画館にくるのではないだろうか。

ミーラーと私はストーリーの概要作りを始めた。そして一六世紀の女性のストーリーと決めた。一六世紀までのインドは未だ宗教の束縛のない解放された社会であったからだ。ヒンズー教が国教となった以後のインドは宗教の掟でがんじがらめな社会となり、その厳格な宗教の掟の犠牲者が女性たちなのだ。では女性がセックスを謳歌出来た時代のインド映画をインドで作ろう。それが『カーマー・スートラ／愛の教科書』映画の誕生であった。

しかし最大の難関はキスシーンもご法度のインドで性典映画を撮影できるのだろうか？『カーマ・スートラ』のタイトルではインド政府から撮影の許可が下りない。そこで私たちはタイトルを『マリアとロウラ』とし、ストーリーも淡い恋物語として許可の申請を行い、同時に全く違うハードコアセックス映画『カーマ・スートラ』を秘密裡に撮影することにした。

インドは膨大な広さの国である。都会から遠く離れた田舎は政府の監視外である。しかし監督のミーラーはインドが誇る有名監督なのだ。ジャーナリストたちが彼女のインタビューで撮影場所にやってくる恐れもある。発覚すると監督、俳優そして私も監獄にぶち込まれる。そこで撮影場所はニューデリーから遠く離れたカジュラホに決めた。森林に囲まれた奥深くの場所カジュラホにはエロスの寺院がある。そこにはカーマ・スートラのあらゆるセックスの形態を描いた彫刻が寺院の壁に彫られている。人間と動物とのセックスも満載でその中には男と像やドンキー、そして鶏との交尾なども赤裸々に描かれている。そこで秘密裡の撮影が始まった。

撮影場所の一つにカジュラホ郊外の小さい村があった。村人は二〇〇〇年前のインドの生活を彷彿とさせるほど鄙びている村である。家の壁は泥と何かを加えて作られているのか、羊糞を干したような異様な匂いが漂っている。家の中には料理用の暖炉だけがあり、家人は馬草を敷いたベッドで全員一緒に寝ている。男は出稼ぎでいない。子供と女性だけである。そして女性はその村から出て働くことは禁止されている。一年に二回、祭りの日に夫は戻り、妻とエロスの寺院に妊娠祈願で参拝するのだ。顔をスカーフで覆った妻は夫が指さすセックスの彫刻にくすくすと笑っている。『バック・トゥ・ザ・フューチャー』(一九八五年、ロバート・ゼメキス監督)のデロリアンに乗り何千年前のインドに戻り女性達の生活を見ているような不思議な風景である。

撮影半ばに中央政府の役人が撮影場所に点検に来る通知があった。ミーラーがセクシーな映画を作っているらしいとの噂がボリウッド(インドのハリウッド)映画界で噂になっていたのだ。

私たちは慌てて偽のシナリオ『マリアとロウラ』の撮影に切り替えることにしたが、俳優の一人が他の映画出演で三日後にはいなくなる。彼女がいなくては映画は完成できない。私たちは徹夜で彼女との撮影を終らせた。ありがたいことにその役人は一〇〇〇キロの道のりをスクーターでやってきたのだ。役所には飛行機や車で来る予算がなかったのだろう。役人がやって来た時にはサリーで体を隠した女優たちの撮影中であった!

映画は興行的には世界中でヒットした。映画をカットなしで上映したシンガポールでは『スター・ウォーズ』（一九七七年、ジョージ・ルーカス監督他）に次ぐ戦後第二のヒットとなり、上映禁止のアジアの各国の人たち、特にインド人たちが列を成してシンガポールに映画を観に来たので、一時はインド航空シンガポール行きのフライトは満員状態が続き航空券が買えなかったと言われていた。

インドでの公開は長い間禁止されていたが二〇年後にカット版『カーマ・スートラ』がインドでも上映された。当時撮影現場に来た役人はこの映画を見たのだろうか。

日本ではタイトルを『カーマ・スートラ／愛の教科書』とちょっとセクシーなラブストーリーとして宣伝したせいか、女性が映画館につめかけヒットをした。配給会社宣伝部の女性たちはインドのサリーを着て銀座周辺を宣伝のために練り歩き評判になった程である。

英国では三〇年後の今でもテレビで上映されており、若い世代の女性が観る〝クラシックベストセラー〟映画に選ばれている（ＢＦＩの会報誌による）。『カーマ・スートラ／愛の教科書』もクラシックになったのだ！

『カーマ・スートラ／愛の教科書』製作の一番のメリットは興行的なヒットでファンド投資家の信頼を得て新会社ＮＤＦインターナショナルのポジションが安定したことであった。

しかし映画のクオリティーの視点では忸怩たるものがある。完成した映画は最初のコンセプトであった〝エッジーでシリアスな社会提起を梃子としたハードコアセックス映画〟とは程遠いソフトセックス映画となってしまった。監督の最初の意気込みが撮影している間に萎んでしまい、インドでの自身の名声に傷が付く恐れからシナリオにあるハードコアシーンを自己検閲でカットした結果である。私の『愛のコリーダ』映画製作の夢は消えてしまった。しかし起死回生で現在『カーマ・スートラ2』の企画を開発している。〝社会提起を梃子としたハードコアセックス映画〟に挑戦出来る若手の女流監督を起用し夢の実現を目指している（第9章「企画中の映画作品」参照）。

『バスキア』（一九九六年、ジュリアン・シュナーベル監督）

バスキアは今では二〇世紀最大の画家の一人である。ヒップホップにパンクアートを土台にし壁にペイント（塗料）で描くグラフィッティ（壁絵）はユニークで新しいスタイルの絵画である。ピカソと比較されてもいる。

最近日本人の金持ちが彼の絵を一〇〇億円以上で買い話題になったのを覚えている読者も多いのではないだろうか。しかし映画製作をした一九九六年時点では、アメリカの絵画界を除いてはバスキアは全くの無名の画家であった。その無名の黒人画家の自伝映画をアメリカのナンバーワンアーティストと言われていた画家シュナーベルが初劇場映画を監督する企画である。ジュリアンは短編映画さえ監督をしたことがない。そのうえ主演する黒人俳優ジェフリー・ライトは当時殆ど無名であった。無名の黒人俳優の主演と画家の初劇場映画監督ではリスクがあり過ぎる。また日本の女性観客の多くは、九〇年代でも黒人俳優主演の映画を敬遠していた時代でもあった。

しかしＡＦＭ（アメリカン・フィルム・マーケット。映画セールスのマーケット）出席の為にロスアンジェルスに来た私にジュリアンのエージェントから彼に会って欲しいとの要請があった。そのエージェントはハリウッドを牛耳っているCAA帝国のトップである。トム・クルーズ、ブラピなど殆どのトップクラスのスターがクライアントである。CAAの協力無しにはアメリカでの映画製作は出来ないのだ。断る訳にはいかない。また、私はデニス・ホッパー（『イージー・ライダー』一九六九年、デニス・ホッパー監督）の大ファンである。そのホッパー家にジュリアンは泊まっていると言う。ホッパーと家族はホリデーで旅行中なので親友のジュリアンに貸したらしい。ホッパー家を見る好奇心もあり会いに行くことにした。

海辺にあるホッパーの家に着くとジュリアンが待っていた。そしてシナリオを読んでいなかった私に彼は海辺を歩きながらストーリーの解説を始めた。彼の話は止まることがない。タコス（メキシコ料理）をホッパーの応接間兼ベッドルームで食べながら何と翌朝の五時まで続いたのだ。普通の常識では男と女がベッドルームにいるのはセックスが目的であろう。しかしジュリアンにとって私は女性ではない。テープレコーダー兼彼の企画実現のロボットなのだ。問題なのは彼が語る　シナリオの内容が余りにも酷いものであったことだ。バスキアの映画ではなくジュリアン自身と彼の家族にバスキアが絡むストーリーである。

その恐怖（?）企画の共同製作に応じたのはデヴィッド・ボウイ等〝ジュナーベル・ギャング（仲間）〟のスターセレブリティーたちが続々と無料で友情出演に応じたことと、ジュリアンがシナリオの全面変更に応じたからである。しかしこの映画の企画、製作までの過程はジュリアンに振り回された日々であった。

ロンドンに戻った私はまず共同映画製作同意の条件としてシナリオの大幅な変更を求めた。そして私が書いた『バスキア』のストーリーのコンセプトをジュリアンに送った。それは天賦の才を持つ若い画家のバスキアが黒人だという点にテーマの主軸を置いたものだ。当時七〇年代のアメリカは今とは比較にならない程の黒人差別社会であった。バスキアの自伝を読むと彼がレストランに入ると他の客は出て行くか猿の真似を彼の前でするほど差別された扱いであった。その黒人バスキアの視点からアメリカ差別社会で悩むバスキアを縦糸に、アンディ・ウォーホルとの兄弟愛を横糸に描くストーリーを提案したのだ。しかし彼の返事はノーであった。そしてジュリアンは五分毎にニューヨークから私に電話をしてくる。電話で彼は自身が書いたシナリオがいかに素晴しいか、このようなストーリーは絶対にアメリカの観客に受ける。そして日本人の私には彼のシナリオの潜在価値が分からないと屈辱的なお説教までされた。切れた私は受話器をデスクに置いたままランチに出かけてしまった。

その後も彼はしつこく私を追い続け、私が日本に帰国してからも滞在先のホテルのデスクに着くやいなや電話がかかってくるし、ちょうどホテルの部屋のトイレに入った途端にかかってきたこともある。私はストーカーとディールをしているような恐怖感でホテルに彼からの電話は受け付けないように頼んだ。

しかし一、二か月が過ぎた時に、ジュリアンの弁護士からジュリアンが私の条件全てに応じたとの電話があった。私が送ったストーリーのコンセプトを基にしたシナリオ変更に応じたのは、恐らくアメリカの投資家やプロデューサーからも断られたからだろう。

主役の黒人俳優ジェフリー・ライトの名演技、そして一〇名以上に余る有名スターの友情出演もあり、低予算の映画にも拘わらずゴージャスで華のある映画が出来た。画家の視点からバスキアアートのエッセンスを上手く取り入れた粋の良いそして画面が浮揚しているようなカラーの彩りは、まさしくニューヨーカー映画である。映画はアメリカやヨーロッパはもちろん日本でもヒットした。特に南米では大ヒットになった。若い観客は『バスキア』の中に若者文化を代弁している親近感を感じ取り、クールな映画として観に来たのだろう。ストーカーのジュリアンではあったが、彼のタレントに脱帽した次第である。

現在では欧州のアート批評家は「七〇～八〇年代のアート界はバスキアの出現がなければ端境期の時代であった筈だ」と彼を高く評価しているが、彼等批評家の評価の一端を担ったのがジュリアン・シュナーベル監督作品『バスキア』であったのだ。

そして映画『バスキア』も今では映画史の中で二〇世紀カルト映画ナンバー・テンの一つに選ばれていると言って良い。

私は『バスキア』でアメリカ人のビジネスのやり方を学んだ。ヘビー級のボクシングマッチが映画製作にもビジネスにも応用されている。恥も外聞もなく自分の条件を相手に押し付けようとする。勝つまでハゲタカのように襲ってくる。ドナルド・トランプ（元アメリカ大統領）がいみじくも言ったように「私は降参するのが大嫌いだ」。勝者文化がアメリカなのだ。

バスキアは白人勝者社会と背中合わせの黒人アンダードッグ（負け犬）社会の代表である。差別され虐待された生活のはけ口が壁への落書き＝〝グラフィティ・アート〟なのだ。その負け犬アーティストが白人独占のアメリカアート世界に殴る込みをかけ勝者となった。二〇世紀最大のアメリカアーティストは白人ではなく、黒人のバスキアであるのは皮肉ではなかろうか。

『オスカー・ワイルド』（一九九七年、ブライアン・ギルバート監督）

私は一〇代の頃からオスカー・ワイルドの大ファンである。『監獄日記』を学校の授業中にも読み先生に叱られたほどであった。

私は彼の本よりワイルドの生き方に魅了されている。彼の人生は芸術作品である。彼の書いた芝居劇や詩や小説、評論などの著作は秀作であるが、彼の波乱万丈の人生には敵わない。ゲイの若い貴族との禁じられた恋は歴史上ベストのラブストーリーであろう。

一〇〇年以上前のビクトリア時代ではゲイの関係は重罪であった。弾劾されたワイルドは友人達が薦める逃亡を拒否し逮捕される。監獄では鎖を付けられ重労働の刑に服しながら恋人ダグラス卿への恋文を書いたのだ。傑作『監獄日記』である。

ワイルドの法廷でのスピーチの素晴らしさ。彼は法廷を芝居のステージに見立てて傑作芝居を作り上げたのではないだろうか。

彼はダグラス卿との恋故に天才と持て囃された英国一の作家の地位から転げ落ち、寂しく異郷の地で亡くなっていくのだ。しかし悲劇の恋はワイルドの深い情感を導き出して傑作本を書き上げ、彼の人生を芸術作品にしたのだ。ダグラス卿はワイルドの芸術作品を創作する梃子であったと言えようか。そして彼の波乱万丈の生涯は、私だけではなく世界の人々を今でも魅了し続けている。

また彼が意図した訳ではないがワイルドは英国社会の変革者でもある。百年前の英国ではゲイ関係はタブー、いや公式にはゲイは存在しない社会であった。しかし上流階級の男性の多くはゲイの偽善社会であったのだ。ワイルドはその偽善に挑戦し人々の思考を変えたパイオニアである。

ある日、マークという映画祭で出会った若いプロデューサーと夜飲んでいた時にワイルドのアルコールに関する句を私が暗誦すると、そのプロデューサーは突然立ち上がり日本人の私がワイルドを知っていることに吃驚している。そして「僕はオスカー・ワイルドの曾孫からワイルドの映画化権のオーケーを得ている」と言う。

私がNDFを設立しプロデューサーとして製作する企画リストの一つにオスカー・ワイルドの自伝映画があった。しかし当時のアメリカ映画界には、三つの絶対にヒットしないタブー・サブジェクトのジンクスがあった。一に伝記、二にゲイ、三がコスチューム映画（お金がかかるうえにオールドファッション）である。『オスカー・ワイルド』はその三つのタブーを一緒にした企画である。私の会社は『クライング・ゲーム』や『バスキア』、『カーマ・スートラ／愛の教科書』等の成功で順調ではあるが、まだまだ雛のプロダクション会社である。タブーに挑戦する余裕は未だない。

ところが数日後に若いプロデューサーは、共同製作のメモランダムを携えて私に会いに来た。泥酔していた私は覚えていなかったのだが、その夜彼とワイルド映画共同製作に私が同意したと言うのだ。

そこで彼はBBC（日本のNHKに相当する放送局）に、NDFのミチヨも共同製作者に同意しているとピッチ（プロモーション用の説得）をしてBBCから製作費の五〇％のファンドを取り付けたと言う。BBCは英国の誇る作家ワイルド映画を作りたがっていたのだ。BBCを怒らせる訳にはいかない。将来私の映画製作が出来なくなる恐れもあるからだ。身から出た錆である。やるしかない。私はシナリオそしてキャストの承認を条件として共同製作に乗ることに同意した。それが『オスカー・ワイルド』製作誕生であった。

BBCは出資の条件としてスティーヴン・フライを主役のワイルドに使うことを要求してきた。フライはBBCの人気テレビ番組に出演していたコメディアンで本職の俳優ではない。一度も映画出演をしていないのだ。しかも国際的には全くの無名である。しかし彼は、幼少時から自分はワイルドの生まれ変わりであると自称する程ワイルド信奉者である。BBCはテレビ番組のキングであるフライの要求を聞かざるを得なかったのだろう。しかし太鼓腹で丸顔のフライは、オスカー・ワイルドが持つシャープなカリスマ性がない。この映画では全裸でのセックスシーンも要求されるのだ。降りることを期待して暗にそれを指摘すると、フライは「セックスシーン？　何の問題もない」と言う。そこでフライ主演の条件に一二キロ痩せること、そしてセックスシーンは監督の要求全てに同意するとの二項を契約条項に入れることで、ワイルドはフライと決まった。しかし主演が国際的には無名のフライでは投資家が興味を示さない。ダグラス卿役はアメリカのムービースターをつけることが必須条件である。しかしアメリカのムービースターは、当時のアメリカではタブーであったゲイの役、それもペニスやお尻も見せる濃厚なセックスシーンが要求される役に尻込みして誰も興味を示さない。二人のセックスシーンはマーケットの観点からだけではなく、ワイルドとダグラス卿の複雑な関係を表わす大切な要素なのだ。では英国俳優を捜すしかない。しかし当時英国の映画界で名前のある若手スターは皆無であった。

問題はキャストだけではない。コスチューム映画なので製作費は八〇〇万ドルである。タブーのサブジェクトに高製作費、そのうえ主役二人が無名の俳優では投資家を見つけることは至難の技だ。損を見越した企画に貴重なＮＤＦファンドを使う訳には行かない。私はプロデューサーとしてではなくこの企画のディストリビューターとなり、日本配給権先買い条件をオファーしてこの企画から下りることにした。

若いプロデューサーもＢＢＣも納得し、他の投資家プロデューサーを捜すことになった。しかし若いプロデューサーから友人としてダグラス卿候補の男優に会って欲しいと懇願され、映画界で次期スターと騒がれているジュード・ロウを私のオフィスに連れて来た。

私は彼を見た瞬間、余りの美しさに茫然としてしまった。ミケランジェロが彫ったギリシャ神話の彫刻のようにオーラで光り輝いている。実物のジュード・ロウはスクリーンで見るより数倍も美男子である。アラン・ドロンが二四歳の時もこのように光り輝いていたのではなかろうか。オスカー・ワイルドの愛人である若いダグラス卿の役はジュード・ロウ以外にはあり得ない。美男だけではなく貴族のエレガンスに傲慢さを備えている。

私がワイルド映画企画に情熱が出てきたのを見越した若いプロデューサーは、共同プロデューサーとしてではなく企画のアドバイザーのオファーを私にしてきた。アドバイザー料も映画が出来た時には払うと言う。

脚本家デビュー

ワイルド専門家のライターが書いた脚本はありふれた裁判劇のストーリーである。観客はワイルドの禁断の恋と彼の生き様を観に映画館にくる筈だ。そのうえ裁判をテーマにしたワイルド映画は既に三作も作られている。またワイルドを語るのに、彼がアイルランド出身を抜きには語れない。ワイルドがダグラス卿に魅せられたのは彼がイングランドの名門貴族だったからだと言われている。

当時のオックスフォード、ケンブリッジ大学生は殆どバイ（セクシャル）かゲイであった。そして彼等はワイルドの熱狂的なファンである。ダグラスより何倍も美青年でインテリな若者が、ワイルドの恋人候補軍団としてワイルドに言い寄られるのを待っている。しかしワイルドは頭の出来も良くない我がままなダグラスを真剣に愛した。彼の人生がダグラスに支配されていった秘密は何か。

ワイルド研究家の書いたバイオグラフィーによると「ワイルドはダウラスを恋人にすることで彼のアイルランド出身の劣等感が払拭された」と書いている。

英国ではアイルランド人は軽蔑の対象である。ワイルドは作家として成功の絶頂にあっても上流階級への劣等感を持っていたのではなかろうか。上流階級社会はワイルドの芝居に拍手喝采をするが、彼等の世界にはワイルドを入れようとしない。私はダグラス卿はワイルドがアーティストとしては入れなかった貴族階級社会の門を開くツールであったのではないかと思っている

ラブストーリーだけではなく人間関係を描く映画には、社会問題の提起がストーリーのベースにならないとヒロイン、ヒーローのキャラクターを深く語れない。唯の安っぽい興味本位の映画となってしま

う。それを監督に指摘すると彼も多いに賛成し、既存のライターはキャンセルして監督と共同シナリオ書きの依頼を受けた。彼曰く、英国人は伝統的なオーソドックスな視点からワイルドを語るので月並みになる。外人である私の客観的なインプットを入れることでワイルド像が深くなり、新鮮なワイルド映画が出来るとの期待からである。

これが私の初（共同）脚本家としてのデビューであった。未だ共同製作者でもない私を信頼してくれたのだ。名誉である。但しライターとの契約上の問題でクレジットには私の名前は出せない。監督も出さないとのことである。プロデューサーとして金と交換で名前だけのクレジットを投資家にあげている私は、クレジットの有り難味は少しもない。

早速私たちはコンセプト作りを始めた。私と監督が脚本で意図したのは、（1）これまでのワイルド映画ではない観客の意表をつくファーストシーン。秀作はファーストシーンで決まる。泡の無いシャンパンのようなファーストシーンは駄作と決まっている。（2）ゲイの愛人関係とのバランス上父親ワイルドと子供との優しい関係の強調。

その結果として（1）はジョン・ウェインが馬で疾走する西部劇のようなファーストシーン、（2）は彼の書いた数々の童話の文章を挿入することにした。ワイルドの書いた童話は傑作である。ヨーロッパの母親は子供のベッドストーリーにワイルドの童話を読んで子供を寝かすのだ。私も息子が七、八歳までワイルドの童話を語って聞かせていた。また童話を入れることでワイルドの重層なキャラクターが浮き上がってくる。では『幸福な王子』（The Selfish Giant）をナレーションで入れよう。ワイルド自身が The Selfish Giant（自分本位の巨人）でもあるからだ。

二人でシナリオを書く過程は私の至福の時であった。一〇代から愛読していたワイルドの人生を描く映画シナリオを私も書くことが出来る！　そしてワイルドに関するドキュメンタリーも作っている監督から私の知らないワイルド知識を学ぶことが出来たのだ。

監督と一緒に書き直した脚本が好評でＢＢＣからもお褒めの言葉があり、ぜひプロデューサーとして参加して欲しいとの要請である。私はＮＤＦではなくこの企画の一介のプロデューサーとして参加することにした。

マークと投資家探しを始めた。ＢＢＣが英国の全権利を取得するため、英国の投資家は興味を示さない。ところがアメリカの有名な石鹸会社が製作費の三〇％の投資をオファーしてきた。元女優の社長夫人がワイルドの大ファンであったのだ。彼女曰く、ワイルドはアメリカではシェイクスピアに次ぐ有名な作家である。ワイルドの名前自身がブランドなので、無名の俳優二人の主演でも問題ない。ヒットの可能性は十分あると三つのジンクスなど屁の河童と笑い飛ばしている。

私はオスカー・ワイルドが英国だけの国宝級作家ではなく世界中にファンを持つ作家であると認識させられた。私は彼女の心強い言葉に安心し、残り二〇％の製作投資に同意して正式にマークと共同プロデューサーとして参加することになった。ＮＤＦインターナショナル会社設立の目的の一つであるオスカー・ワイルド映画製作が可能になってきた。

さあ撮影開始である。

ペチコート映画と言われるコスチューム映画作りは英国映画の得意の分野である。その上に英国映画人のレベルは世界の映画界でもベストではないだろうか。製作費超過の心配はない。

撮影初日に契約通り一二キロ痩せたフライが颯爽と現われた。ワイルドと同じ洋服を着た彼はワイルドの再現と思われるほど似ている。そして撮影初日のデイリー（その日に撮影したフィルム）を見ると、最初に会った時には無かったワイルドの持つカリスマ性が漂っているのだ。

そして初日からのセックスシーン撮影では、パッと全裸になるとジュード・ロウの上に馬乗りになりミッショナリー・ポジションのセックスシーンを始めたのだ！　この体型で男同士のセックスが可能なのかと疑問を持った私がそっと監督に質すと、セックスシーンはゲイのフライに任せていると言う。私のゲイ知識不足であったらしい（笑）。

面白かったのは私がゲイのセックスポジションに関するディスカッションを監督としている間、ゲイではないストレートのジュード・ロウは半裸でおかしそうに私たちを見ていたことだ。

そして産まれたてのベビーを抱いて撮影所に来る。撮影に入ると監督の要求通りにパッと全裸になり、本物のゲイだと思わせるほど迫真のセックスシーンを演じる。終わると再びベビーを腕に抱えて帰っていく。その変わり身の早さはさすがプロそのものの俳優である。そのうえ驕ったところが微塵もなく周囲の撮影クルーに気遣いを見せる。彼の父親は無名の俳優である。幼少からオーディションに失敗し肩をすぼめて家に戻ってきた姿を見ながら育ったと彼は語っている。ハングリー精神の俳優は成功する。その通りに彼はスター俳優となった（ヨーロッパの俳優は芸術上の誠実さ、つまりストーリーに必要であるセックスシーンであればアメリカ映画文化と違い脱ぐ、脱がないは大した問題ではない。女優でも全裸で陰毛まで見せるのだ）。

ジュード・ロウ　スター誕生

映画『オスカー・ワイルド』出演は彼がムービースターへの急階段を駆け上がっていく記念すべき映画となった。演技の出来る若い美青年俳優は少ない。ハリウッドは彼にスターの資質を見つけ、メージャースタジオ大作映画出演のオファーを次々と始めたのだ。しかし彼はハリウッドで有名になってもハリウッド在住を拒否し、あくまでも英国俳優としてアメリカ映画に出演する姿勢を貫いている。ムービースターとなり持て囃された後にはハリウッドの消耗品となる恐ろしさを百も心得ている頭が良い俳優なのだ。それがアメリカ映画と英国、ヨーロッパ映画、そして芝居出演とバランスよく選択するキャリア戦略となったのだろう。

私が無名の彼を主役に抜擢したことをとても恩にきており、私の映画で彼に相応しい役があれば出演は喜んでオーケーすると言う。ただ私が創るようなインディーの低予算映画では今や出演料何百万ドルのジュード・ロウ起用は無理であろう。

初日からセットに英国ビューティーの若い俳優が大勢来ていた。『ロード・オブ・ザ・リング』でスターとなったオーランド・ブルームもその一人であった。ジュード・ロウとフライの濃厚なセックスシーンと相まってセンジュアル（官能的）な雰囲気がセットに漂っている。私はこの映画が成功する予感を感じ始めていた。

出来上がった映画は批評も四ツ星、五ツ星と好評であった。オスカーノミネーション、受賞は逃がしたが、ゴールデングローブ賞のノミネーションを受けた。英国ではＢＡＦＴＡ（英国オスカー）で四受賞を得ている。

興行面でも英国を含むヨーロッパではヒットをした。特にワイルドが超有名なイタリア、スパインでは大ヒットであった。今もって世界の何処かの国での二回目の劇場公開やＤＶＤ等の収入が入ってくる。ヨーロッパでのワイルドの名声はアルマーニに匹敵するブランドであったようだ。しかし世界一セクシーな国と言われるフランスだけはいまだに公開されていない。男女の恋だけで満足なのか、またはゲイに不寛容な国なのだろうか。

日本はヒットとまではいかなかったが配給会社は損にはならなかった。そしてＮＤＦが投資した製作費二〇％は三倍になって戻ってきた。世界からの収益である。製作は日本だけの配給権取得と違い世界から収入が入るので、日本でこけても（ヒットしなくとも）相殺出来る。また永久権利を所有するので資産となる。『オスカー・ワイルド』共同製作は私がプロデューサーを志した目的の一つが成就しただけではなく、収益ももたらす自社の重要財産映画となったのだ。

ただし、アメリカでは残念ながらヒットとならなかった。石鹼会社社長夫人の予想は外れたが彼女は石鹼で大儲けしている。損失額は税金で落とす筈だ。クレジット料と思えば安いものではなかろうか。

さあ次の企画である『チャイニーズ・ボックス』開発を始める時だ。小さい製作会社であるが数人のスタッフを雇っている。次々に製作してプロデューサー料を稼がなければならない。

『チャイニーズ・ボックス』（一九九七年、ウェイン・ワン監督）

香港が中国に返還されてから二〇数年が経つ。しかしこの映画が出来上がるまでのプロセスは、ドラマに満ちた出来の悪いサスペインス映画を製作する白昼夢の中で生きていたような日々であった。私は『オスカー・ワイルド』の後には中国映画を創りたいと思っていた。陽昇る勢いで世界政治に乗り出してきた中国を舞台に中国勢力に抵抗しようとする西洋をスリラーかラブストーリーで描けないだろうか？　しかし中国本土での撮影は共産党賛歌のストーリーでなければ撮影許可が下りない。『カーマ・スートラ／愛の教科書』ではインド政府の裏を掻いて撮影出来たがインドは民主主義国である。共産党絶対権力の中国政府をコケになど出来ない。

当時英国が香港を中国に返還するニュースが話題になっていた。香港は英国領である。また香港での撮影は当局の許可を必要としない。何時でも何処でも撮影出来る。では香港の返還を背景にした中国人と英国人のストーリーの映画を作ろう。返還は世界的なイベントである。イベント映画はメディアが大きく取り上げるので宣伝効果抜群なのだ。

香港出身の有名な監督はウォン・カーウァイかウェイン・ワンである。カーウァイにコンタクトすると英語映画には興味がないと言う。そしてブルース・リー映画の企画に乗らないかとの逆オファーを受けたのだ。

そこでウェイン・ワンのエージェントに電話をしてワンが興味あるかどうかと聞くと、偶然だが彼も同じような企画を開発しようとしているとのことである。すぐに私は彼との共同製作に同意した。

そしてストーリーのトリートメントを彼の友人ライターが書くことになった。二週間後に二〇頁のトリートメントが送られてきた。

トリートメントは私とワンが意図したコンセプトを下敷きにした今までに無いオリジナルでフレッシュなストーリーである。女性に例えると小股の切れた美女を見るような魅力がある。アートハウスとメジャーな商業映画のボーダーラインのストーリーなのだ。

ストーリーの概要――癌を患らい数か月後に死を宣告された英国中年男性（香港が英国から中国に返還される象徴）が、子供を抱えて本土から香港に出稼ぎに来た若い女性に出会う。彼女はバックの中にトライアッド（ギャング）の男のペニスを入れている。金のためからライバルのトライアッドの男のペニスを切って、雇われ先のトライアッドに持参する仕事である。しかしトイレで男を殺しペニスを切り取って出た途端に裏切りにあい、殺されそうになる。雇われ先のギャングたちが追いかけてきている。死を間近にした英国男性は彼女を救うために一緒に逃げる。

シャープでクールなロードムービーである。中国本土から来た女性は陽の出の勢いで欧州に追いつこうとしているエネルギッシュな中国の象徴である。そして死に行く男性は中国に香港を返還する英国の象徴なのだ（このストーリーは撮影されたストーリーとは異なる。詳細は後述するが読者には映画製作舞台裏物語として読んでもらいたい）。

コン・リーが既に出演を快諾したと言う。英語映画出演を探していたうえ、彼女の役が今までの彼女が演じた耐える女の役ではなく、金のためにはギャングも殺すパワー溢れる役なのだ。彼女はニューヨークのリベラル映画人には女神ように崇められているアジアきってのスーパースターである。彼女の出演でアメリカ公開は保証されたようなものである。

ストーリーの面白さに加えAリスト（最も才能のあるアーティスト）の中国系アメリカ人監督、そして女神の主演で作る本物の中国映画である。ハリウッドのバンカブルスター（観客を惹きつける超有名俳優）はコン・リーとの共演を喜んでする筈ではなかろうか。私は既にオスカー受賞の匂いを感じ取っていた。『クライング・ゲーム』、『ハワーズ・エンド』に次ぐオスカー受賞も夢物語ではない。

しかしこの金の卵企画の最大の問題は時間である。それは一九九七年三月までに映画を完成させ、六月の返還の日までには世界中で公開する必要がある。公開が遅れると泡のないシャンパンのイベント映画と化してしまう。三月までには数か月しか無い。主演の俳優へのオファーには通常シナリオを見せる必要があるが、脚本の完成は二、三か月先である。その間手をこまねいて待っている時間の余裕はないのだ。このエキサイティングなストーリーに興味があれば、トリートメントだけでスターが出演をオーケーする可能性がある筈だ。危険ではあったがまずリチャード・ギアにオファーすることにした。彼がプレスインタビューでコン・リー主演の『菊豆』が彼の好きな映画の一つと語っていたからだ。そのコン・リーとのラブシーンのあるこの映画はギアには興味があるのではないかとの判断である。その通りにギアは脚本の承認付き条件で出演を快諾した。良い幸先である。

私は早速ワンとリチャード・ギアとのミーティングのためにニューヨークに出かけた。ギアとはゼッフィレッリ家やハバナ（キューバ）、カンヌでも会っている旧知の仲である。彼は相変わらず魅力的だが、癌を患い死にゆく英国人を演じるにはハンサム過ぎるのではなかろうかとの疑念も生じる。

彼は開口一番、アメリカ人が香港で中国女性と会うストーリーに変更にするよう求めてきた。確かにギアの言うように、彼が英国人を演じるのでは信憑性のないご都合主義の嘘の映画になる。しかしアメリカ人ではテーマである英国返還をメタファーした映画ではなくなる。そのうえ中国政府の批判をストーリーの土台にするよう要求してきた。中国から追われたダライ・ラマを師と仰ぐギアは反中国なのだ。

それに反して中国本土を代表するコン・リーは反中国の台詞はカットする条件で出演を受諾している。私たちプロデューサーはシナリオも出来ていない段階でもう中国の政治に巻き込まれてしまった。コン・リーを取るかまたはギアを取るか。世界的な有名度ではギアが格段に上である。しかし彼の要求を呑みストーリーを変えてもシナリオ承認付きでは最終段階で彼が降りてしまう可能性もある。

ギアの出演はアウトになった。しかしギアとのミーティングの収穫は彼がストーリーがユニークでエキサイティングであると褒めてくれたことだ。それは一般のアメリカ観客にも通用するストーリーであるとの確認になったからだ。

次には英国人のショーン・コネリーが興味を示した。リチャード・ギア同様にコン・リーとのラブシーンに痛く興味をそそられた様なのだ。コン・リーは男優を誘いこむ媚薬の女神であろうか。

彼はアメリカではギア以上の大スターである。彼もギア同様ストーリーの面白さを褒めてくれたが、トリートメントの中にあるカストレーション（ペニス切断）シーンのカットを要求してきた。「アメリカ人はカストレーションを受け付けない。メジャーな映画にはならない。アートハウス映画である」。

ギアは全く逆にこのシーンはショッキングで面白いと褒めていたのだ。彼曰く「今までのアメリカ映画では描かれなかったペニスを見せるシーンのある『クライング・ゲーム』がアメリカのメジャーな映画館で上映されヒットをしている。アメリカの観客はペニスシーンを話題にするのではないか」と。

しかしギア主演が駄目になった後にはコネリーの条件を受けるしかない。私たちはペニス切断のシーンはダイアローグだけで、スクリーンには見せないことでコネリーを納得させた。

ギアもコネリーもアメリカの大スターである。しかしコネリーは英国人であるがハリウッドが作るブロックバスター映画（商業映画）スターである。一方ニューヨーク映画人のギアはアートハウスと商業映画のボーダーラインのムービースターなのだ（ロスとニューヨークほど地勢上の違いだけではなく文化、政治の違いが著しいところは世界でもないのではないか。ニューヨーク人はロス人を下司な人間として見下している。ロス人はニューヨーク人を偉ぶった偽のインテリたちと毛嫌いしている。日本で言えば大阪人と東京人の違いであろうか）。

コネリーが当時ハリウッドで最も尊敬を受けている俳優であったのは、ブロックバスター映画スターの彼がシェイクスピアの国の英国人俳優でもあるからであろう。

コネリー出演オーケーの可能性が出て来たとほっとしたのもつかぬ間、シナリオライターの名前を聞いた途端に彼は「彼はアートハウスのライターである。一般観客用映画のライターではない」と拒否し、彼自身がライターとしてシナリオを書くのを主演の条件としてきた。書き上げるのに六か月間必要と言う。六か月後には香港は中国に返還されイベント映画にはならない。コネリー主演も泡と帰し、振り出しに戻ってしまった。

コネリーの次に世界的に有名な英国俳優はジェレミー・アイアンズである。オスカー主演男優賞受賞の俳優であるがトリートメントのストーリーに何一つ条件をつけず主演をオーケーしたのだ。英国の俳優は芝居で鍛えられておりシナリオの台詞一つも変えない。ライターを尊敬しているからだろう。ここでもハリウッド文化と英国映画文化の違いが垣間見られる。

彼はアメリカではギアやコネリーほどのスターではない。しかしヨーロッパと東南アジアなどではギア以上のムービースターなのだ。『ダメージ』(一九九二年、ルイ・マル監督)が大ヒットしたからである。

製作に最も大切な主演スター二人が決まった。これで投資家は満足し高額な製作費だがゴーサインを出してくれるだろう。夜眠ることが出来る。

裏切り　パート1　ウェイン・ワン

当時のワンは『スモーク』(一九九五年、NDFジャパン製作)が批評家に賞賛されハリウッドのAリストの監督となっていた。アメリカ映画界は常に新しいタレントを探している。中国系アメリカ人でタレントのある若いワンをアメリカ映画界は新しいスター監督として諸手を挙げて迎え入れたのだ。ポーランド出身のロマン・ポランスキーと同じ例である。

その陽の出の勢いの監督ワンが突如この企画の一年延期を申し出てきた。ハリウッドのメジャースタジオからアンジェリーナ・ジョリー主演大作映画監督のオファーがあったのだ。『チャイニーズ・

ボックス』は今作らないと泡の抜けたシャンパンとなってしまう。私は既にライターと契約を始めていた。その上にトリートメント料も払っている。権利は私にあるがワン以外の監督では映画の信憑性が無くなる。

私は泣く泣くこの〝金の卵〟の企画は忘れることにして他の企画の開発を始めた。

ところが一か月が経った時にワンのメージャースタジオ映画は延期となった。そしてワンが『チャイニーズ・ボックス』製作に戻りたいとの意向を示してきた。私のこの企画への情熱は萎んでいたが、インディーの小製作会社には次のステップアップに『チャイニーズ・ボックス』のようなムービースターの主演する大作が必要なのだ。続行するしかない。在り難いことにアイアンズは未だ次の映画出演の予定が入っていなかった。再び時間との闘いの日々である。

裏切り　パート2　コン・リー

撮影開始日の二週間前に突如としてコン・リーのエージェントから、彼女の出演料を契約金額の二倍の一五〇万ドルに上げるよう要求してきた。オスカー主演男優賞受賞の国際的スター、ジェレミー・アイアンズの二倍の出演料である。承諾出来ないようであれば彼女はこの企画から降りるとの脅しである。彼曰く、彼女の出演料には中国映画とインターナショナルの二つがある。『チャイニーズ・ボックス』は香港での撮影だがコン・リーが英語を話すインターナショナル映画の大作である。弁護士の手違いで中国映画出演料でオーケーしてしまったとの言い分である。謝罪もない。

当時中国のホテルやレストランは外人レート、中国人レートの二つがあった。この悪しき慣習をコン・リー側は利用したのだ。これで製作費は再びオーバーになってしまった。私は投資家に頭を垂れて謝罪しなければならない。

次のコン・リーの裏切りは英語である。彼女の契約書には英語をマスターする条件がある。私たちは彼女のために英国人のコーチを雇い英語の集中レッスンをさせることにしていた。しかし撮影初日にセットに現われた彼女の英語は赤ちゃんレベルである。コマーシャル撮影のため超多忙スケジュールで英語レッスンどころではないと言う！　このコマーシャルの出演料は一週間撮影で一五〇万ドルであると、暗に『チャイニーズ・ボックス』の出演料一五〇万ドルはまだまだ安いとの不服を仄めかしているのだ。

苦肉の策としてアイアンズとのシーンでは彼が英語を話し彼女が中国語を話すと言ういびつな撮影となった。中国とのビジネス契約書は唯の紙でしかないとの教訓を教えてくれたのがコン・リーであった。

再び映画の製作準備プロセスに戻ろう。

シナリオも出来上がっていないが製作費回収目安のためにＡＦＭでこの企画のプリセール（先売り）を始めた。数カ国が売れれば何とか投資家も安心するだろう。

しかし奇跡が起こった。この企画を世界に売るセールス会社のＡＦＭオフィスの前には世界中からのディストリビューターたちでごった返している。彼等は超高額で自国の配給権獲得のオファーをしているのだ。フランス、ドイツのディストリビューターは一五〇万ドルでサインをしたとセール会社は意気揚々である。

特筆すべきは韓国である。サムソンの映画部門とヒュンダイ（現代）の映画部門が競い合い、ヒュンダイが韓国配給権を何と一五〇万ドルで買ったのだ。通常の韓国配給権は一〇万ドル程度の値段である。トム・クルーズのアクション大作映画と同じ程の買い付け値段である。何故ヒュンダイはシナリオも読まずに『チャイニーズ・ボックス』配給権獲得に通常の一五倍も払ったのか？

秘密はジェレミー・アイアンズであった。私は知らなかったのだが、韓国でのアイアンズは『ダメージ』（一九九三年、ルイ・マル監督）の大ヒットでマイケル・ジャクソン並の人気であったのだ。

私は後日アイアンズを連れての韓国宣伝ツアーでアイアンズ・フィーバーを目の辺りにした。五二歳のアイアンズが舞台に上がると、一〇代のギャル大群が彼を人目見ようと舞台袖にしがみついて歓声を上げるだけではなく、興奮で泣き出すヒステリー状態になった。そしてサインを貰おうと彼女等は舞台に上がって来ようとする。アイアンズの身の危険を感じた私は彼を舞台裏に連れて行くよう屈強なボディーガードに頼んでも彼等は女の子達に蹴っ飛ばされアイアンズに近づくことも出来ないのだ。その光景は蝗（いなご）の大群が襲う映画の一コマを見ているようである。

そしてシナリオもまだ書かれていない段階の映画『チャイニーズ・ボックス』はＡＦＭで全世界のプリセール（先売り）が完売したのだ！　初めての経験であった。『チャイニーズ・ボックス』は正しく金の卵であったようだ。

ロンドンに戻った私は再び時間との闘いの日々である。シナリオは一〇頁しか書かれていないが返還日に間に合わせるためには撮影を開始しなければならない。しかしシナリオの問題の他に投資家との契約が終わっていなかった。契約完了までは私とフランスのセールス会社が少しずつ撮影中の香港の会社に送金しなければならないのだ。保険会社との映画完成保証契約が出来ていない段階での自己投資は危険であるが、製作マシーンは動いている。止める訳には行かない。私の弁護士が止めるのも聞かずに私は自宅を抵当にして銀行から金を借り、送金をしていた。しかし私は楽観的であった。既に世界中の映画配給権は売れている。映画が出来れば投資したお金は返ってくる筈だ。

映画が出来なければ？　私は『戦場のメリークリスマス』で映画が頓挫しそうになった時に大島渚が私に言った言葉を思い出していた。「六〇〇〇万円は英語の勉強代と思えば良いのですよ」。

六〇〇〇万円は大島が製作費として自宅を抵当に投資している金額である。そして傑作『戦場のメリークリスマス』が出来た。『チャイニーズ・ボックス』も傑作になる可能性があるのではないか。賭けるしかない。

裏切り　パート3　ウェイン・ワン（その二）

香港に来ている脚本家はトリートメントのストーリーに従ってシナリオを書く筈であるが、撮影数日後になっても三〇頁も書かれていない。いや書いてはいるのだが、変更を求めるワンと変更に同意しない二人の間で議論をするからである。

シナリオ無しで映画撮影は進んでいる。しかも私のロンドンのオフィスには契約条件である撮影されたデイリーが送られてこない。シナリオなしでどのように撮影しているのか。トリートメントのストーリーに従って撮影しているのだろうか？　不安になった私は撮影の真相を知るために香港に出かけた。

香港に到着すると同時にプロダクションオフィスに行き、撮影したフィルムを試写で観た。アイアンズの演技は素晴らしいがトリートメントのストーリーではない。判明したことは全て即興で撮影されていたのだ。契約条件に反した違約である。それをワンに指摘すると「香港での撮影には監督のインスピレーションに従った即興の映画作りをすることでベストの芸術映画が出来る」と言う。

彼は最初からトリートメントに従ったシナリオで撮影する考えはなかったのだ。一〇〇〇万ドル以上の大作映画がシナリオ無しで即興で作られている！　ワンは『チャイニーズ・ボックス』を使って実験映画作りをしているのではなかろうか？　しかし彼を降ろす訳にはいかない。これで『チャイニーズ・ボックス』がアメリカの一般劇場で大きく公開される夢は消え去ってしまった！　私は不安で眠られない夜が続き卒倒してしまった。

二か月半後にラフな編集をしたミュージック無しの映画をロスで見ることになった。出来上がった映画は最初のストーリーとは程遠い即興スタイルアートハウス映画となっている。ストーリーも一貫性がない。

私はワンに全面的に編集を変えて最初のトリートメントのストーリーに戻すように要求した。それには追加撮影が必要である。撮影費はセールス会社が出すことになった。

アイアンズは直ぐに追加撮影をオーケーしてくれた。コン・リーも説得の結果五日だけの条件でオーケーが出た。

香港返還日に世界中で公開する最初の目的は消えてなくなったが、トリートメントのストーリーは少なくともリチャード・ギアやショーン・コネリーがユニークでエキサイティングと認めたように、一般のアメリカ人観客用である。

ワンも契約違反を認めしぶしぶ追加撮影と編集を変えることに同意した。しかし一週間後に再びどんでん返しが起こる。ロスでラフ編集を見たヴェネチア国際映画祭のプログラム・ディレクターが「素晴らしい映画だ。是非ともヴェネチア国際映画祭のオープニング映画として招待したい」と言ってきてくれたのだ。

これで編集を変える希望は失せてしまったが大変な名誉でもある。トリートメントのストーリーを期待して先買いした世界のディストリビューターからの非難、そして契約破棄の悪夢をヴェネチア国際映画祭が救ってくれたのだ。しかし私は映画を判断する自身への信頼感を失なってしまった。

ヴェネチア国際映画祭でのフィアスコ（大失敗）

九月初めの映画祭オープニング日にも拘わらず映画が未だできあがっていない。遂にクロージング映画となってしまった。ワンが編集を何度もやり直していたのだ。彼自身も意識下で、即興で撮影したフィルムに不満があったのではないか。

オープニングとクロージングでは〝名誉〟に雲泥の差がある。

映画祭初日のプレスインタビューでジャーナリストたちが『チャイニーズ・ボックス』がオープニングフィルムでなくなった理由を聞かれた映画祭プログラム・ディレクターは、テクニカルな理由での遅れと答えたうえで、音楽も入っていないラッシュの状態で観た『チャイニーズ・ボックス』は素晴しかった。完成版は恐らくワンのベストの傑作映画となるのではないだろうか、と暗に『チャイニーズ・ボックス』が最優秀映画賞を取るような発言を彼等にしたのだ。映画への期待がいやが上にも盛り上がるのは当然であろう。英国の映画人たちが早々と私に「オメデトウ」と褒めてくれる。

プレス試写が始まった。ところが三〇分も経つとプレスの人たちからのブーイングが起こったのだ。これは非常事態である。通常プレスは試写では彼等の意見表示はしないのが慣習である。これで最優秀映画賞の夢は去ってしまった。

映画祭受賞式日である。私はプレス試写会のフィアスコで最優秀映画賞受賞は期待していなかったが、審査員長は映画に好意的との情報もあり何らかのメジャーな賞を得る可能性もあるのではないだろうかと一抹の期待を持って受賞式に出席していた。しかし『チャイニーズ・ボックス』はマイナーな音楽賞だけであった。それだけではない。何と全く期待されていなかった北野武監督の『HANA－BI』が最優秀映画賞を受賞したのだ！　カンヌ映画祭での『戦場のメリークリスマス』と同じケースである（第4章「亡き大島渚監督追悼記」参照。今井昌平監督の『楢山節考』がパルム・ドールを受賞した）。

名誉は灰と化し恥辱だけが残ったのだ。そして映画興行は大惨敗であった。NDF製作ファンドは投資家からキャンセルされてしまった。ヘビー級ボクシングでボディーブローが体にあたりリングで倒れるような打撃である。やっとインターナショナル映画界に確かな位置を築き始めていたNDFインターナショナル映画製作会社のポジションは、『チャイニーズ・ボックス』の失敗でガラガラと崩れ去ってしまったのだ。再び一からやり直さなければならない。唯一の慰めは私の第六感／直感は正しかったとの証明を得たことだ。映画興行の大失敗が私の映画を判断する直感の正しさの証明になったとはアイロニカルである。

ダメージは私だけではなかった。陽出ずる監督とハリウッドで持て囃されたワンはキャリアの坂を転げ落ち日没監督となってしまった。

何故優秀な監督であるワンが『チャイニーズ・ボックス』のような失敗作を作ったのか？　ワンは一〇代に中国本土からアメリカに移住してきた父親を頼ってきた。しかしコミュニストの父親との間の相克で悩んだ十代であったと聞く。アメリカで監督になった後はその負の遺産に蓋をしていたのだが、生まれ育った香港での映画作りで蓋が開き、精神的な混乱状態となったのではないかと私は推測している。

コン・リーを女神と賞賛した同じアメリカの批評家達は、容赦なく彼女の演技は木偶の坊と極評した。女神の幻影は儚いバブルであったのだろう。そして彼女のインターナショナルなスーパースターへの野望は無残に消えてしまった。

ヴェネチア国際映画祭プログラムディレクターはアマチュアディレクターと批判を浴び一年で解雇された。私は今でも『チャイニーズ・ボックス』関係者は中国という巨大なドラゴンが口から吹く毒に汚染されたか、または中国産バイラスが感染したのではないかと信じている。中国映画を香港で作ったカルマであろうか？

『ザ・ブレイク』（一九九八年、ロバート・ドーンヘルム監督）

『チャイニーズ・ボックス』の失敗でＮＤＦの経済状態は危機に瀕してしまった。スタッフのサラリーに会社の運営費用を払うキャッシュはゼロである。私は再び自宅を抵当に銀行から借金をして個人資金でＮＤＦの倒産を救う崖っぷち経営である。

すぐに収入が入る映画製作を捜さなければならない。それも製作費の高い大作が必要である（通常プロデューサー料は製作費とリンクしている）。しかし大作英国映画はハリウッドのメージャースタジオ製作である。私のようなインディーの小プロデューサーを必要としない。ＮＤＦの将来の目安が立たない。中小企業経営者が遭遇する危機である。

そこに友人である監督のニール・ジョーダン（『クライング・ゲーム』）から脚本が送られてきた。ライターは『クライング・ゲーム』で主演を演じたスティーブン・レイである。ニールは親友のレイのたっての頼みで資金調達を助けていたのだ。

ストーリーはスティーブン・レイが『クライング・ゲーム』で描かれた物語の後、ＩＲＡ（アイルランド共和国軍）のテロリストたちと別れてアイルランドからニューヨークに逃亡する。そこでラティーノ（南米からの移民）の若い女性に出会い恋に落ちる。彼女は彼と同じような暗い過去を背負いグアテマラからニューヨークに逃げてきているのだ。

彼女はラティーノのギャングに見つかりグアテマラに引き戻されそうになる。レイは殺されるのを覚悟で彼女を苦境から救うためにギャングと闘う。それは『クライング・ゲーム』で彼が射殺した英国軍兵士への贖罪であったのだ。

正しく『クライング・ゲーム』パート2と言えるサスペインス映画であるが『クライング・ゲーム』のエッジー（鋭さ）で深いテーマを持つ衝撃シナリオではない。しかも低予算の映画である。プロデューサー料も雀の涙程度で、数か月も投資家探しと企画開発に時間を割く余裕はない。

ニールには『クライング・ゲーム』を最初に断わった経緯がある。再び断わらなければならないのだろうか。逡巡している間にフィルム4からNDFと共同製作をしたいとの提案があった。ニールが私をプロデューサーとして推薦しているとのことなのだ。フィルム4は『クライング・ゲーム』のパートナーとして苦境を共にしながら共同製作をした戦友の間柄である。

ニールと同じくフィルム4も『クライング・ゲーム』製作で投資家が付かず製作が危ぶまれた時に、私が製作に参加し映画を救ったのを恩に着ている。フィルム4は『クライング・ゲーム』大ヒットとオスカー受賞で英国映画界の重要なプレイヤーとしてのポジションが磐石になったからだ。そこでフィルム4は私が共同製作に乗る説得材料として、彼等が製作費の大半を出し残り二〇％をNDFが出資するが、NDFは収益の四八％を得るという非常に良い条件を提示してきた。そのうえ私がプロデューサー料として要求した二五万ドルにも同意したのだ。私の銀行は『クライング・ゲーム』のパート2映画という私のピッチ（企画プロモーションの概要説明）で、担保無しでNDFの出資額である製作費二〇％のローンに同意した。その銀行も『クライング・ゲーム』で儲けている。二匹目のドジョウを期待し貸してくれたのだ。

NDFが存続出来るお金の目安がついた。

英国映画界では在り難いことに私が『チャイニーズ・ボックス』で失敗しファンドが無くなった会社とは知られていない。未だ英国映画界の重要なプレイヤーとのイメージがある。それが幻影であっても大切にしなくてはならない。

インディーの映画プロデューサーはポーカーゲームのギャンブラーである。それも勝つ札を持たないプレイヤーである。ブラフで勝負するのが映画業界でサバイバル出来る武器の一つだからだ。その通りに私は一九九七年の業界紙が選ぶ世界のエンターテインメントプレーヤー一〇〇人の中に再び選ばれたのだ。〝大作〟『チャイニーズ・ボックス』製作者であったからである。

監督候補の一人にアーサー・ペン監督の名前があった。私は彼の映画の大ファンである。衝撃作『俺たちに明日はない』（一九六七年）やマーロン・ブランド主演の秀作『逃亡地帯』（一九六六年）などアメリカ映画界の大監督である。

私は彼がこのインディーの低予算映画に興味を示すとは思っていなかったが、レイが彼の友人でこの企画の話もしていると言う。駄目元でオファーをすることにした。シナリオだが二週間経っても返事がない。電話をすると未だシナリオを読んでいない、次回作を準備中なので時間がないと言う。しかし彼は『クライング・ゲーム』は衝撃作と賞賛してくれている。

彼曰く「パート2であればニールが監督をするべきだ。アメリカの監督はアイルランド問題を深く理解していない」。正しいアドバイスである。しかしニールは自身の書いたシナリオしか監督をしない。そのうえ彼が『クライング・ゲーム』のパート2風な映画を監督する筈はない。

アイルランド出身の監督は大勢いるが、レイはアメリカマーケットのためにアメリカ人監督を固執している。レイは自身で書いたシナリオで主演するこの映画でハリウッドスターを目指していたからだ。そして有名ではないが、アクションスリラー映画監督として名前の出てきた彼の友人であるロバート・ドーンヘルムを連れてきた。

アイルランド映画はアメリカではヒットするジンクスがある。中産／上流階級アメリカ人の多くはアイルランドからの移民なのだ。アイデンティティー（自身の身元、出生）にこだわるアイルランド系アメリカ人（wasp）は祖先への郷愁からアイルランド映画を観るのだろうか。

この企画の宣伝惹句（宣伝文句）は「『クライング・ゲーム』パート2のアイルランド映画」である。そのプロモーションが功を奏して、アメリカ配給権はすぐに先買いされた。インターナショナルのディストリビューターの多くは『クライング・ゲーム』を買った会社であった。彼等も〝二匹目のどじょう〟組である。

撮影が北アイルランドで開始された。当時は未だ英国軍とＩＲＡの間は戦争状態であった。危険ではあるが紛争中の緊迫した雰囲気を画面に出す必要がある。その上にアイルランドの配給会社が北アイルランドで撮影する条件付きで配給権を高額で買っている。英国政府から援助金が出るからである。フィルム４側のプロデューサーによる英国軍とＩＲＡへの説得が功を奏し、撮影のために両者側で

2週間だけの〝和平協定〟同意が得られた。英国軍もIRAもこの協定はPRに役立つのだ。トニー・ブレア元首相とビル・クリントン元アメリカ大統領による調停で出来た和平協定締結以前である。『ザ・ブレイク』はアイルランド和平の先鞭をつけた映画であったと言えようか。

協定のお陰で北アイルランドでの撮影は上手く行った。戦時下のピンと張った緊迫感がある。ファーストシーンのアクションはスピーディーでインパクトのある映像である。しかしニューヨークでの撮影はフィアスコ（大失敗）であった。私たちインディーのプロデューサーがアメリカで撮影する映画には、ゲリラ戦法でユニオン（アメリカ映画業界組合）はつけないのが常識である。しかしフィルム4は半公共会社である。ゲリラ撮影はご法度なのだ。彼等の要求でユニオンのメンバーをクルーに付けユニオンの規定通りに撮影をしなければならない。製作費が二倍に跳ね上がってしまった。予算内で撮影するためにはシナリオにあるカーチェイスもラティーノギャングとポリスとの闘争シーンもカットするしかない。二〇〇人のエキストラが必要なモブシーンは何と一五人しか雇えない。出来上がった映画はアクションシーンもラティーノたちの感動的なシーンも無い、底の浅いつまらないアクション映画となってしまった。

私の銀行もこの映画を先買いした世界のディストリビューターも〝二匹目のどじょう〟の夢は無くなった。しかし私はこの映画で得た高額のプロデューサー料で次の大作企画『タイタス』の開発資金が可能になったのだ。

『タイタス』(二〇〇〇年、ジュリー・テイモア監督)

オフ・ブロードウエイ(NYの小劇場)でシェイクスピアの『タイタス・アンドロニカス』を演出し脚光を浴びていた監督がジュリー・テイモアである。古典劇『タイタス・アンドロニカス』を現代劇に置き換え『マッド・マックス』シェイクスピア版とも言えるオートバイ・チェイスや超暴力的なシーン、そして人間の肉も食べるカニバリズムなどショッキンな芝居が話題になっていたのだ。しかしジュリーが大ブレークをしたのは『ライオン・キング』の演出である。

『タイタス・アンドロカス』を観に来たディズニーの重役がブロードウエイでの『ライオン・キング』の演出と舞台装置を彼女にオファーしたのだ。インドネシアの紙芝居を使ったジュリーの舞台装置は『ライオン・キング』にぴったりであったからだ。オリジナルだけではなくシンプルで安上がりでもある。その安上がりの『ライオン・キング』が二五年経った今でも世界中で上演されており、ディズニーは一〇億七〇〇〇万ドル以上の収益をあげる金の卵に化けたのだ。

ロスに滞在している時に友人がランチにジュリーを連れてきた。私は『タイタス・アンドロニカス』も『ライオン・キング』の芝居も観ておらず、ジュリーが誰なのかも知らない。しかし私は彼女の語る東南アジアの芝居や文化知識の広さに感銘を受けていた。彼女は西洋文化に東洋文化を混合することで西洋文化の因習を破る試みを芝居でやろうとしているのだ。アメリカ人アーティストには珍しい人である。私とジュリーは意気投合しランチにもかかわらずワインで祝杯をあげた。このアーティストは将来ブロードウエイ演劇の地図を変える変革者になるのではないだろうか(実際の変革者は

『ハミルトン』の監督、創作者リー・マニュエル・ミランダであった。そしてジュリーはブロードウエイ演劇『スパイダーマン』のプロダクションデザイナー／監督であったが、ずさんな不良舞台装置で俳優が大事故を起し俳優から訴訟をされている）。

数日後彼女が送ってきた『タイタス・アンドロニカス』のビデオを観た。パワー溢れる芝居である。彼女のレターには私に『タイタス・アンドロニカス』映画化のプロデューサーになってくれないかとの依頼である。プロダクション・デザイナーは世界一のダンテ・フェレッティである。ダンテは私の友人でもある。電話をすると彼は同意しているという。そして彼の壮大で見事なデザインの数数を送ってきた。

シナリオは芝居以上にパワーがあり、ビジュアルでスピード溢れる殆ど完璧なものである。ジュリーは今まで映画を監督したことがないが彼女の才能に賭けよう。こうして『タイタス』（映画題名）の映画企画が本格化した。

まず企画の開発、製作資金の投資家探しである。ダンテのあっと驚くような豪華なデザイン入りのプレゼンテーションを作り投資家たちにアプローチするが、誰も興味を示さない。英国の投資家はアメリカの『ライオン・キング』の成功のニュースもジュリーの名声も知らなかったのだ。

この企画には二つのハードル（難関）があった。一つは製作費である。ジュリーが固執するプロダクション・デザイナーのダンテをつけると一〇億円の製作費となってしまう。当時のハリウッドスタジオ映画の映画製作費と同じである。二番目はシェイクスピア映画化である。『タイタス』は現代版シェイクスピアであるが、古典のイメージが災いしアートハウス観客用の映画である。この二つの解決策には有名なムービースターの主演が必須条件なのだ。ムービースターの多くはシェイクスピア・コンプレックスを持っている。シェイクスピアを演じることで本物の俳優と認められるからだ。

アル・パチーノが興味を示した。彼は自身でシェイクスピアのドキュメンタリーを創っているほどのシェイクスピアおたくである。私はジュリーとパチーノのランチミーティング出席のためにニューヨークに行くことになった。

パチーノは時間通りに颯爽とレストランに現われた。背丈はさほど大きくはないが均整がとれているので小さく見えない。座ると同時にシェイクスピア談義を始めた。例のパチーノの魅力的な声でジェスチャー入りである。オーラが漂っている。さすがマーロン・ブランドの継承者の一人と言われていたのも頷ける。隣のテーブルのゲストは食べるのも忘れて彼の話に聞き入っている。まるでアル・パチーノのシェイクスピア・マスタークラスなのだ。ジュリーが段々と不機嫌になっていくのが見て取れる。マスタークラススピーチが終わるとやっとパチーノはジュリーに幾つかのタイタスに関する質問を始めた。しかしパチーノはジュリーを見ずに彼女の背中にある鏡で自身の顔を見ながらジュリーに質問をしている。五八歳のパチーノは顔の整形手術を済ませたばかりであったのだ。私は嫌な予感がしてきた。

パチーノがジュリーにタイタスの年齢を尋ねた時である。彼女はパチーノの顔をじっと見ると「アル、貴方は二〇年前の『ゴッドファーザー』主演ではメイクで老齢のマイケルを演じなければならなかったでしょうが、『タイタス』では貴方はメイクなしで六〇過ぎのタイタスを演じられますよ」。パチーノは彼女の復讐パンチラインで一瞬たじろいでいる。

パチーノ主演の夢は消えてしまった。ロンドンからニューヨークまで高い飛行機代とレストラン代を払ったうえに、ジュリーとパチーノのアーティスト同士によるエゴパワーゲームの片棒を担がされたのだ。

ジュリーはニューヨークの狭い演劇世界のアーティストである。彼女がムービースターと上手く監督をしていけるのだろうか。残念ながら後述するように私の危惧は現実となったしまったのだ。

投資家もスターもいない『タイタス』の企画は硬直状態となった。一、二週間後にジュリーから電話で日本に一緒に行かないかとの要請を受けた。『ライオン・キング』の日本公演権を買った劇団四季の総帥浅利慶太が宣伝プロモーションで彼女を招待したのだ。私は偶然であるが、母の七回忌に出席するために日本に行く予定になっていた。ジュリーは日本滞在のホテル代は浅利慶太が払うと言う。では一緒に行こう。

私は『タイタス』の日本投資家探しを固執するジュリーを無視していた。私はスターもついていない無名監督のシェイクスピア映画企画に日本の配給会社や投資家が興味を示すとは考えられないからだ。また早い時点でプロモーションをするのは危険である。後で企画が実現した時には、投資家も日本のディストリビューターからも二番煎じの垢のついた企画、または賞味期限の切れた古い企画扱いをされる恐れがあるからだ。

浅利慶太自身が飛行場にジュリーを迎えに来ている。『ライオン・キング』公演は金のなる木と思っているのだろう。ジュリーをプリンセスのように恭しく扱っている。

有名な料亭での夕食会でジュリーが私を彼女の映画企画『タイタス』のプロデューサーで一五のオ

スカーノミネーション（四受賞）を取ったパワフルなプロデューサーと浅利慶太に紹介すると、興味を示した彼が私に日本語で私が関わった映画のリストを尋ねてきた。私の話が終わると彼は「あんたの映画はハイブロウでインテリ好みだが難しいねー。こんな映画が製作出来るのは旦那さんが金持ちだからだろう」。通訳から会話の中身を聞いたフェミニストのジュリーは驚いて私を見ている。そして黙って苦笑をしている私を信じられないと言うように首を横に振っているのだ。未だ日本男性は女性蔑視と思ったのだろう。

私には浅利慶太の発言は女性蔑視云々ではなく、未だに日本では女性プロデューサーはプロとして認知されていないのを認識した痛みであった。

私は母の七回忌を終えると早々とロンドンに戻ってきた。実現不可能な『タイタス』の企画に見切りをつけ、キューバの企画開発を始めるためである。私はハバナに恋をしていた。世界でもハバナほどセクシーで魅力的な街はない。ハバナで撮影する企画もできている。スペインの共同プロデューサー探しを始めた矢先に、ジュリーが日本から弾んだ声で電話をしてきた。ディズニーが『タイタス』の全ヨーロッパの権利を先買いする意向を示したので、ロンドン・ディズニーとディールをして欲しいとのことである。

家族映画にアニメ映画のブランド会社ディズニーが暴力に満ちた『タイタス』を上映する筈がない。そのうえ俳優も投資家もついていない企画である。私は半信半疑でディズニーのオフィスに行くと本当に彼等は買うと言う。ジュリーがディズニー映画の会長に懇願したのだ。『ライオン・キング』の大フィーバーでディズニーはジュリーに借りがある。彼女の要請を断わる訳にはいかないのだろう。

彼ら曰く、『タイタス』のアメリカ上映はディズニーのイメージを損なうがディズニーがヨーロッパで上映するのは問題ない、と言う。ディズニーが『タイタス』の権利を先買いしたニュースはたちまち映画界にセンセーションを巻き起こした。俳優のエージェントが次々に主演を演じるスターを推薦してくる。アンソニー・ホプキンスのエージェントはホプキンスがタイタス出演に興味を示していると言う。ホプキンスが芝居『タイタス・アンドロニクス』に〝惚れて〟いるのだそうだ。

当時ホプキンスは『羊たちの沈黙』（一九九一年、ジョナサン・デミ監督）の演技で一躍大スターになっていた（オスカー主演男優賞受賞）。メジャースタジオ映画製作のアクション映画では六〇〇万ドルが彼の出演料の相場である。『タイタス』の製作費は同じ六〇〇万ドルである。タイタスを演じる俳優には二五万ドルしか払えない……プロダクション・デザイン費が予算の多くを占めているからだ。私は断わられる覚悟で恐る恐るその金額をオファーすると、エージェントは暫く沈黙した後でホプキンスと話すことを約束してくれた。

同時にディズニーの紹介で当時マイクロソフトの映像部門の会社であったＣＢＳ（これ以後マイクロソフトとする）から製作費の大半を投資するオファーがあった。条件はディズニーとの契約完了そしてマイクロソフトのオーナーの一人（ビル・ゲイツの共同パートナー）であるポール・アレンがメインプロデューサーのクレジットを取る、等々である。

これで『タイタス』映画製作のめどが付いた。

私はジュリーとローマでロケハンを始めた。プロダクション・デザイナーのダンテも一緒である。彼のデザインは豪華で壮大としか言いようがない。一〇階建ての大きなビル全体を絹の布で覆い、ビデオのスクリーンにしてこれから起こるストーリーを見せる等、あっと驚くオリジナルなアイデアの数々である。しかし彼のアイデアを全て取り入れると製作費の殆どがデザイン費となってしまう。大幅にカットするしかない。私がダンテにシーンのカットの要求を始めた途端ジュリーが猛反対を始めた。そして私に「ミチヨは口を開く度にシーンのカットカットと壊れたレコードのように繰り返している。これでは良い映画は出来ないわよー」。

オスカー受賞を狙うジュリーはダンテが必要なのだ。ジュリーとのハネムーンは終わった。そして私たちの仲は少しずつ離婚に近づいて行ったのだ。

アンソニー・ホプキンスが主演をオーケーした。エージェント曰く、彼はシェイクスピア映画なら二五万ドルの出演料を承諾すると言う。芝居の出演と同じ出演料との説明である。しかし出演契約のサインが終わったと同時に二五万ドルを払う条件である。未だマイクロソフトとの契約も終っていない。撮影日は四か月後の予定である。しかし出演料は映画製作が頓挫しても払わなければならないリスキーマネーなのだ（これをPAY OR PLAYと言う）。しかし私はこのチャンスに飛びついた。

マイクロソフトとのゲリラ戦

マイクロソフトはこの企画の投資を決定した途端に〝ミチヨ降ろし〟を始めた。つまり厄介払いである。彼等にはＮＤＦインターナショナルのミチヨなどは必要としない。いや、極小プロダクションの極小女性プロデューサーが大作『タイタス』についているのは映画の品質を損なうと言うような高圧的な態度である。

まずマイクロソフトとの格闘前哨戦は、彼等がアメリカのパワフルなプロデューサーをマイクロソフトのオーナーであるアレンの代理として雇うことから始まった。彼はローマにやってくると私を無視しジュリーと製作準備を始めた。私はコーナーに押しやられてしまったのだ。

次には私がジュリーから買ったシナリオ権を私が支払った二倍の値段で買い取るオファーをしてきた。シナリオの権利はマイクロソフトが私を袖に出来ない保証書である。譲る訳にいかない。私は彼等のオファーを無視していた。しかし私は巨大な津波が襲う川辺で川に落ちないように必死に抵抗する一本の木になったような無力感を感じ始めていた。

そこにアンソニー・ホプキンスの出演料支払いのチャンスである。まるで天から落ちてきたクリスマスプレゼントではなかろうか。

マイクロソフトは世界一金持ちの会社であるが交渉相手は社員である。何事にも会社からの承認を得ないと決定出来ないのだ。私とマイクロソフトのプロダクション契約が未だ終わっていない段階では彼等はアンソニー・ホプキンスに二五万ドルは払えない。それに較べて私は自分で決定出来る強みがある。私はホプキンスとの契約終了後に個人で払うことに同意した。ホプキンスとの契約で私のプロデューサーのポジションは磐石となった。脚本権利だけではなくホプキンス主演契約保持者なのだ。ホプキンス無しでは『タイタス』のセールスバリューは無きに等しい。そのうえ将来ジュリーとの間に問題が出てきた時には、彼女を解雇し他の監督に変える権利もある。またまたマイクロソフトを袖にして他のベターな投資家と共同製作が出来る余裕も出来た。

私はマイクロソフトには内緒で英国の大会社にアプローチを始めた。この企画はホプキンス主演にディズニー・ヨーロッパ配給、そして『ライオン・キング』のジュリーが付いているゴールデンパッケージのピッチである。すぐに投資家は興味を示してきた。私は業界紙にプロダクション情報としてこのニュースを流した。

慌てたマイクロソフトは私が要求していた契約条件全てに同意をしたのだ。マイクロソフトが製作費一〇〇%出資をするが、プロダクションのコピーライトと利益（収益）は折半の共同製作である。私は投資のファンドを一銭も出さずに五〇%の権利と収益が得られるのだ。そのうえ彼等は、私がアメリカのプロデューサーと同じサイズのプロデューサークレジットを得ることにも同意した。

一匹の蜂である私が鮫のマイクロソフトと戦うには、彼等のアキレス腱を狙って〝ハチの一刺し〟をするしかない（田中角栄首相のロッキード・スキャンダルで内閣を倒した女性と騒がれた榎本三恵子の言葉）。ゲリラ戦は私が一勝、マイクロソフト一敗となった。

撮影がチネチッタ撮影所で始まった。マイクロソフトは私とのメモランダム契約（仮契約）だけで撮影許可を出し、撮影費をローマのプロダクションに送金してきた。それはローマの遺跡内での撮影許可が観光客が訪れない八月中だけで、撮影が遅れると製作出来なくなるからである。チネチッタ撮影所は私の映画学校のある懐かしい場所である。フェリーニ映画の撮影所でもある。撮影所で働く映画人の中には未だに私を覚えていてくれている人もいる。

私は撮影が滞りなく進んでいるのを見届けるとロンドンに戻った。アメリカ人のプロデューサーとの諍いを避けるためである。

撮影開始の一〇日後にホプキンスのエージェントから電話があった。ホプキンスが私と話しをしたいので至急ローマに来て欲しいとの要請なのだ。ホプキンスとは『ハワーズ・エンド』以来私のオフィスにも二、三回現われてランチをする仲である。『日の名残り』（一九九三年、ジェームズ・アイヴォリー監督）の撮影中に原作者のカズオイシグロを紹介したのも私である。

彼は開口一番、私に通訳をつけて欲しいと頼むのだ。プロダクションにはイタリア語の通訳がいる。しかし彼は英語の通訳が必要と言う。

「ジュリーとは直接話したくない。通訳を通して彼女と話すのがこの映画出演から降りずに続けていく条件である」

主演俳優と監督の仲が修復不可能なほど険悪になっていたのだ。撮影現場を取り仕切るイタリア人のプロデューサーに聞くと、ジュリーがシェイクスピア俳優でもあるベテランのホプキンスに手取り足取り演技指導をしていると言う。ホプキンスが彼女を完全に無視するのも当然である。私はすぐに知り合いの英国人通訳をつけた。

ジュリーがホプキンスに「トニー、次のシーンでは三歩後ろに下がってくれますか」と英語で話すと通訳が同じことを英語でホプキンスに繰り返す。すると彼がそんな演技は出来ない云々と反駁する。仲の悪い夫婦のようないびつな撮影である。

この時点で私はこの映画のオスカー受賞の夢どころか失敗作になる嫌な予感がしてきた。

マイクロソフトと私との最終契約は未だ完了していなかった。私の弁護士がサインを伸ばす戦術をアドバイスしたからである。私はマイクロソフト側がローマに来る前にチネチッタ撮影所と資材全ては「映画のコピーライト権利保有者であるNDFインターナショナル、ミチヨのオーダー無しには他の場所に移すことは出来ない」との契約を交わした。将来マイクロソフトが資材をアメリカに移すには私の同意が必要なのを見越して打った手である。この戦術は後ほど多いに役立った。

イタリア人撮影スタッフの反乱

撮影三週間目に突然ダンテから電話があった。彼曰く、イタリア人クルー（スタッフ）が撮影現場をロックアウトするらしい。彼等と話をしてくれないかとの要請である。アメリカ人プロデューサーよりイタリア語を話す私には彼等も腹を割って彼等の不満を率直に話すのではないかとのことなのだ。ローマに再び行くことになった。彼等の不満は第一にジュリーとプロデューサーによるセット内でのイタリア語禁止命令、そして不味いランチボックス、さらにサラリーへの不満が原因と言う。イタリア語を話さないジュリーはクルーが話すイタリア語が分からず、彼女の批判をしているのではないかとの疑惑からであるらしい。神経質なジュリーはホプキンスとの冷戦状態のうえにイタリア人スタッフへの疑惑でノイローゼ、いや精神錯乱状態らしいのだ。また食が文化のイタリアで経費削減のためにケータリング（配膳業者）を雇わずバーガーだけのランチボックスで一〇時間働かされる。クルーの言い分はもっともである。そのうえ製作費は最初の六〇〇万ドルから既に一〇〇〇万ドル以上に跳ね上がっているが、彼らへのフィーはそのまま据え置きであるらしい。

私は彼らのストライキを応援することにした。そして彼らにプロデューサーしか知らない内密の情報をも教えた。それはホプキンスのスケジュールに関する情報である。彼は撮影終了予定の四週間後には次の映画出演でロスに戻らなければならない。一週間ストライキで撮影が延びたらホプキンスの出るシーンをカットしなければならないのだ。プロデューサーとしては裏切り行為であるが、クルーのためには非常に役立つ情報である。撮影セットはシャットダウンされた。私がチネチッタ撮影所内の映画学校生の時に学校を閉鎖した思い出が蘇ってきた。チネチッタはストライキと因縁のある場所のようだ。

マイクロソフトの代表がローマに飛んで来た。そしてイタリア映画組合との話し合いでマイクロソフトはクルーの条件全てに同意し撮影は再開された。

クルーが勝ったのだ。

アメリカのプロデューサーはプロダクションから降りてロスに戻った。ごたごた続きの撮影の他に最作費が鰻登りに上がっていく責任を取りたくなかったのだろう。製作費をコントロール出来ないプロデューサーという批判を恐れたのだ。オーバーバジェット（予算超過）のプロデューサーは映画製作協会のブラックリストに載り、メージャースタジオから干されてしまう可能性があるからだ。

マイクロソフト代表は製作費支払いのために現金をスーツケースに入れローマにやってきていた。経費削減のためである。金持ちマイクロソフトといえども、プロダクションデザインが鰻登りに上がって行くのを苦慮したのだろう。

セット建築費やダンテのプロダクション・デザイン材料費をイタリア人業者にキャッシュで払うと二〇％割引になる。イタリア人業者の税金逃れの片棒を担いでいるのだ。マイクロソフトがイタリアマフィアのやり口を真似している！

メインプロデューサーのいない撮影セットは大混乱状態となってしまった。そして映画が完成した時には製作費は二三〇〇万ドルに跳ね上がっていた。最初の予算の四倍である。

撮影終了と同時にマイクロソフトはチネチッタ撮影所に資材全てをロスに送るよう要求したが、チネチッタ撮影所は私との契約を重んじてロンドンに送ってきた。マイクロソフトの凄腕弁護士から私に脅しの電話がかかってくる。しかし彼等はどうすることも出来ない。マイクロソフトと私との最終契約は未だサインされていないのだ。

最終的には私はマイクロソフトの要求全てに同意した。私の持つ全ての権利譲渡である。それは映画の権利五〇％、資材保有の権利破棄、そして資材を彼等のロスのラボに送ること。メインプロデューサーとしてのクレジットをマイクロソフトのポール・アレンの妹と共有する権利を破棄し、マイナーなプロデューサーの一人として小さいクレジットに同意等々である。アメリカ人のプロデューサーがクレジットを破棄したように、私も製作費もコントロール出来ない能無しプロデューサーとの焼印を押されたくない。その上に私はクレジットなど少しも尊重していない。今までお金を出す投資家には大きなクレジットを与えてきている。私は権利譲渡の見返りとしてマイクロソフトから一二〇万ドルを得た。

マイクロソフトとのゲリラ戦の勝敗は引き分けであろうか。

彼等の視点では極小女性プロデューサーと馬鹿にした私を袖に出来たのだ。私の視点では名を捨て実を取ったのである。これでわが社は数年間投資家探しをしなくとも好きな企画の開発が出来る。そして初めてスタッフにクリスマスボーナスも支払えるのだ。

ハチの私が鮫と闘えたのは、私の捨て身のゲリラ戦略だけではなく、彼等が映画製作のイロハも知らない、チネチッタ撮影所が何処にあるのかも知らない映画音痴であったのが幸いした。

映画の出来は残念ながら三ツ星の失敗作となった。馬鹿高いミュージックビデオを観ているような映画である。観客はダンテのプロダクション・デザインに拍手するが映画自体には拍手がない。乾いたハートのない映画だからだ。『タイタス』はオスカーを受賞した。しかしそれはジュリーの夢である監督賞受賞ではなくプロダクション・デザイナーのダンテであった！

『悪魔のリズム』（二〇一四年、ヴィチェンテ・ペニャロッチャ監督）ハバナ／キューバでの撮影日記

私は長いことハバナに恋をしていた。ハバナほど官能的で魅力的な街はない。建物は世界文化遺産に指定されているほど風情がある。その文化遺産を背景にハバナのミュージシャンたちがキューバ・ミュージック、サルサを演奏している。

キューバは南米きっての映画王国である。映画人は優秀で勤勉である。またヨーロッパの一〇分の一の低予算で撮影出来るXファクター（特典）もある。ハバナで映画を作ろう。

当時ロンドンでキューバのダンサーたちによるミュージカルが話題になっていた。林檎のようなお尻を振ってサルサを踊りまくるダンサーたちの質の高さは目を見張るばかりである。そしてストーリ

ーも面白い。私はそのミュージカルの若いライター兼監督に企画のシナリオライターをオファーした。但し私との共同脚本書きである。

私は彼ほど奇想天外な英国人に会ったことがない。一八歳から監督、ライター、そしてプロデューサーとして世界中でミュージカル芝居を上演している。それも全てゲリラ戦法なのだ。

私たちは早速ハバナにレッケー（シナリオハンティング）に出かけた。数日後のある日ライターがミーティングの場所に現われない。前夜、秘密のゲイクラブでキューバ男と本番のセックスをしていた最中に逮捕され悪名高いキューバ監獄に放りこまれていたのだ（ゲイ行為はキューバで違法行為）。

キューバの刑務所ほど汚い場所はないと言われている。刑務所に行く訳には行かない。そこで彼に電話をすると意外に弾んだ声で、シナリオを既に書き始めているので一週間後に取りに来て欲しい、とのこと。送ると検閲で削除される可能性があると言う。私は今まで一度も刑務所に行ったことがない。それなのによりによって世界一おぞましいキューバの刑務所に行かなければならないとは、と因果を嘆きながら出かけてみると、案の定汚物で詰まったトイレからの水が外に流れており異様な匂いが周囲に漂っている。面会所に現れた彼はズボンに隠していたシナリオをテーブルの下から私に渡した。変な匂いがする。聞くとパンツの中に隠していたので精液の匂いなのだ！　そしてミュージカル芝居を作ったので観て欲しいと言う。彼は何と監獄内で囚人たちを集めてシナリオを下敷きにしたミュージカルを作っていたのだ。毛むくじゃらの身体の囚人たちが、敷布で作ったミニスカートの女装姿で男性役のダンサーとサルサを踊っている。歌と踊りの国らしく彼等のパフォーマンスは素晴らしい。看守も楽しそうにハミングをしている。サルサの女役ダンサーを演じている囚人の一人が食べるのを禁止されている牛肉を大量に売買した罪で捕まっていた（牛肉は奢侈な食べ物で輸入品。ドル不足のキューバでは牛肉の密売は殺人犯と同じ二五年の監獄行きであった）。

ミュージカルは面白かったが企画の脚本の出来は不味い。少しもシネマティック（映像的）ではないのだ。しかしストーリーのヒントを得た。テーマをアメリカの恥部と言われるグアンタナモ収容所を背景に貧しいダンサーとアメリカ人脱走兵との禁じられた恋にする。キューバ版『ロミオとジュリエット』である。

グアンタナモ収容所はアメリカの偽善と二〇世紀世界政治の歪みの象徴である。無実かも知れない収容者がオレンジ服で鎖に繋がれ、アメリカ兵による過酷な拷問を受けている。一方ハバナの街は映画『ブエナ・ビスタ・ソシアル・クラブ』（一九九九年、ヴィム・ヴェンダース監督）のシーンのように、歴史的な文化遺産の建物を背景に踊り歌うセクシーなイメージで横溢しているのだ。この二つをテーマにすることでキューバの影と陽が描けるのではないか。

私は先ず自分一人でストーリーを書くことにした（後に監督と共作）。ライターが出獄するのを待つ訳にはいかない。

ストーリーの概要――アメリカ人のグアンタナモ収容所監視官が、テロリストの疑惑で収容されている無実のアラブ人に死に至る拷問をする。しかし自責の念から神経衰弱となり収容所から嵐にまぎれて脱出する。ダンサーに助けられ恋に落ちるが、秘密警察に捕まり殺害される政治絡みのラブロマンスである。

このストーリーは好評ですぐにストーリーの概要だけで投資家から開発費のオファーがあった。しかしこの企画をキューバで撮影するには難問がありすぎた。グアンタナモ収容所はアメリカとキューバ両国にとって恥部の場所である。そのうえキューバではアメリカ男性とキューバ女性との恋はタブーなのだ。キューバでの撮影が無理なら近隣国との撮影も視野に入れて、グアンタナモ収容所内のロケハンを敢行することにした。収容所内での撮影はご法度であるが、グアンタナモ収容所を見なければプロダクション・デザインも出来ない。訪問許可を得る苦肉の策として偽の台本をキューバ映画財団に提出し、収容所内実態ロケハンの許可を得た。テレビで見る通りに収容者たちは炎天下でうだるような暑さにもかかわらず、赤い囚人服で手足を鎖に繋がれ檻の中に座っている。グアンタナモ収容所は世界一脱走不可能な要塞と言われている。何故動物のように鎖に繋がなければならないのだろうか。アラブ人収容者の多くはシリア、イラク等の観光客、または親戚を訪問していて捕まった無実のアラブ人たちであると言われる（囚人たちの弁護士によるレポート）。

容疑者の家族達は収容所から近いウオッチタワーから双眼鏡で収容所内を見ている。しかし所内は余りにも広大で、収容者どころか人っ子一人見えないのだ。見学者の中には収容者の名前を書いた凧を空高く飛ばしている人もいる。囚われ身の息子に会えないとしても、せめてもの思いを込めた凧揚げなのだろう。

フィデル・カストロ将軍への直訴

キューバの映画財団と文化庁にハバナでの撮影許可の要求を二年間していたが埒があかない。私の書いたシナリオの削除、改訂命令を受けていたのだ。脱出不可能なグアンタナモ収容所からの脱走ストーリーはキューバの威信を傷つける。アメリカ人とキューバ女性の恋は法律で罰せられる禁止事項との理由である。彼等はスペイン人とキューバダンサーのストーリーをサジェストしてきた。グアンタナモ収容所収容所のストーリーにはアメリカ兵士でなければならない。私の書いたストーリーでのキューバ撮影は不可能なのだ。

そこでゲリラ戦法でフィデル・カストロに直訴をすることにした。私はちょうど毎年行われるハバナ映画祭時にカストロが迎賓館に映画祭出席者を招待した時のゲストの一人であったからだ。独裁者のカストロの承認があれば可能ではないかとの一抹の希望である。

アジア風な造りの迎賓館の入り口では、長身のカストロがおなじみの戦闘服姿でゲスト一人一人に挨拶をしている。当時七〇歳を越していたにもかかわらずエネルギッシュでセックス・アピールとオーラが身体から発散していた。

カストロに「この映画のテーマであるアメリカの偽善、そして真のキューバを描くためにはキューバで撮影する必要があります」と言うと、東洋の女性プロデューサーに興味を示したのか、私の肩に大きな手を置くと「この国と私のストーリー（？）を書くのなら、貴女が眠りに就くまで（僕のベッドで）何時間でも語ってあげよう、子守歌のように」。カストロは反アメリカ映画なら彼の自伝と勘違いしたようなのだ。しかしカストロのセクシュアルなユーモアに招待客は拍手し会場は和やかな雰囲気になった。

直訴は不発に終わったが、亡くなる前の哀れを催す老いさらばえたカストロと較べ、セクシーで元気であったカストロからベッドに誘われた（？）会見は希少価値ではなかろうか（二〇一六年にカストロは死亡した）。

角川歴彦角川書店会長への直訴

製作の投資家探しが始まった。スペインのプロデューサーが合作映画の共同プロデューサーとして製作費四〇%を投資するオファーをしてきた。キューバは元スペインの植民地である。キューバでの撮影には国から潤沢な補助金が出るのだ。残りの六〇%探しをしている時に、カンヌで角川会長主催のディナーに招待された。その席で彼は映画と文学への助成金ファンドを設立したと語っていた。

私がキューバを舞台にした企画でカストロに会ったエピソードの話をすると、彼はおかしそうに笑っている。そして私の企画に彼のファンドから製作資金を得るよう薦めてくれたのだ。

紆余曲折があったが角川基金から製作投資金を得た。

カストロへの直訴は失敗したが角川会長への直訴は成功した。残りは英国の税法スキームを使ってのファンドである。これで製作の目途がついた。

撮影を三週間後に控えた日に、私は世界のディストリビューターとのミーティングのためベルリン映画祭に出席していた。ミーティングの場所である英国映画協会オフィスに入った途端、地震が起きたような大混乱状態である。何と一時間前に大蔵大臣が映画の税法スキームを使っての投資を次の日から打ち切る声明をしたのだ。撮影中の映画を除く全ての企画投資はキャンセルされた。七〇近い企画がその犠牲となり製作不可能になったのだ。私のハバナ企画もその一つである。デモクラシーの発達した英国でこのような事態が起こるとは信じられず、私はボーっとしたままであった。ミーティングどころではない。事態の収拾策のためにロンドンに戻ることにした。

私は既に監督や主演俳優たち、そして主要なクルー（撮影スタッフ）との契約を済ませていた。撮影しなくとも支払わなければならない。その金額は三〇万ドルである。

その夜一睡もせずに対策を考えた末に、撮影を決行することにした。将来プロデューサーを続けていく最も大切な要素は、映画界での信望と今まで培ってきたビジネスパートナー達との信頼である。一度彼らの信頼を裏切ったら映画界で生きられない。ここで降参する訳にいかない。

この企画の税法スキームと使った投資金額は一二〇万ドルであった。しかしポストプロダクションの税法を使うと六〇万ドル取り返すことが出来る。最終的には六〇万ドルの投資であるが、撮影しなくとも三〇万ドルを払わなければならない。実質損額は三〇万ドルなのだ。自宅を抵当に銀行からのローンと家族からの借金で賄うことにした。映画がヒットすれば個人での投資金額は返済されるだけではなく、大きな利益が生涯にわたって入ってくる。失敗作となっても、映画が残る。再編集をし直して世界に売る可能性もある。映画人は皆ドリーマー＝夢見る夢子である。私も夢子のプロデューサーなのだ。では夢に賭けよう。

『戦場のメリークリスマス』製作が頓挫しそうになった時の大島渚の言葉が私の脳裏に再び蘇ってきた。

「六〇〇〇万円は英語の勉強代と思えば良いのですよ」

ハバナ撮影の救世主は小人氏

カストロによる革命以来アメリカから輸出入制裁規定を受けて為にキューバ人は貧乏に喘いでいる。キューバの平均月収額は二〇ドルだという。しかし食べる物にこと欠く困難な状況の下でも、彼らはしたたかに活き活きと生活している。

ここでその一例を紹介しよう

ある夜、ハバナ名物マレコン通り（マレコンは隠語で「お釜」）を撮影監督たちと歩いていると、後ろから松葉杖の子供がずっとついて来る。その子供は人気がなくなった途端私たちに「家族ビデオを見せたいので家に来ませんか」と話しかけてきた。よく見ると子供でなくミジェット（小人）であったのだ。私たちは観光客用に家庭料理と銘うった自宅レストランでの食事つき鑑賞会と早合点し、もう食事は済んだのでと断った。これをスペイン人のクルーの一人に話すと、ビデオを見せるのは口実でその男は娘を外国人とセックスさせることで生計を立てている父親であるに違いないと言う。売春は不法行為で罰せられるのだが、一夜で一か月のサラリーを稼ぐとなれば家族ぐるみで娘を売る。公務員でも二つ仕事を持たなくては生活出来ないのがキューバの現状である。特に彼のような障害者では仕事を見つけるのも困難であろう。彼は早速その夜小人氏の家に行き、ビデオを家族と五分間見た後に寝室に案内され、俄か恋に落ちた娘と非常にセクシーな夜を過ごし二〇ドルでその家族ビデオを買ってきた。彼曰く「その娘の二つの林檎のようなお尻はしゃぶられずにはいられない」。

最初は子供と間違えたこの小人氏は凄腕のビジネスマンだった。小さいアパートだがそれを細かく仕切って、美容院経営の他に娘の売春、それにお釜通りで摑まえてきたバックパックの外国人ツーリストには廊下の一角にマットレスを敷き宿泊代を取る。

彼はその後、ずば抜けたマルチビジネス感覚を駆使して不可能に近いハバナでの映画製作を可能にしてくれたのだ。カストロ直訴失敗後キューバでの撮影が不可能と判断した私は撮影場所を近隣国のドミニカ共和国の首都サントドミンゴとスペインに移すことにした。すると高収入を期待していた仕事が他国に取られそうな状況に慌てた小人氏は、秘密裏にハバナでの撮影をアドバイスしてきた。

まず音楽ビデオ撮影と称して許可を得る。私たちは早速偽の音楽ビデオのシナリオをでっち上げた。音楽ビデオのシナリオにはグアンタナモ収容所もアメリカ兵もいない。ダンサーとスペイン人ダンサーの悲恋物語である。そして撮影が開始されたが、常時二人の警官がシナリオ通りに撮影をしているかどうかを監視している。最初のシーンは〝世界一難攻不落〟のグアンタナモ収容所からの脱走シーン撮影である。これはもちろんミュージックビデオにはない。ビデオのシナリオは、お釜通りでダンサーとスペイン人ダンサーの二人が水を浴びながらキスをするシーンである。機転の利く小人氏はお釜通り下で撮影をするアイデアをアドバイスしてきた。お釜通りは大波が道路に降り注ぎ、道行く人たちがどしゃぶりになるので有名なハバナ名物の場所である。下から見ると嵐の襲来に見える。嵐にまぎれての脱走シーンにぴったりの場所であるうえに警官は下には来られない。サスペンス溢れるシーンが撮影出来た。

次はアメリカ人脱走兵とキューバダンサーの過激なセックスシーン撮影である。警官二人の目を掠めて撮影するにはどうすれば可能になるかを小人氏に相談すると、いとも簡単とばかりに「彼らをランチに招待すれば良いのです」と言う。

それもキューバ名物のブラックマジック、サンテリア（鶏を殺しでその血で占う）の撮影をした後に同じ家で盛大な昼食をとる。キューバ人の大半は常にお腹を空かしている。三度食事を取る人は特権階級であろう。食べさせると言うと断る人はいない。サンテリアマジックはキューバ人には神聖な儀式であるうえに高価である。普通のキューバ人には高値の華なのだ。監視役の警官たちは嬉しそうにしている。そして〝観光客〟として出席していた私が日本人と分かると「日本人ほど正直な民族はいない」と日本大賛辞である。その世界一正直な日本人プロデューサーの私は、その間に彼ら警察官を煙に巻いて、第二撮影班に秘密の場所でセックスシーンを撮影させていたのだ。おかげでハバナの官能的な雰囲気の中で濃厚なセックスシーンが撮れた！

また主人公がCIAと秘密警察に追走されピストルで撃たれるシーンはワオ・ワオと呼ばれるバスの中で撮ることになった。小人氏曰く「一時間か二時間おきにしか来ないバスの中では出産に殺人、暴行にセックスと人生の全てが展開するほど凄まじい。ホラーシーンには最適な場所である」。またこれも小人氏のアドバイスで、私は撮影中はプロデューサーではなく日本からの〝観光客〟を装った。警官の疑惑を恐れての配慮である。

そのうえ彼は不法であるアメリカ人ミュージシャンによるキューバでの映画音楽レコーディングをも可能にしてくれたのだ。

キューバ音楽にこだわる私はキューバでのレコーディングのために、当時ヒップホップのナンバーワンと言われたアメリカの歌手に連絡すると「ハバナでキューバのミュージシャンと音楽制作が出来るのなら無料でやろうではないか」との色よい返事があり、彼のコネでマドンナ、デヴィット・ボウイ、マイケル・ジャクソンの音楽プロデューサーたちが参加することになった。

しかし入国が禁止されている米国人ミュージシャンをどのようにしてキューバに入国させるのか、と頭を抱えた私を見て小人氏は「ミュージシャンたちには病院用にアメリカ最新薬を持ってきてもらってはどうだろう。アメリカ人は、僕たちキューバ人は全員貧困に喘いており薬も買えないと思っているのでアメリカもキューバも人道目的でビザを出す筈だよ」とペロッと舌を出して笑った。彼は大勢のキューバ人と同じくアメリカには憧れと憎しみの感情を抱いている。〝貧困に喘ぐ〟キューバの誇りは、無料である世界最高水準の国民健康保険システムと南米一の識字率を誇る教育である。病院の機材は古いが清潔で医者と看護婦達のレベルは高い。また全ての学校は大学まで無料である。七〇%の若者は大学卒なのだ。特にバレエ学校は黒人若者の憧れである（例えば黒人系として初めて英国ロイヤル・バレエ団のプリンシパル・ダンサーとなったカルロス・アコスタはキューバ出身）。それに比べ世界一金持ち国アメリカはオバマケアーをトランプが破棄し未だ全国民健康保険システムが無いのはアイロニカルではなかろうか。

〝人道目的の薬〟を持ったアメリカ人ミュージシャンたちがハバナ空港に到着した。最初の予定では空港に着いた彼らをオーガナイザーがＶＩＰルームに直行させる手筈であった。しかしＶＩＰルームに入る直前にキューバの入国監視官がストップを命じた。アメリカの有名ミュージシャンと聞いた税関は麻薬持込みの疑惑を持ったようなのだ。出口で待っていたオーガナイザーは心配で生きた心地がしなかったらしい。しかし人権擁護団体ヒューマン・ライツ・ウォッチが発行してくれた「お墨付き」のレターが威力を発揮し、ボディチェックも薬の検査もなく入国できた。ドルを渇望するキューバはアメリカ人のキューバ入国を割合簡単に許している。しかし問題なのはキューバからアメリカに帰国する時であるが、お墨付きのお陰で帰国も無事にできたのだ。

小人氏はハバナ撮影に貢献した救世主ではあったが、同時に海千山千のしたたかなビジネスマンでもあった。

キューバに送金する手続きの許可が下りずキューバ人クルーたちへの支払いが遅れると、ハバナで撮影を助けていた私の息子の航空券とパスポートを押さえ出国を阻止してしまったのだ。金と引き換えの「人質」作戦である。

小人氏と知り合ってから撮影が終わるまで、彼との打ち合わせの場所はマレコン通りであった。電話もないが会いたければそこに行けば良い。彼がいなければ通りにいるキューバ人に伝言を残す。どのようなシステムか分からないが五分後には彼はお釜通りに現れるのだ。

撮影終了と同時に小人氏は蜃気楼のように消えてしまった！　別れの挨拶をしようと彼の自宅に出かけたが既に他人が住んでいる。映画『スティング』風ではなかろうか。家族と友人がぐるになってポール・ニューマンとロバート・レッドフォードを演じている！

色々な思惑が錯綜した撮影ではあったが、小人氏の協力のおかげで撮影は滞りなく終わり資材は無事にロンドンに送られたのだ。

最終的には予定していたように他の税法を使い六〇万ドルは取り戻した。映画興行は失敗であったが（ただし、スペインではヒットした）、ケチケチ生活とその後の映画製作からの利益もあり、数年後には自宅を売らずとも借金を返済できた。その上にシンプルライフと称して外出はタクシー無しの歩く生活で、出っ張って来ていたお腹も引っ込む得点もあったのだ。

ヒットしたのは素晴らしいと絶賛された映画音楽である。キューバ音楽ブームに乗り今でもコマーシャルにも使われている。

まあまあのハッピーエンドではなかろうか。

『パニック・トレイン』（二〇一四年、オミッド・ノーシン監督）

映画製作は気を抜くことが出来ない。インターナショナル・フィルムメーカーになる夢を目指して全力投球で映画製作をしてきた長い間の疲れが心身共に感じられる。サバティカルで一年休暇を取ろう（欧州では一年長期有給休暇をこのように言う。会社は社員にこの休暇を義務付けている）。そして私のアシスタントとしてオフィスで働いている息子に仕事は任せてカリブの海の家に出かけた。以前『タイタス』からの収入でカリブ海の小さい島に海の家を友人から買っていたのだ。ドルの威力で現地通貨二〇〇〇万円の家を五〇〇〇万円で買った家だが、海辺に建てられた四寝室のある豪華な家である。その家で終日、海で泳ぎ海を見ながら私の人生を振り返るメモワールを書き、夜は友人たちと夕食の生活を一か月した後に再びロンドンに戻ってきた。映画が観られない生活に飽きてしまったのだ。

オフィスに戻ると息子と若いハンサムな男性が待っていた。ライター兼監督と言う。そして彼の書いたシナリオと共に製作費の詳細、撮影クルーのリストにコンタクトした主演俳優のリストが私の机に置いてある。製作費さえあれば明日にでも撮影が出来る『パニック・トレイン』企画プレゼンテーションである。

息子は私のいない間にエージェントから送られて来る二〇以上のシナリオ全てを読んでおり、その中でこのシナリオに惚れたと言う。クールなアクション満杯のサスペンス映画である。私はアクション映画をこれまで作っていなかった。社会性のない娯楽映画作りには興味がなかったのだ。しかしシナリオを読むとスリル満点で面白い。観客の志向も変わってきている。会社のポリシーも多様化する時期だ。若い世代の息子が若い観客用映画を製作するお手伝いをしよう。「自動車のバックシートに座る時が来たようだ」（サッチャー元首相の有名な言葉）

息子には私とコネクションのある投資家たちを紹介し、一〇か月後には何と製作費一〇〇％が集まった。私の〝アート映画〟企画では開発から撮影までに漕ぎつけるには通常二、三年間かかる。ジャンル映画（アクション／サスペインス、ロムコム等）の強みを見せつけられた。

汽車のコレクターから借用した五〇メートル近い汽車をスコットランドからロンドンのパインウッド撮影所まで運んできた。撮影場所はこの汽車の中だけである。長い列車が街の中を走っているので道行く人は何事かと驚いたようだ。

監督はこの映画が第一作である。しかし神経質にもならずに意気揚々と働いている。撮影クルー全員が二〇代のセットの中はエネルギーで満ち溢れている。息子は一本立ちしたのだ。五歳からカンヌ映画祭に連れて来て俳優たちと交わっていた彼は映画界の中で育っている。セレブのムービースターと仕事をしても少しも臆するところがない。蛙の子は蛙なのだろう。

セールス会社がフィルムマーケットで一五分のプロモを見せたところ日本を含む八〇か国にプリセール（先売り）された。そして映画が完成後には世界一三五か国に売れたのだ、全世界完売と言っていい。（全世界は一九六か国であるが、アフリカ、中近東は数か国一緒に売買される）。

試写にはカズオイシグロも駆けつけてくれ、素晴しいコメントをメールで監督にも息子にも送ってくれた（注：日本の配給会社はイシグロのコメントを宣伝で使っていたので覚えている読者もいるのではないだろうか）。

映画は批評も四ツ星で英国映画祭最優秀映画賞にもノミネートされた。息子のプロデューサー第一作は成功である。私は彼を会社の役員に昇格させ、これ以後NDFインターナショナルが製作する映画の全ては彼と共同製作をすることにした。若い映画人には若い映画界のネットワーキング（交流）がある。私のオールドスクールのネットワーキングと混合すると二倍のパワーが出る筈だ。

一年後、監督が突然自殺をした。汽車への飛び込み自殺である。二週間程前には美人の妻と我が家に夕食に来て次回作の企画の話などを楽しくしたばかりであった。

何が彼に起こったのか？　誰も原因が分からないミステリー映画を自作自演して死んでしまったの

だ。彼は一〇代から映画の魅力にはまり、映画監督を夢見て生きてきた映画人の一人である。スピルバーグを志しハリウッドに乗り込んでメージャースタジオ大作の映画監督になるという野望が実現出来ない失望感からだったのだろうか。

一つだけ確かな真実は、彼は〝名も無きヒーロー〟であったことだ。そしてまた一人英国から才能のある若い映画人がいなくなってしまった。残念である。

『街の小さな光』（City of Tiny Lights、二〇一六年、ピート・トラヴィス監督、日本未公開）

息子のプロデュース第二作である。原作は同名のベストセラー小説。そして原作者自身がシナリオを書いている。

私は息子から渡された原作本を海の家で読んでいた。物凄く面白い。ロンドンの下町に住むイスラム社会のストーリーである。しがない私立探偵と娼婦との関係そしてＭＩ５（英国ＣＩＡ）が絡み英国政府の偽善が暴かれていく。英国社会を反映した政治的なサブジェクトであるが、商業性のある一般観客用の映画でもある。

映画を撮影した二〇一六年の英国はイスラム人による爆弾テロが相次ぎＩＳＩＳ（イスラム共和国を標榜するテロリスト集団）に参加するアラブ人コミュニティー（在留アラブ人地域）の若者達が中近東に密出国して行くのが問題になっていた。一〇代の女の子がＩＳＩＳの花嫁になったり、ＩＳＩ

Sに感化された英国男性が拉致したアメリカ人を打ち首にするおぞましい殺人事件が起こったりと、不穏な状態であった。

私は早速本の権利を買い、この企画を持ってきた息子をメインプロデューサーにたてて投資家探しを始めた。直ぐにBBC映画部が製作費四〇%の投資に同意した。そしてBFI（英国映画協会）から援助金三〇%も得た。BBCやBFIのような公共の会社の投資部門は時局的なサブジェクトの企画を援助する義務を負っているからからだ。特にイスラム社会を描いた企画は彼等の援助金最優先事項である。残りは銀行のローンで製作が可能になった。

主演は『ローグ・ワン／スター・ウォーズ・ストーリー』（二〇一六年、ギャレス・エドワーズ監督）にも出演したパキスタン系イギリス人俳優として有名なリズ・アーメッド（二〇一九年の『サウンド・オブ・メタル～聞こえるということ～』でオスカー主演男優賞候補）である。製作準備が始った。ところが最初のシナリオを読んだBBCからクレームが付いてきた。探偵のアシスタントが爆弾を入れたリュックサックを持ち地下鉄に乗るシーンをカットするようにとの要請である。同じような事件が数か月前に発生したとの理由である。またドラッグ売買のシーンもカット。BBCのルールに反するという。英国映画協会からも注文が出た。ストーリーに出てくる女性たちは娼婦か未婚の母である、もっと一般の女性たちに変えられないだろうか！

公共機関のファンドには自社検閲という落とし穴があったのだ。彼等の要求に同意すると小市民家庭のキッチンシンク（台所を中心にした家庭映画）の映画しか出来ない。そして最終シナリオは原作とは程遠い玉虫色のストーリーとなった。監督もライターも大反対である。

そこで私たちは密かに最初のシナリオを使って撮影をすることにした。ＢＢＣが撮影見学にくる日は最終シナリオに切り替えよう。『カーマ・スートラ／愛の教科書』で使ったテクニックの応用である。ばれるとＢＢＣのブラックリストにのり〝お出入り御免〟となる。しかしありがたいことにＢＢＣの担当当時者は撮影中に辞職した。映画はお陰でスピード感のある面白い映画が出来た。トロント国際映画祭にも招待され賞は逃がしたもののNetflixが高額で世界配給権を買い、ＢＢＣからは感謝のレターが来た。英国映画協会からは何の連絡も無かったがブラックリストにも乗らなかったのだろう。今では彼等と次回作を作っている。勝てば官軍を実証した映画製作であった。

インディー映画プロデューサーには意図したテーマで満足の行く映画作りには相手の裏をかく知恵が必要ではなかろうか。

『カーマ・スートラ／愛の教科書』

第8章 プロデューサーとは、そしてその役目

プロデューサーはオーケストラの指揮者

私はしばしば人から「プロデューサーとはどのようなことをするのですか？」との質問を受ける。俳優は演技をする。監督は俳優に指示を与える。しかしプロデューサーの役目が分からないのだ。「プロデューサーとは」を一言で言うと、ミュージカル演劇のオーケストラの指揮者とでも言えようか。ミュージカルの指揮者は観客が見えない舞台の下で指揮をする。映画のプロデューサーはスクリーンの裏で指揮をする。

まずプロデューサーはオスカー受賞が可能になるようなクールな企画を見つけ権利を取得する。ここまでが家の建築に例えると製図（図面）描きである。次にはライターや監督を見つけてシナリオ作りをする。家の土台作りである。第三段階は投資家を見つけ製作費を確保する。四段階から俳優たち、そして八〇～一〇〇人程の製作クルー全員と契約する。ここから建築工事（撮影）が始まる。そして撮影が滞りなく進行し映画が出来るまでの仕事をする人がプロデューサーの定義と言えようか？　しかしこれで終わりではない。出来た後は映画が世界中でヒットするようにあらゆる宣伝プロモーショ

ンをする。最終ゴールはオスカーや権威のある映画祭での最優秀映画賞受賞である。

指揮者が関わるのはリハーサルからショーが終わるまでの数週間であろうが、プロデューサーは企画の立ち上げから映画が出来上がるまでの期間、ライター、監督と創作の過程に参加しにわか仕立ての家族となって一緒に映画製作をしていくのだ。一年以上の家族関係である。指揮者より長いスパンでの創作仕事なのだ。

また私は女性の人生を凝縮したのが「プロデューサーとは」の的確な答えの一つではないかと思う。ラブメーキングをした後に妊娠、一年近い準備期間を経てベービー誕生、子育ての後、子供が成功し、親孝行であれば親に仕送りをして助けてくれる過程である。

プロデューサーは映画の永久所有権利保持者である。ヒット作の映画プロデューサーは生涯にわたって世界中から映画使用の収益を得られる。それは孝行息子（娘）と似ているのではないだろうか。

こうしてみると女性はプロデューサーに適した仕事と言える。一〇〇人ほどのクルーを指揮する仕事は肉体的にも精神的にもタフでなければ出来ない。プロデューサーがボーイズ・オンリー・クラブ（男性独占クラブ）であったのも頷ける。しかし二〇世紀末から二一世紀のインディー映画は各国のプロデューサーと共同製作をしなければ映画が出来ない時代となって来ている。高い製作費集めには各国の公的援助金や私的な投資ファンドを組み合わせる必要があるからだ。そこに女性プロデューサーの出る幕が出てきた。他の企業同様に、欧州の映画公共機関の多くは女性重役起用をしている。政府からのアドバイスだけでなく、ポリティカルコレクトネス（社会的適性）だからだろう。彼女たちとチームを組まなければ映画製作は出来ない。この結果ボーイズ・オンリー・クラブの重たいドアは開き、女性プロデューサーそして女性のフィルムメーカーを会員に受け入れることになったのだ。
また共同製作は複数の〝指揮者〟との仕事である。心身の重荷が分担出来る。子供を持つ女性もプロデューサーになることが可能である。今ではメージャースタジオのボスの多くは子持ちの女性である。

インディー・プロデューサー中核の役目

ずばり製作資金集めと言えよう。ハリウッドのメージャースタジオと違い、インディーのプロダクション会社は製作ファンドを持っていても一企画にファンドの全額を出して製作する訳には行かない。私達プロデューサーは世界各国の援助金にプライベートの投資金を組み合わせて製作資金を集める。時には『戦場のメリークリスマス』の投資家のような、闇と表のボーダーラインマネーも受けつけるタフさも必要である。

援助金の条件は各国によって異なる。知識とテクニックを使って入り組んだ条件を組み合わせ、チエスプレイヤーのように王手に持って行くのだ。また製作資金集めの必須条件は素晴らしいと誰もが褒める完全版シナリオをライターに書かせることである。投資家はシナリオの内容には興味がないがムービースターが企画の出演を受諾することが投資の条件である。そしてムービースターはＡＡ監督(有名な、または第一線の監督)を出演の条件にする。ＡＡ監督はベストのシナリオでなければ監督をしない。つまり映画製作の土台がシナリオに帰すのはそのためである。

この過程はスリリングに満ちたエキサイティングな日々である。そして王手になった時の満足感！
それを私はこよなく愛するのだ。

映画製作ファンド

映画製作のファンドを持たないプロダクション会社の仕事は、浮き袋も持たずに二五キロの遠泳をするような無謀な映画作りである。製作ファンドが無くとも、原作のオプション権利取得やシナリオライター料などの開発基金ファンドを持つのがプロデューサーとしての必須条件である。権利を持たずに映画製作は出来ない。映画製作の土台が映画化権の取得だからだ（第7章「映画製作会社NDFインターナショナル設立」参照）。

私はNDFインターナショナル設立と同時に、製作基金を日本のメディア会社七〇％、NDFインターナショナル三〇％の出資比率で作った。一〇〇％を他社から得ると彼等の好む映画を創らざる得ないだけではなく、その会社の社員扱いされる恐れがある。私が信じる企画製作の独立性を保つための防衛策である。ただし自己資金ではなく、英国銀行から三〇％のローンを得た。英国銀行は私を信頼して担保無しで貸してくれたのだ。その基金で第一作『カーマ・スートラ／愛の教科書』から『バスキア』、『オスカー・ワイルド』、『チャイニーズ・ボックス』まで四作を製作してきた。

しかし一社だけでなくもう一社の投資家がつけば、基金は潤沢になり野心作や大作製作に挑戦出来る。そこで日本以外の国での一社捜しをしていた。膨大なデータを入れたCD付きのプレゼンテーションを英国の投資会社に送り、興味を示した会社とミーティングを始めた途端に『チャイニーズ・ボックス』の製作が具体化してきた。投資家探しはいったんオフィスの棚に収め、私のペットプロジェクト（最も好きな企画）製作に邁進するためである。この野心大作が出来上がった後には、ＮＤＦインターナショナルの名声がもっと上がり投資家は群れを成して基金に投資するのではないだろうかとの野望は、前述したように映画が無残な失敗作となり、投資家が群れをなしてオフィスに現われるどころか、既に在るＮＤＦ製作基金の投資家も去って行ってしまったのだ。再び投資家探しの戻らなくてはならない。

ここで再びフラッシュバック手法で『チャイニーズ・ボックス』韓国宣伝ツアーに戻ろう。それは製作基金の投資家探しと関係しているからである。

幻のヒュンダイ（現代）韓国製作基金

『チャイニーズ・ボックス』の項で前述したように、ヒュンダイ（現代）は『チャイニーズ・ボックス』を三〇年前に何と一五〇万ドルで先買いした会社である。

宣伝ツアーで韓国に行った際にヒュンダイ映画部門会社の社長から後にも先にも無いような豪勢な夕食に招待された。戦前の日本による占領時代に朝鮮総督府の総督邸であった場所がレストランになっている。実は私の叔父は戦前、朝鮮総督をしていたことがありその叔父一家はもちろん、私の家族もその邸宅内に住んでいた。私たちが食事をした個室で私の家族も食事をしたのだろうか？　母が語る当時の優雅な生活の模様をそのレストランは想像させてくれたのだ。

その席で私は社長にＮＤＦインターナショナル会社設立の経過を話し、何気なく日本のメディア会社による製作基金の話をした。

次の日にかの社長からミーティングの要請があった。趣旨は、ヒュンダイは映画の買い付けだけではなく国際映画製作を始める予定であるという。ＮＤＦ製作基金の投資家は日本一のメディア産業グループである。ヒュンダイのパートナーとして遜色ない。その会社とＮＤＦインターナショナル基金のパートナーになり一緒に製作をしたいとのオファーである。

彼曰く、「日本の会社への投資は韓国では禁じられているが、ＮＤＦインターナショナルは英国の会社なので問題ない。また貴社の映画はオスカー受賞を幾つもしているような名声のある会社である」。

しかし私の推測では、彼らの本音は、私は海外で仕事をしている日本人であり、気心のしれた隣人、それも大和なでしこの女性プロデューサーなのでタフではないだろう。腹と腹で仕事のできるパートナーになりやすい。また欧州の白人プロデューサーは製作基金投資には何千万ドルと要求してくる。まずインディーの小プロダクションと小額のファンドのパートナーになり勉強してみようとの思惑が見え隠れしている。住友商事がＮＤＦジャパン設立時に株主になった経過と同じである。

その通りにオファーの投資額は一〇〇万ドルである。残念ながら丁寧に断わってロンドンに戻ってきた。

二週間後に社長の部下であるアンダーソンから電話があり、「社長の前のオファーは水に流して欲しい。ファンド基金の話を再開したいので韓国に招待したい」と言う。

飛行機代、ホテル代込みの招待である。彼はヒュンダイ映画部門会社のナンバー二である。資産家の長男で超エリートであるが、親の薦める銀行勤めを断わり将来プロデューサーになる夢の実現第一歩として財閥ヒュンダイの映画部門に入社し、買い付けを担当していた。私の映画人生の軌跡と重複している。アンダーソンが『チャイニーズ・ボックス』を一五〇万ドルで買ったのだ。彼とは非常に気心があい、将来彼が独立プロデューサーとなった時には一緒に映画を作る話もしていた。

その彼に韓国でランチに招待された際に酒の肴としてサムソンのオーナー会長から言い寄られた話をして大笑いしたことがある。その話とは、『チャイニーズ・ボックス』が釜山映画祭のオープニング映画に選ばれそのプレミア試写会上映前の関係者による舞台挨拶で私がジェレミー・アイアンズの隣にいるのをテレビで観ていた会長が秘書に私と会長のミーティングのアレンジを命じたのだ。その秘書はランチの席でサムソン会長がいかに偉大な人物かを滔滔と語った後にしつこく私の年齢を聞きたがる。どうも彼は私を会長の愛人にするリクルートで来たらしい。そこで私は冗談半分に、「欧州では女性の年齢を聞くのは失礼とされていますが、ヒントを与えると実は私は子持ちです。一四歳の時にボーイフレンドとセクシーな夜を過ごして産まれた子が今では一三歳になっています」

秘書は吃驚していたが冗談と分かると苦笑をし、そそくさと帰ってしまった、という話である。

アンダーソンはその話を脚色し、社長に、「ライバルのサムソンがミセス・ヨシザキに映画製作基金の凄いオファーをしているようだ。会長からのトップダウンのディールらしい。先日はオーナー会長の秘書と彼女がランチ・ミーティングをしていた」云々というストーリーに変えて社長に話したのだ。つまりブラフ（はったり）である。

二大財閥同士のライバル意識は熾烈を極めていると言われている。社長はサムソンが私と映画基金のパートナーとなる可能性に慌てて、彼等に取られる前に私の会社とディールをすることになったと言う。

それはアンダーソンの会社への背信行為ではなかろうか。しかし彼は信条として、韓国は世界と拘わる時である。その一環として映画界も国際映画製作を始める時だと信じる若手〝愛国主義者〟の一人なのだ。会社への忠誠より自身の信条に忠節なのだろう（彼の信条は一〇年後に実現した。時の大統領・金大中が一億五〇〇〇万ドルの映画製作基金を設立したことから、現在の韓国映画ブームが起こっている）。

彼は私の映画ファンでもある。私の作った映画を全て観ており、NDFインターナショナルのようなインディーの小プロダクション会社がオスカー受賞映画製作をしていることに感銘を受けていた。そこでアンダーソンは会社への背信行為なんのそのとばかりに、サムソン憎しの社長をそそのかしNDFとの提携を社長にアドバイスしてくれた。「最初の製作投資ファンドをNDFと提携すると小額の投資でオスカー受賞が可能になる」といった話を展開してくれたのである。彼の戦術は成功し話はとんとん拍子に進んで行った。最終打ち合わせに彼は六人の若い部下を引き連れてロンドンにやって来た。彼らを国際的なディールの現場に参加させて勉強をさせる目的である。若い彼等は流暢なアメリカ英語を喋るが。三〇年ほど前の日本の帰国子女と違い海外で勉強しても帰国すると韓国国内のしきたり、文化を重んじている。私は現在の韓国映画ブームのパワーを垣間見た思いがした。若いジェネレーションのエリートたちはパワフルで野心満々である。明治維新ならぬ韓国維新のエリート軍団であろうか？

最終打ち合わせのミーティングには私の弁護士と銀行、そしてヒュンダイ側は凄腕の英国弁護士が参加した。既に弁護士料一〇万ドルを手付け金として払っていると言う。ディールの条件交渉も問題なく進んで行った。一〇〇万ドルからスライド方式で二〇〇〇万ドルまで上がっていく。私も納得し一週間後にはメモランダム（仮契約）が作成された。

私とアンダーソンはメモランダムにサインをし、業界紙にヒュンダイがＮＤＦの製作基金の韓国側パートナーとして共同製作をするニュースを発表することになっていた。

ところが最終契約書も出来上がりサインをする矢先に韓国経済の破綻が起こった。ドルが無くなり輸入が一夜にして禁止となった。高価な輸入品はデパートから消えてなくなり外国製品を買う人は国賊扱いである。韓国経済は張子の虎であったのだ。

もちろん基金投資はキャンセルとなった。彼等は私に謝罪をし英国弁護士に預けている口座から私の弁護士料と経費として一万ドルを払ってくれることになった。

発展国とのディールは危険性があるが面白い経験でもあった。損をした訳でもない。韓国を知る良い勉強会であった。そのうえ韓国に親友が出来た。アンダーソンである。彼はその後、親の猛反対を押し切りインディーのプロデューサーとなり、韓国映画の製作を始めた。そして映画賞受賞作品を創る韓国映画界の重要なプロデューサーの一人となっている。

プロデューサーのXファクター（特典）

私がプロデューサーを目指した動機のひとつに、映画製作は家の購入のように永久所有権保持者になれることがあった。配給権の買い付けは映画が日本でヒットしても七年間で権利がプロデューサーに戻る。しかし製作した映画がヒットするとプロデューサーは世界中から永久に収入が得られる。まず劇場権、TV、DVD等の二次、三次使用権からの収益がある。そして数年も経つと再上映権を世界中の配給会社に売る。卑近な例では私が製作に携わった『クライング・ゲーム』や『バスキア』、『ハワーズ・エンド』、『オスカー・ワイルド』、そして『カーマ・スートラ／愛の教科書』等は、三〇年近く経った今でも小額ではあるが毎月収入が入ってくる。それだけではない。オスカーや他のメジャーな映画祭受賞作を数本製作した後には、自社を他の会社に高額で売ることが出来る。家を大きく改築して高く売るのと同じである。

ベストの例は何と言っても『スター・ウオーズ』（一九七七年、ジョージ・ルーカス監督）シリーズのジョージ・ルーカスにハーヴェイ・ワインスタインであろう。

『スター・ウオーズ』シリーズのルーカスは一〇年前に自身の会社ルーカスフィルムをディズニーに四〇億五〇〇〇万ドルで売却している。

アメリカのディストリビューターは配給権を永久使用権付きで買うのが通例である。ワインスタインはそれを利用し私が彼に売った『クライング・ゲーム』と他のオスカー受賞作『ピアノ・レッスン』などに彼の会社が製作したジャンク（安っぽい）映画一〇〇本を入れ込んでディズニーに六〇〇〇万ドルで売り大儲けをしている（第2章「オスカー受賞式のキング、ハーヴェイ・ワインスタインの栄光と没落」参照）。

もちろんプロデューサーは自身で好きな企画を製作する夢の実現が目的であるが、私たちはフリーランサーである。将来の経済的な保証はない。ヒット作の映画製作が老後の年金となるのだ。

日本人女性プロデューサーが国際的プレーヤーとなった秘密

ヨーロッパの映画祭が催すプロデューサーコースのシンポジウムなどにスピーカーとして招聘された際に、フィルムメーカーを志す若い女性たちから「外人女性プロデューサーの私が母国語ではない英語映画を作り、オスカー四受賞に一五のノミネーション作品が作れた成功の秘密は？」との質問を受ける。彼女たちも私と同じような境遇である。私は冗談も含めて、まず神様に毎日祈ること、それが確固とした意思となり貴女の願いを神様ならぬ貴女自身で叶えることが出来る、云々の私のモットーを語ることにしている。

またもう一つのモットーは、時局の社会、政治問題をストーリーの土台にした映画製作である。それは私だけの映画作りの姿勢ではない。オスカーや映画祭受賞作映画には必須条件でもあるからだ。しかし私がプロデューサーとして映画業界でインターナショナルプレーヤーとなれたのは、神頼みと社会的なストーリーを土台にした映画作りの姿勢の他に、一〇数年のディストリビューターの経験が大きな要因でもあると思っている。映画の買い付け最前線にいた間に観客の嗜好を熟知出来たからだ。

観客の嗜好を感知しそれを磨くことで、ディストリビューターはヒット作映画の買い付けが出来る。プロデューサーはヒット作の製作が可能になる。最初からプロデューサーを目指していたら、頭だけで考える映画作りをして失敗したのではないだろうか。

これらの要因が上手く絡み合った結果、私が母国語ではない英語映画の製作に携わりオスカー受賞作品が作れたのではないだろうか。

その他の要因に、逆説的だが私が女性であったことも挙げられるのではないか。

日本人女性プロデューサー誕生の背景

私が映画製作会社NDFを設立しCEO（会長）になった今から三〇年ほど前の欧州の映画界では、女性のプロデューサーは数えるほどしかいなかった。

ハリウッドでシェリー・ランシングがパラマウント社長になった時には映画界はパワフルな女性プロデューサー誕生と騒いだ程である。続いてトム・クルーズ映画のプロデューサーであるポーラ・ワグナー。この二人の他にインディーのプロデューサーが三、四人位であった（彼女たちがハリウッドの珍奇なパンダ扱いであった時代は終わり、今やスタジオのボスの多くは女性である）。

英国ではフリーランスの女性プロデューサーはいたが、プロダクション会社を経営する女性プロデューサーは私を入れて二、三人であった。それほどヨーロッパ映画界でもプロデューサーは男性専門の領域であったのだ。

その女性蔑視の映画業界に、英語圏ではないアジア人の女性が英国でプロダクション会社を設立しプロデューサーとなり、オスカー受賞作映画を手がけたのだ。メディアは私に、女性差別の酷い保守的な社会と批判されている日本で女性エグゼクティブになれた理由を聞きたがる。その質問の行間を読むと、私が芸者のように男性を利用してのし上がったのではないか、または私の夫か両親が金持ちであろうとの疑惑である。

日本でも同じ推測であったようだ。監督のジュリー・テイモア(『ライオン・キング』)と一緒に日本に行った際に、劇団四季の総帥浅利慶太がいみじくも私に、

「あんたの映画はハイブローでインテリ好みだが難しい。こんな映画が製作できるのは旦那さんが金持ちだからだろうねー」

それを聞いていたアメリカ人でフェミニストのジュリーは、女性蔑視発言に我がことのように怒り、苦笑をしている私を見て呆れていた(第7章「NDFインターナショナル会社設立」の『タイタス』参照)。

女性プロデューサーとはそれほど認知されない私生児扱いであった。しかし逆説的になるが、私が国内や国外で女性プロデューサーの草分けになれた理由の一つが、正に〝私生児〟であったことだ。スカートを穿いた珍奇な動物パンダの私生児である。そのパンダの私は海外で映画製作をしている日本人女性である。日本の大企業のトップにとって私はインターナショナルの海外の映画業界を上手く泳いでいるマーメイド(人魚)の日本人である。裏切らない、信頼できるパートナーになりやすいとの思惑があったのではないか。日本の映像業界の大会社社長や会長たちがパンダの私に興味を示して

すぐに会ってくれる。ソニーの故盛田会長にも会えた。そしてトップダウンのディールが出来る強みがあるのだ。

また欧州の映画人にとっては、私は日本の大会社がバックについているパワフルな外人プロデューサーであるが、〝芸者〟の国から来た大和なでしこの日本女性である。タフなネゴは出来ないだろうとの思惑で、共同製作のパートナーになりやすい存在と思われていたようだ。

つまり日本でもインターナショナルでも、私のポジションは事実とはかけ離れた彼らの幻影の上に築かれたものとでも言えようか。

また時が味方した。九〇年代初期の日本経済はバブル社会で、会社が映画、文化に投資する余裕があったのだ。

この三つが上手く作用した結果が、落第生で頭脳明晰でもない、家族の後ろ盾もない、そして未婚の母である一介の日本人女性プロデューサー誕生の秘密ではないかと私は思っている。

そして一時は映画界で「タフレディ」「鉄の女ミチヨ」なる余り芳しくないニックネームをつけられていた。しかし認知されていない私生児、アジア人女性プロデューサーがサバイバルゲームに勝つには、鉄の女と言われた元英国首相サッチャー夫人のように捨て身で男性社会で闘うしかない。また女性は誕生から社会の外様、アウトサイダーである。男性のように名誉や誇り等という厄介なものから解放されている。失敗しても失うものがない強みが〝飛ぶのが怖くない〟とのフィロソフィーで、闘う強さとなっていったのだろう。（注：『飛ぶのが怖い』エリカ・ジョング著、ベストセラー本）。

またプロデューサーの項で前述したように、映画製作は女性の妊娠、出産、そして子育ての過程と良く似ている。子作りと子育てには忍耐が必要である。映画製作も長いスパンで子育て同様に開発、製作そしてプロモーションをする仕事である。男性より女性はプロデューサーに適した仕事と言えるのではなかろうか。

女性が仕事を持つのが当たり前となった二一世紀の今では、女性プロデューサーも大勢登場して来ている。ハリウッドのスタジオで働く若い女性はもちろんのこと、日本の映像会社の女性社員も、そして欧州のインタナーショナルセールス会社の女性重役も将来のプロデューサーを目指しネットワーキング（交流）に励んでいる。

しかし女性プロデューサーの仕事が男性と較べてタフな仕事であることには変わりはない。出産前日までロケハンや撮影所で夜遅くまでスタッフを指揮し、出産後三日でオフィスに復帰する女性はざらである。また子供をおんぶして撮影現場を取り仕切っているプロデューサーもいる。繊細な神経では出来ないのが女性プロデューサーである。

また子持ち女性プロデューサーは、男性と較べて二〜三倍以上のハードル、いや特殊な苦労に直面する。それは家族と仕事のバランスである。私たちはあらゆる映画祭や映画マーケットへの出席などで海外出張をしなければならない。そのうえ製作する映画が海外であれば二か月程撮影現場を取り仕切るために家を留守にし子供はベビーシッターに任せなければならない。私の場合は子供の出産二か月後から一年の内の半分以上は旅行で家を留守にしてしている。子供は年中熱を出す。高熱で喘いで泣いている幼児を後ろ髪を引かれる思いでベビーシッターに預けそっと家を出る度に私は自責の念で苦しんだ。そして子供への罪悪感が仕事への疑念となっていく。私のやっている仕事は、母親を慕って行かないでと泣きながら後追いする幼ない子供を置いていく辛さに値するのであろうか？

私の場合は未婚の母で、息子の父親はパリから週末しかロンドンに来ない。日本でも英国でも子持ちのキャリアウーマンは母親に子供の面倒を見て貰える。しかし私の家族は日本に住んでいる。ベビーシッターは他人である。いつ幼児を置いたまま出て行くのではないかと不安に怯えながら出張をする日々である。カンヌ映画祭出品作『バベル』（二〇〇六年、アレハンドロ・ゴンサレス・イニャリトゥ監督、ブラッド・ピット主演）は、まさしくそれがストーリーのテーマの映画であった。カンヌでこの映画を観た後には震えが止まらず、夜遅くにもかかわらずロンドンの自宅に電話をして寝ていたベビーシッターに息子の安否を尋ねたほどである。そのうえ私が一家を養っていかなければならない。仕事を放棄し専業主婦になる訳には行かないのだ。私の罪悪感は良い仕事をすることが子供の寂しさに報いることであるとの思いとなり、いっそう映画製作への情熱となって行ったのだろう。また一〇代の初めから神社に祈願して成就したインターナショナル・フィルムメーカーをギブアップすれば、人生のルーザー（負け犬）になってしまう。それは子供も望まない筈だ。子供の養育と仕事の挟間で悩む私に家族は「子供は親の背中を見て育つ」と慰められもした。そして今では息子もプロデューサーとなり一緒に映画作りをしている。

映画製作の方程式

私が何万という数の映画観賞に映画の買い付け、そして製作をしてきた経験から、ヒット作映画を作るにはある種の方程式があるのが解って来た。
ではその方程式を次のカテゴリーに絞ってみよう。
（A）ストーリー　（B）観客の年齢差　（C）男女性別　（D）地域差等
（A）女性がメインの観客の映画はラブストーリー、または男女関係の機微を描くストーリーがベストの選択である。一〇代から二〇代前半の女性観客用映画であれば、エキゾティックな場所の夏の海辺（寒くては脱がない？）、あるいは飛行機や汽車の中での出会い。主演の若い女優は無垢で可愛く、超美人はご法度。主演男優はちょっとハンサムな隣のお兄ちゃんタイプ。インテリは駄目。ナイーブなヒロイン女性が隣のお兄ちゃんに恋する。キス云々から始まり彼女の要求で優しくセックスをする。現代のラブストーリーでは女性がイニシアティブを取ることが大切である。男性がイニシアティブを取ると強姦と誤解される恐れがあるからだ。
ラブストーリーのベストは何と言ってもシェイクスピアの叶わぬ恋を描いた『ロミオとジュリエット』であろう。このストーリーをベースにしアーティストは古今東西何百年にわたって、手を変え品を変えて小説や映画で悲恋物語を作ってきている。シェイクスピアだけではない。古典は映画のストーリーの宝庫である。ディズニーはその古典をアニメにして大儲けしているのだ。

アメリカの一〇代観客には学園もののロムコム（ラブロマンスコメディー）、またはスポーツを描いたストーリーの映画である。圧倒的に彼等に受けるからだ。ハードコアのセックスストーリーはご法度である。欧州で一億ドルの大ヒットをしたハードコア紛いの『フィフティ・シェイズ・オブ・グレイ』（二〇一五年、サム・テイラー＝ジョンソン監督）のような例外もあるが、原作が一億冊売れた超ベストセラーである。しかしラブロマンス好みの日本人の若者には受けず惨敗であった。

男性観客には戦争映画プラスアクションまたはジャンル映画（スリラー、サスペンス、ホラー、コメディー等）のストーリーであろう。

ユニークでオリジナルなアクションストーリーであれば低予算の映画でも世界的にヒットの可能性は大である。（但し一〇代からの男女用映画なので（B）の年齢差別はある。）

一〇年ほど前からアクション映画はメージャースタジオのお家芸となり、今では一、二億ドルの製作費でSF、CGIにスタントマン（主演のスターのアクションシーンの代役）オンパレードの芸無しストーリー無しの映画になってきている。

二〇代後半からのインテリ男女観客用には〝芸術映画〟ストーリーであろう。このカテゴリー映画はヨーロッパ人観客が対象となるのでセックスの制限はないがハイブロー（高尚）なストーリーが要求される。また観る観客の数が限られる（D）。世界的なヒットは映画祭受賞がない限り難しい。しかしこのカテゴリー映画は社会的な問題提起をテーマにしているので傑作でなくとも人種差別、女性蔑視のような時事的なサブジェクトであれば、オスカーや映画祭受賞の可能性は大なのだ。リベラルなインテリが映画祭審査員やオスカーのメンバーだからである。受賞が目的であれば、ストーリーの主人公は精神障害か、身体障害者または老齢の痴呆症女性で、ホロコーストのアウシュビッツ収容所の生き残りの映画を作ればオスカー像は目の前に現れていると言われている〈二〇二二年オスカー作品賞は聾啞者を描いた『コーダ　あいのうた』であった（第1章「オスカー受賞式出席そしてオスカー授賞式の舞台裏で展開する女優たちの熾烈な闘い」参照）。

ディズニーの専売特許映画とも言えるアニメと家族映画は子供も観るのでストーリーの制限はあるが年齢差（B）、男女性別（C）なし、そして全世界で上映可能な地域の検閲なし（D）、のカテゴリー〝テストに合格〟しているヒットの確立八〇％（？）の金のなる木なのだ。

どのカテゴリーの映画も旋律の美しい音楽が興行的なヒットには不可欠な要素である。『ある愛の詩』は半世紀前にもかかわらず一億ドルの収益を上げたが、音楽のヒットが大きく寄与しているからだ。『007』シリーズ、『ドクトル・ジバゴ』『スター・ウオーズ』等、そしてクラシック映画では『逢引き』であろう。

今ではハリウッド大作映画でもストーリーがアメリカ以外の国であればその国の言葉で会話をし、字幕をつける。つまりオーガニック、自然食品映画創りである。卑近な例では『ラストサムライ』。トム・クルーズも日本語を話すではないか。それは前述したようにこの数年ハリウッドが変身してきているからである（第2章「オスカー負の遺産」参照）。

私たちヨーロッパのインディーのプロデューサーが生き残れるのは、自然食品映画製作はもちろんであるが、その他には低予算の製作費で小股の切れるようなエッジーで真摯、そして本物映画を製作するということ、それは観客に〝優しい映画〟創りとでも言えようか。観客が映画館で二時間、主演俳優と一緒になって旅が出来る映画がヒットに繋がり、そしてオスカーやメジャーな映画祭受賞が可能になるのだ。夢の実現である。その夢を追いかけ、寝ても覚めても企画のストーリー探しをしているのが私たち、映画のプロデューサーである。

「プロデューサーとは」の最終定義は〝ドリーマー〟であることだ。プロデューサーだけではない。映画界で生きる映画人は全てドリーマーである。夢の世界をバタバタと飛んでいる極楽トンボとでも言えようか。失敗作を作っても少しもめげず踊る阿呆に見る阿呆、同じ阿呆なら踊らなそんそん、と次の映画製作に情熱を燃やす。そして映画の大ヒットにオスカー最優秀映画賞受賞を得て、受賞式のステージに上がりスピーチをする夢をみながら企画製作に意欲を燃やす人生を生きている。幸福な人たちではなかろうか。

プロデューサーと監督との付きあい方

プロデューサーと監督との関係は恋愛、結婚、出産、育児、という男女の関係を一つの映画創りに凝縮した関係とでも言えようか。

まずプロデューサーが監督に惚れプロポーズし結婚、妊娠、出産までが企画の開発期間。撮影中は子育てそして映画完成は育てた子供が無事に大人に成長すること、そして子供のキャリアでの成功は映画のヒットと受賞である。映画の完成後の二人の関係は？　それは映画の成功にかかっている。成功する映画のプロデューサーと監督は良い関係を築いている。監督とプロデューサーがいがみ合う関係の映画は失敗作しか出来ない。俳優もクルーもすぐに現場のゆがんだ関係を察知し仕事に集中出来ないからである（第7章の『タイタス』参照）。

またインディーのヨーロッパ映画の場合は再び恋愛関係に例えると良い関係であっても監督にゴー

ジャスでセクシーな愛人が出来る。それは監督がハリウッドのメジャースタジオから七桁の監督料のオファーでアメリカに行ってしまうことである。こける映画であれば離婚となる。私の監督との付き合いの結果は？　半々と言えようか。

プロデューサーと俳優との付きあい方

プロデューサーにとって俳優とは商品である。ムービースターは宝石の商品なのだ。商品に手をつけるのはプロのプロデューサーではない。ハリウッドのプロデューサーでも主演俳優との関係はゼロに近いのではないだろうか。プロデューサーは撮影中も含めて俳優と恋愛関係が出来るような状況も心のゆとりもない。指揮者がオーケストラを指揮している間には良い音を出すことだけに集中するように、製作期間中あらゆる問題解決に集中し、プロダクションを滞りなく進めるのがプロデューサーだからだ。

監督と俳優の関係

それに反して撮影中の監督と俳優は俄か恋愛関係の二人に例えられよう。情緒が絡むからである。いや情緒だけではない。彼等の将来のキャリアそして銀行口座が懸かっている。

お互いを尊敬し愛し合うことで監督は俳優からベストの演技を引き出そうとし、俳優は監督からべストの演技を引き出してもらおうとする。主演俳優同士による撮影中の〝出来ちゃった〟関係は撮影終了後に終わり、それぞれ夫、妻の待つ家庭に戻るケースがほとんどであるが、監督と主演女優／男優との関係は往々にして同棲、結婚にゴールインする。それは主演女優／男優が深いエモーション（情緒）を監督と分かち合うからであろう。

『ラストタンゴ・イン・パリ』の監督ベルナルド・ベルトルッチとマーロン・ブランドの関係はベルトルッチのブランドへの一方的な恋心、それは監督としてのプロの恋心から始まっている。ベルトルッチにとっては『ラストタンゴ・イン・パリ』映画の成功はブランド無しにはあり得ないからだ。彼は主人公の役をブランドにオファーするために四～五か月間ロスのブランド邸で生活を共にしている。巷の噂ではバイセクシャルのブランドと恋愛関係もあったらしい。大監督でも自作の映画成功のためには俳優の出演を口説くのに〝恋愛、同棲生活〟をするほどの情熱が、俳優からベストの演技を引き出し傑作映画を創りだす秘密であろう。

閑話休憩　〝アラン・ドロンとの一夜〟

しかし時にはプロデューサーも人の子、〝過ち〟を犯すこともある。私もその一人であった。それは私が俳優のアラン・ドロンと一夜の出来事があったからである。しかし当時の私は未だディストリビューターでプロデューサーではなかった。まあ許されるのではなかろうか。

私の映画人生にちょっとした華を添えた色っぽい話を書くことにしよう。

ドロンとの出会いは、私の会社が日本配給権を買った彼の映画宣伝の件でドロンと話し合うためにシャンセリゼ通りから少し外れた日本レストランで彼に会った時である。

映画はドロンの年齢を反映して大人向きであった。宣伝部は一〇代の観客呼び込み作戦として、テレビ用コマーシャル（名前を忘れたが）に彼が出演をオーケーするよう私に説得依頼をしてきた。四〇数年前の日本でのドロンの人気はブラピ、ディカプリオにトム・クルーズを一緒にしたようなメガムービースターであったが、私が会った時には彼も四〇歳をとうに越した年齢となり人気にも陰りが出てきていたのだ。

レストランに現われたドロンは何の躊躇も無く私の隣の椅子に座ってきた。そしてエージェントがいるにもかかわらず私の膝に手を置いたのだ。その行為が極めて自然で卑猥に見えないのは、女遊びがプロに到達したフランス男だからだろう。私はその手を退けてしまったが、しかし天下の美男スターに言い寄られるのはやはり悪い気はしないものだ。

そもそもこのような仕事のミーティングに大スターが直接やってくるのは例外中の例外である。エージェントを通してディールをするのが普通なのだが、日本女性好きで情事はパパラッチのいない日本だけでする と言われていた。ドロンはエージェントから若い日本女性のディストリビューターと聞いて最初から言い寄る魂胆でやってきたのだろう。

私がコマーシャル出演オファーのピッチ（プロモーション用の説明）として「貴方の映画は素晴らしいのですが大人向きなので、若い観客用宣伝としてこのコマーシャルに出演してくれれば若いファンを新たに獲得出来るのではないでしょうか」云々と説得を始めた途端に、ドロンは憮然とした顔で「一〇代の日本のギャルから山のようなファンレターがくる」と言い放った。ドロンも寄る年波との闘いをしているのではないかと気の毒な気持ちがしたものである。

私の説得不足でもあったのだろうが、彼はこのコマーシャル出演に余り興味を示さず、駄目になりそうな雰囲気に慌てた私は昼食の最後に彼の個人番号を訊くことにした。電話で後日説得出来るのではないかとの思惑である。同時に私の膝に手を置いた位なので私に興味もあるのだろうとも思惑もある。彼はいとも簡単にナプキンに書いてくれ、ユーモア半分に彼のサインを電話番号の下にしたのだ。これは〝誘惑〟のサインではなかろうか。ラブゲームの始まり？

私はその夜のディナーにソフィア・ローレンの夫であるプロデューサーのカルロ・ポンティから招待されていた。仕事の話をパリに住むポンティとするためである。若いアメリカ女性を連れて現われたポンティは、そのアメリカンギャルの腰、膝に手を置き弄り回しながら、私に、彼の次回作には高額の配給権を払わなければ売らないと脅すような口調である。未だ創られてもいない、そして私がオファーもしていない映画である。その後は彼が一六歳の無名の田舎娘であったソフィア・ローレンを見出し、アメリカでも大スターに育て上げたという彼の自慢話を滔滔と始めた。既に何度も私が聞いた話である。

若いアメリカンギャルは人前でポンティに体を触られおたおたしている。これは今で言うセクシャルハラスメントである。同じ同性として怒りが込み上げてきた私は、トイレに行きますと席を立ち出口で「用事が出来たので帰る」由の伝言メモを破廉恥男ポンティに渡すようウェイターに頼んでドロンに電話をしたのだ。

電話口に出た彼の取り巻きの一人がドロンからのメッセージとして自宅でパーティーをしているので来るようにとの招待である。アパートはエレガントなインテリアデザインで、いかにも金持ちパリジャン邸宅である。ドロンはサロンに入ってきた私の頬に軽くキスすると私の腰に手を回し、飲み物を私に渡すように取り巻きに指示すると仕事の電話とかでそそくさと他の部屋に行ってしまった。取り巻きが早速シャンパンを持って来てくれる。彼等の態度は〝今夜のボスの相手〟とばかりに鄭重を極めている。愛人ミレーヌ・ダルクは留守だったので、私はその夜の枕代わり（一夜の情事）だったのだろう。飛んで火にいる夏の虫？　私はエリザベス・テイラーが高級娼婦を演じた映画『バターフィールド8』（一九六〇年、ダニエル・マン監督）に出演しているような錯覚に襲われ、ここにのこのことやって来たのを少し後悔し始めていた

フランス語が分からない私は手持ち無沙汰でシャンパンをがぶ飲みしてしまい、酔い醒ましにテラスで外を見ているとドロンが私の隣にやって来た。彼は私にイタリア語と英語で話しかけてくる。どちらも立派なものである。当時英語を流暢に喋るフランス俳優は少なかった。成功を目指す彼は人一倍の努力をしたのだろう。しかし態度はあくまで世界一の文化国家フランスを代表するスターとでも言うような高慢な態度も見え隠れしている。

ドロンは私の気分が良くなるのを待ちながら日本の文化愛好論を話し始めた。日本文化は優雅で繊細である。日本にキャンペーンに行った最後の日に雨が降った。それを見たキャンペーンオーガナイ

ザーの女性が日本の〝遣らずの雨〟を例にとって「貴方に日本から去って欲しくないとのサインですよ」。ドロンは「非常に詩的ではないか」とこの表現にまいってしまったようだ。神様（自然）までも大スターの自分が去るのを悲しんでくれると自己流に解釈したのだろうか。また印象に残った彼の言葉の中に、日本の武士道精神に触れサムライの腹と腹でのコミュニケーションを大切にする姿勢が気に入っている、と話していた（ドロンは『サムライ』（一九六七年、ジャン＝ピエール・メルヴィル監督）に主演している）。

ドロンは話しながら私の腰に手を回し、これも当然とばかりに私をベッドルームの方に連れて行った。その態度が余りにも自然であったのと話をしているうちに性的に刺激された私は素直について行ったのだ。

ここからは私的検閲にてカット。

全く言葉通りの一夜の出来事であったが、忘れがたいのはその一夜の情事の夜は息子を妊娠した翌日であったことだ。笑いながらこのエッセーを書いている時に隣にやって来た息子が私の笑いの理由を尋ねて来た。私はドロンの最近の写真と若い時の写真を見せながら「もしかしてこの俳優と貴方の父親より一日前に一夜の情事をしていたら貴方のお父さんになっていたかも」と言うと、母親の何時もの素っ頓狂なユーモアと思ったようだが、写真で見るドロンのハンサムで金持ちそうなのを見て「彼が父親なら僕たちの映画製作に資金を出してくれただろうか」。

若手プロデューサーとして私と一緒にオフィスで製作を始めた息子は、映画製作の投資家探しで四苦八苦している。ドロンが父親でも悪くないと思ったのだろう。

第9章 企画中の映画作品

私のオフィスの棚の上には常に開発中の企画数作の分厚いプレゼンテーションが積まれている。その中身は企画書、脚本、予算の明細書等である。そのプレゼンテーションにはナンバーが振られている。製作費が八〇％以上集まり俳優、監督が既についている撮影寸前の企画からこれから開発、投資家探し等の企画である。

『相撲』

まず始めは『相撲』。

私の映画製作のコンセプトは社会的なテーマをエッジー（尖った）に描くことである。スポーツ映画は主に〝エンターテインメント〟映画ある。観客は社会的なテーマのあるエッジーなスポーツ映画を観に来るのではなく、感動を求めて映画館にやって来る筈だ。私の映画創りとは相いれないカテゴリー映画である。

また日本語映画はインターナショナルなマーケットでのヒットは難しい。

しかしこの映画企画は妙なことから始まった。
四、五年程前のベルリン国際映画祭期間中、ドイツ人のプロデューサーとのミーティングのために彼のオフィスに行った時である。そのプロデューサーは私の映画の多くを共同製作したパートナーでもある。ミーティングの目的は私の企画の一つ、エジプトの学生の蜂起をテーマにした〝アラブの春〟の共同映画製作の要請であった。
彼のオフィスに行くと相撲力士の写真が壁に架けられている。彼は元アマチュア相撲大会で優勝したチャンピオンであったのだ。私が写真を見ていると彼は私に、アラブの企画より日本人の私が日本の国技である相撲の映画製作をする方が本物の映画が出来るのではないか、欧州でも相撲はポピュラーなスポーツであると熱心に語る。私に『相撲』の共同製作をしようと逆オファーをしてきたのだ。

確かに彼は正しい。私がアラブ企画を考えたのは独裁政権下で抑圧されていたエジプト人の革命に心を揺り動かされたからであるが、私はエジプトにも住んだことがなく頭だけの机上の空想企画である。しかし『相撲』を通して日本を描くことは日本人の私には出来る筈だ。

私は相撲のファンではないが、相撲の持つ響きは郷愁を誘う。それは私の子供時代に父に連れられてラーメン屋にあるテレビで相撲を見た思いに繋がって行くのだ。感情を滅多に表さない父が、栃錦対若乃花の決勝戦では弾んだ声で栃錦に声援を送っていた思い出である。しかし時が過ぎ父とのその温かい思い出は消えてしまっていた。相撲力士の写真がその思い出を喚起してくれたのだ。

ドイツのプロデューサーの熱意と私の郷愁が相撲を創る動機であった。そこでひとまずアラブ企画は棚に収め、『相撲』映画製作に切り替えた。

当時エストニア出身の力士、把瑠都（バルト）は日本で若い女性たちに絶大な人気があった。映画スター並みのハンサムでカリスマがあるからであろう。そこで彼をイメージした二〇頁のトリートメント（ストーリー概要）を私自身が書き、プレゼンテーションを持ってエストニアに出かけた。エストニア映画財団はバルトの映画企画と聞くと飛行機代、ホテル代込みの招待をしてくれたのだ。合作映画のオファーである。彼はエストニアでは国民的ヒーローなのだ。

バルトをモデルにしようと決めたのは彼の人気の他に、数百年以上続いている日本伝統の象徴である国技の相撲が外人力士で占められている相撲界の現状に興味があったからだ。彼を通して現在の日本社会と日本と世界との関係を感動的に描くと、外国の観客にも受けるのではないかとの判断である。その上に英語に日本語半分の映画は海外の普通の観客に受け入れられる可能性もある筈だ。

一三〇万人の小国エストニアには潤沢な合作映画援助金システムがある。九〇年代にソビエトから独立しEUのメンバーとなったエストニアにEUは多額の援助金を惜しみなく出しているのだ。反ロシアの象徴としての政治的な意図からであろう。援助金にスーパーヒーロー相撲力士の企画はウィンウィン（絶対に成功する）ではなかろうか。

しかしエストニア映画財団の条件は合作映画を他国とするシステムではなかった。三〇年前までロシア（ソビエト連邦）に占領されていたこの国は、文化も共産主義の悪しき弊害である他国との協調を廃する愛国主義を未だに踏襲している。合作映画にもかかわらずエストニア国内での撮影そしてシナリオライター、監督、主演俳優、主だったクルーはエストニア人を使うことが条件づけられている。三〇%だけの援助金で自国映画を他人の褌を使って創るシステムであったのだ。

私は再びこの企画を棚に収めようとした矢先に、例のドイツ人プロデューサーがフランス人プロデューサーを連れて私のロンドンオフィスにやって来た。彼らは『相撲』を学園映画にしようとのアイデア提案をしてきた。撮影場所もロスとのアイデアである。学園ものはアメリカのティーンエージャーには圧倒的に受けるのだ。

私が『相撲』企画に興味を持ったのは外人力士を梃子にして日本を描くことである。つまり私の製作フィロソフィーである社会性を土台にした映画である。私は断ることにした。

数日後に彼らは〝社会性のあるテーマを土台した〟シノプシスを送ってきた。アメリカだけではなく欧州でも大きな社会問題になっている一〇代半ばの肥満児物語である。肥満の子供を通して彼らと親子、学校の友人たちとの関係をトラジコメディー（悲劇コメディー）で描いている。

彼ら曰く、アメリカでも相撲は人気がある。アメリカマフィアも寿司を食べて痩せる時代ではないか（TVシリーズ『ソプラノ』）。また学園映画はムービースターを必要としない。ストーリーが面白ければ低予算で一億ドルの収益を上げるメガヒットが可能なジャンル映画である。製作費八〇〇万ドルの『ベスト・キッド』は三億六〇〇〇万ドルの収益を上げ世界中の若者が観ている。またアメリカの学園スポーツ映画の殆どは商業的なヒットをしている云々。私は彼らの熱意にほだされ彼らとチームを組んで製作をすることに同意した。

まず始めに私たちプロデューサーはライターと一緒にロスにロケハンに出かけた。ロスでアマチュアジュニアの全国相撲大会が開催されていたからだ。パンツとTシャツ姿の高校生選手が試合をしているのを両親が大声で声援している。その内の何人かに彼らの息子が相撲を始めた動機を聞くと、皆同じように「息子が学校で肥満を冷やかされ喧嘩を吹っかけられる等の苛めにあっていた。しかし相撲のトレーニングを始め試合に勝つとクラスメートたちは一目おくようになり息子も自信が出来た」と誇らしげに語るのだ。シノプシスそのもののストーリーではないか。こうしてストーリーの骨子が決まった。クラスメートに苛められガールフレンドもできない肥満児が相撲のチャンピオンになる、『ベスト・キッド』相撲版学園映画である。

出来上がってきたシナリオはロスの高校生の生活を鮮明に描いている。友だちもいない、苛められっ子の肥満児と日本女性コーチの友情を土台にし、ユーモラスな会話とリズム感溢れるテンポは正にロス/アメリカ映画である。しかしこの種のジャンル映画の製作には私は素人のプロデューサーである。私にはシナリオの明確な評価は出来ない。商業的なポテンシャルはあるのだろうか。私は主演俳優も決まっていないシナリオだけの段階で製作費を集める困難を予想しながら恐る恐るシナリオを投資家たちに送った。ところがすぐに彼らから異常とも言える好反響が返ってきた。そして瞬く間に製作費六〇〇万ドルが集まったのだ。学園スポーツ映画の興味の他に彼らの多くは今までに読んだこの種のシナリオの中のベストだと言う。それだけではない。映画を世界中の配給会社に売るインターナショナルセールス会社は『相撲』映画の販売権獲得競争となり、各社が高額なMG(手付け金)をオファーしてきたのだ。

私はスポーツや学園もののシナリオはプロデューサーになって以後読んでいないし映画も観ていない。ジャンル映画製作に興味がないからだ。しかしマーケットでのヒット映画はジャンルものである。ジャンル映画の製作無しには製作会社を維持するのは難しい時代になってきていたのだ。私のマーケット判断はオールドスクール（時代遅れ）になっていたのだろう。しかし私の創る映画ではない。若い世代のプロデューサーの創る映画である。そこで息子をメインプロデューサーに立てて、私は車の後部席からのプロデューサー役に専念することにした。

こうして『相撲』は四か国の合作映画として、南アフリカとロスで二〇二〇年二月から撮影する予定であった。しかしCOVID-19によるロックダウンで世界中のビジネスが閉鎖。映画製作も撮影中の映画も閉鎖される異常事態となってしまった。（第11章「コロナパンデミック時代の映画製作」参照）。『相撲』もCOVID-19の犠牲となった。投資家たちは契約が終わっているにもかかわらず投資ファンドを全て無効にしてしまったのだ。契約ではそれはデフォルト（債務不履行）であるが、COVID-19は〝不可抗力〟との解釈なのだ。訴訟も法廷が閉鎖された状態ではできない。『相撲』の劇場映画製作はCOVID-19が収まるまで棚上げになった。

この企画は時代遅れになる訳ではない。しかし契約していた監督、俳優そしてクルーは製作延期で他のストリーマーTV映画の撮影に入ってしまった。一からやり直しである。そのうえ現在ではCOVID-19のロックダウンで多くの映画館が閉鎖、倒産をしている。劇場映画製作も壊滅状態であるが、来年になると盛り返してくる可能性もあるだろう。もしかするとCOVID-19後の製作は嵐の後の上天気のように全員結束して一億ドルヒット映画を作れるのではないだろうか。夢に賭けるのがインディーのプロデューサーである（二〇二二年の現在、メジャースタジオが興味を示し彼らとディール中である）。

『リエンチャントメント　愛と魅惑』

ジュリア・ロバーツがオスカー主演女優賞を取った『エリン・ブロコビッチ』（二〇〇〇年、スティーブン・ソダーバーグ監督）は、煙草会社が流す汚染した川の水で癌などを患う周辺の犠牲者のために煙草会社と闘い一億五〇〇〇万ドルの賠償金を得た実在の女性エリン・ブロコビッチのストーリーである。

ジュリア・ロバーツが主役を演じる映画は社会的な問題を全面に押し出したシリアスな内容にも拘わらず何と三億ドル収益のメガヒットとなったのだ。『スター・ウォーズ』並みのヒットである。

私のペット企画（最も好きな企画）である『リエンチャントメント　愛と魅惑』は、『エリン・ブロコビッチ』同様に、実在の英国女性マリが雨林に住む部族と一体となってブラジルの国営石油会社と闘い勝つ実話の映画化である。石油会社が石油採掘から川に垂れ流す汚染水で雨林一帯の部族は皮膚癌、食道癌等を患っている。それだけではない。政府は金儲けの為に熱帯雨林の伐採をしているのだ。温暖化に繋がる自然破壊行為である。

ストーリーの概要――マリはセミプロのモーターバイクレーサーで女性初のチャンピオンでもあった。その後彼女は英国石油会社のPR重役として石油会社からリクルートされ入社する。しかし会社内の揉め事に巻き込まれノイローゼとなりモーターバイク衝突事故を起こす。それは事故ではなく自殺未遂であったのだ。数か月の病院生活の後、彼女はブラジルの雨林に癒しの旅に出る。そこで部族のシャーマン（呪い師）と会い一目惚れして結婚。動物と植物そして人間が協調して生活する熱帯雨林でのワイルドライフは彼女が捜していたものであった。天国と思われた雨林生活であったが、しかし石油会社の採掘から流れ出る汚染した川の水で部族の女性、子供など全員が皮膚癌などを患っている悲惨な現実に直面する。川は彼らの生活の中心である。川の水を飲み体を洗い魚を捕る。子供たちには遊び場である。汚染からの被害は『エリン・ブロコビッチ』の住民の比ではない。彼女と夫は石油会社のあらゆる脅迫に耐えながら、雨林の奥深くに住む五〇の部族を説得し石油会社と闘い勝利するストーリーである。

このストーリーの概要だけでは凡庸な〝白人優先主義〟または〝白人による部族救助〟のありきたりなストーリーに見えるが、実際の映画企画のコンセプトは、石油会社と闘い勝利することよりマリの奇想天外な生き方である。〝本当とは信じられない本当のストーリー〟なのだ。

都会の女性が何百年以上前と同じような原始的な生活をする部族に溶け込んでいく過程はスリリングで情感溢れるものである。

またこのストーリーの面白さは、素っ頓狂でおっちょこちょいのマリが部族の人たちと織り成すユーモアである。

マリはスーパーウーマンではない。『エリン・ブロコビッチ』のジュリア・ロバーツと同じように隣のお姉ちゃんである。その普通の女性が映画の中でしかあり得ないような驚くべき体験をするのだ。

マリはロンドンではモーターバイカーとして石油を垂れ流し、石油会社勤務では世界中に石油を売る仕事であったのが、熱帯雨林では正反対に石油会社と闘うというアイロニー。彼女が国営石油会社と命を張って闘うのは部族、そして彼女の部族の家族を苦境から救う目的だけではなくロンドンで石油を売る仕事で得た豪華な生活が熱帯雨林の部族たちの悲惨な状況の犠牲の上に立っていた過去への贖罪でもある。

二一世紀の最大の社会問題は温暖化である。熱帯雨林の伐採で温暖化はますます進んでいる。四〇年後には冬は無くなり、異常気候で山火事、嵐などの自然災害の多発が予測されている。その問題を一人の実在する女性をベースに彼女の視点から描くこの企画は正に旬そのものなのだ。

私がプロデューサーを目指した動機の一つが社会性のあるエッジー（尖った）なテーマを骨子にした映画作りである。『リエンチャントメント　愛と魅惑』は私が長い時間をかけて捜していた夢の企画なのだ。


私と私のオフィスのスタッフは日々企画探しをしている。主に新聞、雑誌、本、インターネット等からである。

私はこの夢の企画を新聞に載っていたマリのインタビュー記事で見つけた。彼女の語るストーリーは余りにも面白い。恐らくユニークな企画を血眼でリサーチしているハリウッドのメジャースタジオが権利を取得している筈であろうと諦めていたが、駄目もとで一応マリにオファーのメールを出したのだ。二、三週間経っても返事が無い。デスクの上に置いてあった新聞の切り抜きを屑籠に捨ててしまった。

何週間が過ぎマリの企画を忘れてしまっていた時に息子の友人がチャリティー団体の一員としてマリが住むブラジルの雨林部族に会うために出かけると言う。私は早速彼女に電話をしてマリと会うよう依頼した。二、三日後に彼女からマリが映画企画のオファーを受諾すると言う報告を受けた。そしてロンドンに戻ってきた彼女と映画化権利契約を交したのだ。

ラッキーであったのは雨林の中ではインターネットもスマホも使用出来ない。私が映画企画をオファーした初のプロデューサーであったのだ。

未だシナリオの段階であるが、既にハリウッドのメジャースタジオも興味を示している。一流の監督にムービースターが主演女優につけばオスカー受賞も可能ではないかとの夢を見ながらこの企画を進めている。『クライング・ゲーム』『ハワーズ・エンド』で私の会社がオスカー受賞を果したのは二〇数年前である。もう一度オスカー受賞式に出席し今回は舞台でスピーチをしたいものだ。その夢を見せてくれるのが『リエンチャントメント　愛と魅惑』映画化である。

『フローレンスの人々』(フランコ・ゼッフィレッリ原作)
ミケランジェロ、そしてダ・ヴィンチの友情と相克

読者は信じられないだろうが、私はこの企画のシナリオ権利をライターのクリストファー・ハンプトンと監督フランコ・ゼッフィレッリから二〇数年程前に取得したのである。

ゼッフィレッリの原作を現在世界最高のシナリオライターと言われるハンプトンが二六歳の時に書いたシナリオである。彼は現在七六歳である。約半世紀近く前の骨董品とも言えるシナリオだが今読んでも古くなっているどころかますます現代に生きる私たちの共感を呼ぶストーリーなのだ（クリス

トファー・ハンプトンは『ファーザー』（フローリアン・ゼレール監督）で二〇二〇年のオスカー脚本賞受賞）。

ストーリーの概要――一五世紀のフローレンスでメディチ家、反メディチ家の人々による市民革命戦争に巻き込まれた若い恋人のメディチ版『ロミオとジュリエット』の悲恋ストーリーを横糸に、ミケランジェロとダ・ヴィンチのアーティスト同士のライバル関係、そして二人が傑作中の傑作である彫刻、絵画を創る内面の葛藤を楯糸に描く壮大な絵巻物語である。

ミケランジェロの彫刻、絵画全ては傑作であるが有名なのは「ピエタ」「ダビデ像」そしてバチカン内のシスティーナ礼拝堂の聖書を基にしたフレスコ画であろう。シナリオではミケランジェロがダビデの像のモデルとなった若い愛人との恋愛を通して傑作が創られていく過程を描いている。

ミケランジェロは彫刻、絵画だけではなく詩人としても天才である。彼が一目惚れしダビデの像のモデルに使った若い農民の青年マルコに送った愛の詩ラブポエムのリリシズム！　ミケランジェロの胸を打つ愛の告白はパゾリーニが一五歳の少年ダボリに送った詩を髣髴とさせるものだ。

ミケランジェロとパゾリーニは顔も性格も似ているのでなかろうか？　ごつい顔に短気で癇癪持ちであるが純粋である。

一方ダ・ヴィンチは「モナリザ」のモデルであろうと言われるリザを通して〝モナリザ〟ミステリーの真相に迫るストーリーを横糸に、発明家として飛行機や水圧を利用した機械作りに挑戦するダヴィンチの苦悩を縦糸に描いていく。しかし圧巻なのが、ダ・ヴィンチとミケランジェロの愛憎と和解の関係である、それは私たちの心に深く迫ってくる。『フローレンスの人々』は芸術史上最も有名な天才芸術家ミケランジェロとダヴィンチ二人の内面を深く余すところなく描いた初めてのシナリオと高い評価を得ている。恐らくシナリオライター、ハンプトンのベストの一つではないだろうか。

ではこの宝石のようなこの企画が長い間製作されなかった理由は何か。

（1）にイタリア元首相ベルルスコーニの税金逃れの犠牲になっていたことが挙げられる。シナリオに惚れたイタリアきってのビジネスマンであるベルルスコーニは彼のプロダクション会社企画としてシナリオの権利を買い支払いをオフショアー（無税金の島）から行ったのだ。その後政治家を志したベルルスコーニはオフショアーの口座がメディアに暴かれスキャンダルとなるのを恐れてシナリオを金庫に隠したままにしていた。しかしゼッフィレッリがベルルスコーニの要請でフォルツァイタリア（ベルルスコーニの政党）から代議士として出馬する条件としてベルルスコーニがゼッフィレッリに『フローレンスの人々』シナリオ権を無料で譲渡したのである。

（2）は膨大な製作費である。二〇数年前でも当時のプロデューサーが見積もった製作費は三〇〇〇万ドルである。

ゼッフィレッリのヴィラでバカンスを過ごしていた私に、彼が四冊のシナリオを渡しすぐに読んで欲しいと言う。最初の頁を読んだ途端から私はストーリーにはまってしまい、時には感動で泣き、ダヴィンチのユーモア溢れるダイアローグに笑い徹夜で読んでしまった。そして私はこのシナリオに恋をしたのだ。そして翌朝ゼッフィレッリにプロデューサーになりたい意思を伝えたのである。

私とゼッフィレッリは共同製作者としてこの企画の製作会社を設立し、投資家探しを始めた。高い製作費問題の解決策としてヨーロッパの国営テレビ会社とイタリアの国営テレビ会社RAI(Radiotelevisione italiana)を巻き込み、EU企画として投資家にオファーをした。ルネッサンスはヨーロッパ文化の原点である。このハイコンセプトの企画は利益追求だけではない。ヨーロッパの誇りとして製作されるべきである。

私たちのピッチ(売り込み)は成功し製作費六〇%が集まったが、テレビ会社はハリウッドのメジャースタジオによる世界配給を出資の条件としてきた。メジャースタジオが全国配給する映画には彼らは高額な宣伝費をつぎ込む。全国配給をメジャースタジオが行うと、ヒットしなくとも出資額半分の収益が見込めるからだ。

ゼッフィレッリは自ら全メジャースタジオのトップに電話をかけ彼らにシナリオと膨大なプレゼンテーションを送った。世界配給権の先買いと残りの四〇%出資の要請である。一週間もするとメジャースタジオのトップ全員がゼッフィレッリとのミーティングをオーケーしてきた。それもランチ/ディナーミーティングである。私のような無名のインディープロデューサーでは高値の華の人たちである。ゼフィレッリの名声はハリウッドでもまだまだ健在であったのだ。幸先良好である。

私たちは勇んでロスに出発した。しかし彼らの反応は芳しくない。全員がこの企画はハイコンセプト(高尚なテーマ)の上にヨーロッパ映画にしては馬鹿高い製作費であること。それにアメリカ人は芸術家の映画は観ないとの指摘でノーの返事である。

では何故彼らは喜々としてゼッフィレッリとの会見に応じたのか？

彼らは企画に興味を示したのではなくゼッフィレッリに会うことに興味を示したのだ。二〇数年前のゼッフィレッリは監督としては盛りを過ぎてはいたが世界中のハイソサエティーのキングである。世界の最も豪華で美しい邸宅の一つと言われるゼッフィレッリ邸には、英国王室からチャールズ皇太子やダイアナ妃、エリザベス・テイラー、マイケル・ジャクソン、オペラの女王マリア・カラスなどが宿泊している（第4章「ディストリビューターとして買い付けた映画と、思い出深い映画」の『尼僧の恋』参照）。

彼らは監督のゼッフィレッリではなくセレブのキングに会いたかったのだ。誇りを傷つけられたゼッフィレッリはハリウッドのエージェントにレオナルド・ディカプリオ（以後、デカプリ）との会見を依頼した。彼にターゲットを当てたのは、ゼッフィレッリのエージェントがデカプリと同じエージェントでもあったからだ。そのうえデカプリの父親がダヴィンチに心酔しており、彼にあやかってレオナルドと命名したと言われている。

会見はすぐにアレンジされたが、ニューヨークでの夕食会である。デカプリがマーチン・スコセッシ監督の次回作『ギャング・オブ・ニューヨーク』（二〇〇二年）の件でニューヨークに滞在していたのだ。

野球帽を眼深く被ったデカプリがマネージャーと父親とやって来た。デカプリは四冊のシナリオは読んでいなかったが父親が代わりに読んでおりゼッフィレッリに的確な質問をするのをデカプリは聞いている。彼の心配はシナリオの中でのダヴィンチの年齢である。二〇代のデカプリが四〇歳のダヴインチを演じるのだ。しかしゼッフィレッリのアイデアで、三〇歳前半からのダヴィンチにシナリオを変えることになった。デカプリはミケランジェロにダニエル・デイ＝ルイスを推薦してきた。当時デカプリは『ギャング・オブ・ニューヨーク』でダニエル・デイ＝ルイスと共演する筈であったが、ハリウッドのメジャースタジオは興味を示さずインディー映画として製作することになった。しかし一億ドルの製作費が災いし、スコセッシ映画にもかかわらず製作費が集まらず企画は棚上げになったばかりであった。デカプリが『ギャング・オブ・ニューヨーク』主演にこだわったのは巨匠スコセッシが監督する他にマーロン・ブランドの再来と言われるデイ＝ルイスと共演したかったからではなかろうか。

ゼッフィレッリとデイ＝ルイスは友人関係である。デイ＝ルイスのフローレンス住まいをアレンジしたのもゼッフィレッリである。またデイ＝ルイスはミケランジェロに心酔していると言う。その一言でデカプリは『フローレンスの人々』の主演に同意した。しかし『ギャング・オブ・ニューヨーク』が彼の最優先企画である。

スコセッシは自ら投資家探しで世界中を飛び回っていた。実は私は『ギャング・オブ・ニューヨーク』の彼のロンドンでのプロモーションミーティングに出席しスコセッシに会っている。シナリオはスコセッシのいつものギャングもので私には面白くない。しかし世界一の監督と評価されている巨匠スコセッシがわざわざヨーロッパまで自作映画の投資家探しにやって来てピッチをする彼の熱意に心動かされていた。

私たちはその条件に同意し仮契約をした。そして私たちはデカプリが降りるリスクを承知で製作本部を作り製作準備を始めた。テレビ会社が開発費として一五万ドルのファンドを投資してくれたからである。

二か月後に恐れていた『ギャング・オブ・ニューヨーク』の製作が発表された。ハーヴェイ・ワンスタインがプロデューサーとして製作費全額を集めたのだ。『フローレンスの人々』映画化は泡と消えてしまった。意気阻喪した私はその後企画を棚上げしてしまった。

しかしマエストロ、ゼッフィレッリも『フローレンスの人々』に賭ける熱意はスコセッシと同じである。諦めること無く投資家探しを続け、彼等が興味を示すと私にローマに来るよう要請するのだ。

二〇数年間の間に何度ローマに彼の要請で出かけたことだろう。ゼフィッレッリの豪華な邸宅に宿泊しリズ・テイラーとリチャード・バートンが愛を紡いだ同じベッドで寝て美味しいイタリア料理を投資家たちと食べながら企画のピッチをする。

しかし結果はメジャースタジオのトップたちと同じである。高尚なコンセプトの映画にしては馬鹿高い製作費故に投資は難しいと難色を示すのだ。彼らがわざわざローマまでゼッフィレッリに会いに来た理由も、ハリウッドのメジャースタジオのトップたちと同じようにゼッフィレッリに会い彼の夢の邸宅に招待されることであったのだ。

二〇一九年にゼッフィレッリは九五歳で亡くなった。この企画の足枷であった製作費の問題解決として、シナリオの大幅な縮少が可能になった。ゼッフィレッリ存命中は彼が頑としてシナリオ変更に同意しなかった足枷が外されたからである。

現在ミケランジェロvsダ・ヴィンチのストーリーに絞ったシナリオをライターが書いている。

そしてゼッフィレッリがこれも頑として拒否したストリーマー映画（テレビ）として製作する準備に入っている。劇場映画全盛期を生きたゼッフィレッリにはテレビ映画はチープな媒体であったのだ。二〇数年前に買った権利金がやっと戻ってくるチャンスがやってきたようだ。そしてあわよくばエミー受賞（テレビのオスカー賞）も夢ではないだろう。

『夜想曲』カズオイシグロ原作

私がイシグロに始めて会ったのは一九九〇年代前半であった。それ以後二か月に一度私の自宅か、または近くのレストランで夕食を共にする仲の良い友人となっている。話す内容は映画、映画、映画でマナーとして一切彼の本は話題にしない。

しかしある夜の夕食会で私が冗談まじりに「将来の私のボーイフレンドとの別れは彼と最後の夜をヴェネチアで過ごし、宿泊しているホテルの窓下でそのボーイフレンドがゴンドラで私の好きなセレナードを演奏するのを別れの条件にするつもりである」と話したのだ。それはイシグロの短編小説『夜想集』の中の情緒溢れるメランコリックなシーンから取ったものである。

イシグロは笑いながら、実は三年前に『夜想集』のそのシーンがある短編の映画化をジュリアン・ムーアが主演をやりたがり、ロンドンまでハリウッドの辣腕プロデューサーと一緒にイシグロに会いに来たと言う。イシグロは映画化に同意しレター・オブ・インテント（仮契約）を交わしたのだが、製作費が集まらずに暗礁に乗り上げている、と初めて彼の映画企画の内情を私に語ったのだ。原作権の支払いも約束に反してされていないと言う。

ジュリアン・ムーアが熱望している企画であれば私が製作費を集める自信がある。英国人ライターで主演が英国国籍をも持つジュリアン・ムーアであれば、英国とEUの潤沢な援助金システムを組み合わせて製作費の半分近くが集まるからである。それにヴェネチアは世界一の観光名所である。ロマンティックなヴェネチアにゴンドラ、そして別れのセレナード云々のストーリーは世界中の女性観客が涙するのではなかろうか（注：現在では英国のEU離脱でEUからの援助金システムは終了している）。

この私のピッチにイシグロも妻のロルナもエキサイティングしその日の夕食会はビジネスミーティングとなった。

映画フリーク（気狂い）のイシグロは自作本の映画化が大好きな作家である。同じ映画フリークの村上春樹とは正反対であるようだ。

イシグロは私の熱意に感謝し原作権のオプションを無料で譲渡してくれた。そして彼もEP（エグゼクティブ・プロデューサー）となり企画開発が始まった。イシグロは有名な作家である。彼の原作を基にした映画化は原作者が製作に参加し一緒に製作をしないと出来ないからである。

第一にジュリアンが未だ主演に興味を持っているかどうかの確認をする必要がある。ジュリアンのエージェントに聞くとイエスとの返事である。

次は監督探しである。私はイシグロに三人の候補者リストを送った。リテーシュ・バトラ（『めぐり逢わせのお弁当』、二〇一三年）、ジュゼッペ・トルナトーレ、そして是枝裕和監督である。イシグロはトルナトーレと是枝にはすぐに賛成したが、私が強力に推薦するバトラには疑問符（？）を振った返事が来た。無名のインド人監督では、彼の原作映画化の監督としては力不足と思ったのだろう。しかし彼に送った『めぐり逢わせのお弁当』のＤＶＤを観た後にはバトラの大ファンとなり、彼にラブレターとも言える大賛辞のメールを送ったのだ。バトラもイシグロの大ファンである。

『夜想曲』の監督はバトラと決まった。彼をジュリアンに紹介する必要がある。私はニューヨークにいる友人のプロデューサーにジュリアンとのランチミーティングを依頼した。彼女はジュリアンの親友であったからだ。ジュリアンは『めぐり逢わせのお弁当』を観ていなかったが、アメリカの映画界では彼は希望の星と評価されているのを聞いており、彼との会見に応じた。だがそのランチの席でバトラがイシグロの原作を大幅に変えて息子と父親のストーリーにする案をピッチした途端にジュリアンは不機嫌になり彼のアイデアを極評しそのストーリーでは出演をしないと言うと席を立って帰ってしまったと言う。

これで第一候補のバトラは消えてなくなった。ジュリアンのバトラへの怒りは私の怒りでもある。プロデューサーの私にもイシグロにも彼のストーリーのアイデアの了解を得ること無く、主演のスターにピッチするのはルールに反する。彼はインターナショナルな映画製作の基本ルールを無視して映画創りをするボリウッド（インド映画界）の監督であったのだ。その田舎監督が情緒溢れる感動的な傑作映画を創っている。もしかすると社会生活を円滑にする欧州のルールを知らない無知故にルールにこだわること無く彼のハートに忠実な秀作映画が出来るとも言えるのだろうか。

次にはトルナトーレにオファーをした。男女または人間関係のエモーション（情緒）を感動的に描くのはイタリア人監督の専売特許である。その専売特許のエモーションをパワフルに描けるのがトルナトーレである。それを証明しているのが彼の『ニュー・シネマ・パラダイス』であろう。

彼は私の親しい友人である。日本での宣伝旅行後私たちは親友となっていたのだ。そして一時は彼の映画企画アドバイザーでもあった。イタリア語を話しロンドンの映画界で働く私を信頼したのだろう。しかし私は二、三か月で辞めてしまった。彼が私のアドバイスを聞かずに相変わらず『シチリア！　シチリア！』（二〇〇九年）のような大仰でセンチメンタルな古い感覚の映画を創る彼に失望したからである。

二、三年が過ぎた時、彼から次回作のプロデューサー要請の電話があった。その企画は、英国が舞台であるがストーリーはかなり陳腐である。そこで彼に私が開発していた企画の一つであるカズオイシグロ原作の『夜想曲』を提案したのだ。

『夜想曲』は叙情性とニュアンスに満ちたチャーミングでエレガントなストーリーである。そのストーリーにトルナトーレのパワーとセンシビリティーを混合すると面白い映画が出来ると思ったのだ。トルナトーレは大喜びで英語、イタリア語で原作を読みシノプシスも書いて送ってきた。私はプレゼンテーションを作り投資家にアプローチしたが誰からも色よい返事がない。二〇年前であればイシグロ原作ジュリアン・ムーア主演そしてトルナトーレ監督であれば製作費はすぐに集まった筈である。遅きに失したトルナトーレはレトロ監督になってしまっていたのだ。トルナトーレもアウトになった

（第4章「ディストリビューターとして買い付けた映画と、思い出深い映画」参照）。

最後は日本映画界のエース監督、是枝にオファーをした。私は是枝が『夜想曲』の企画に興味を示すとは思っていなかった。彼の創る映画とはかけ離れているし英語映画である。英語の出来ない監督が英語映画または外国語で創った映画のほとんどは失敗作である。それは言葉の問題だけではない。その国の文化、習慣などを自国と同じほど精通しその国の問題や人々の心の機微を理解しなければ観客の共感を得る映画は創れない。『ロスト・イン・トランスレーション』（二〇〇三年、ソフィア・コッポラ監督）はそれを逆手に取って成功した映画である。但しこれはあくまでもアメリカ人の監督と俳優による英語映画でもある。日本という外人にはエキゾティックな国で心の痛手を持つ男女のストーリーをアメリカ人監督と俳優によって創り成功したのだ。

では何故私が是枝に『夜想曲』をオファーしたのか。それはイシグロが是枝映画の大ファンであったことと、私が一度は日本人監督と一緒に映画製作をしたかったからだ。それには是枝がベストである。

彼のプロダクションに日本の友人を通してオファーをしたところ、是枝は私とカンヌでのミーティングをオーケーしてきた。彼の映画がカンヌ映画祭出品作に選ばれカンヌに来るからである。

是枝は飛行機の中で日本語の原作を読んだと言う。彼は好きとも嫌いとも言わないがアイデアとして『夜想曲』だけではなく、原作本の中の他の短編を一緒にしたストーリーの映画化を提案してきた。『夜想曲』だけでは分量が足りないとの理由である。私が、テーマが二つに割れる危惧を話すと五つの短編のうち『夜想曲』のテーマと相容れるストーリーがある。三か月の間に二つを一緒にしたストーリーの概要を書いて私とイシグロに送ってくることになった。これは是枝が企画を承諾したと言うことなのだろうか。欧州の映画慣習では条件付きではあるが承諾したことである。

そして私たちは通常、この段階でレター・オブ・インテント（仮取り決めレター）を交わす。しかし私は日本人との交渉では要求しない。契約書を交わす習慣が余り無い日本の文化では、仮取り決めを要求するのは失礼に当たると思っているからだ。彼の言葉を信じて三か月待つことにした。イシグロもミーティングの結果を喜んでいる。

しかし投資家たちは是枝監督を承認するのであろうか。英国の投資家は全然興味を示さない。しかし仏独の投資家は主演にジュリアン・ムーアともう一人スターがつけば投資に応じることになった。

三か月が過ぎたが是枝側から何の連絡も無い。私が彼のプロダクションに問い合わせると、次回作が撮影間際になり時間が無いので一頁も書いていないとの返事である。そして是枝からの返事として撮影が終われば書く予定であると言う。三、四か月後である。それもまた延びる可能性が大であろう。ストーリーの概要書きだけで数か月以上待つ訳にはいかない。

スケジュールを把握しているはずの是枝のマネージャー兼プロデューサーは、是枝が私に三か月以内に二〇頁のトリートメント（ストーリーの概要）を私に送る確約をした際に何故訂正をしなかったのだろうか。そして何故、彼らの方から私にトリートメント書きが遅れていることを知らせてこなかったのだろうか。

一度監督または俳優にオファーをすると彼らからのイエス、ノーの返事があるまで待つのが映画業界のルールである。他の監督などにオファーするのはご法度だ。日本でも同じであろう。欧州では規則に違反すると監督、俳優たちのエージェントのブラックリストに乗ってしまい次回作製作ではエージェントからボイコットされる恐れがある。

私はイシグロに待つか待たないかの判断を任せた。彼は私が英国にアメリカの投資家は是枝には興味ない由を話すと失望した声で待たずに他の監督にしようとの意見である。

私が最初に危惧したように是枝は企画には惚れてはいなかったのだろう。それは是枝だけではない。三人の監督たちは原作のストーリーに惚れたのではなく、イシグロの名前に惚れたのだ。

原作『夜想曲』はタイトル通り夜想曲のストーリーを面白い会話で描いたエレガントなコメディーである。社会性の無いうえに現代の人間関係を深く描いてもいない都会の中年女性観客用映画なのだ。三人の監督が惚れなかったのも当然である。

私もイシグロの名前を過大評価し、映画としての『夜想曲』の欠点に眼を瞑り、無理に投資家を説得しようとしたのだ。

投資家が期待しているのは世界中の老若男女が映画館に駆けつける映画である。原作者がノーベル賞受賞作家でも彼等には重要ではない。

これで最初の三人のベスト監督全ては消えてしまい、再び元に戻ってしまった。一年間この企画開発に邁進した私は落胆し他の監督探しをストップし別の企画開発を始めた。イシグロ企画は棚上げになったのだ。

敗者復活戦　パート1『夜想曲』

他の企画開発が一段落した数か月後に、オフィスの棚にある『夜想曲』の原作本が眼に入ってきた。手に取りもう一度読み直してみた。是枝が言ったように、ヴェネチア編と相容れられる短編がある。この二つのストーリーを混合し時局的な社会性を入れ込むと、原作のストーリーのコンセプトが深くなり映像を生かした活きの良いミュージカルコメディー映画を創ることが可能であろう。

そこで原点に戻り、英語を母国語としたミュージカルの監督探しを始めた。そしてミュージカルを得意とする芝居畑の巨匠監督が興味を示した。彼と若手の女性ライターが原作を大幅に変えた『夜想曲』のシナリオを書き始めている。

オスカー受賞は無理としても自然体の映画で観客が共感し笑い映画館で二時間エンジョイ出来る映画であればウィンウィン（大成功）ではないだろうか？

敗者復活戦　パート2　是枝監督へのラブレター

『夜想曲』では是枝と一緒に仕事は出来なかったが、起死回生で一度は彼と一緒に映画を創りたい。『万引き家族』（二〇一八年）は是枝映画の最高作と私は思っている。二〇二〇年のオスカー作品賞受賞の『パラサイト　半地下の家族』（ポン・ジュノ監督）に劣らない映画である。しかし『パラサイト　半地下の家族』が欧州映画界で絶賛されヒットをしたのに反して『万引き家族』はカンヌ映画祭で最優秀作品賞パルム・ドールを受賞したにもかかわらず、欧州の興行で失敗したのは何故か？幾つかの理由が挙げられるのではないか。

『万引き家族』は二一世紀の家族のあり方を予測した独創的なテーマの新鮮さにエッジー（尖った）で、そしてアイロニーな会話の面白さがある。しかし国際性が欠けている。

二一世紀の家族は血の繋がりだけではない。ＩＶＦ（体外受精）ベイビー、サロゲート（代理出産）ベイビー、精子バンクベイビー、養子等、バラエティーに富んできている。『万引き家族』のあの家族に日本に大勢働きに来ているイラン人や中国人たちがいたら国際性が出てきて欧州の観客の共感を呼び、傑作映画としてオスカー候補、受賞も可能であった筈だ。日本を除く世界中で移民、難民は二一世紀の大きな社会問題であるからだ。ただし風船が萎んでいくようなありきたりなエンディングではなく、もっと破壊的（？）、いやユニークなエンディングが必要ではないだろうか。投資家の要請だったのだろうか。

一方、『パラサイト／半地下の家族』は、社会問題である階級制度をパワフルに鮮明に描いている。世界中の観客の共感が得られるのだ（『パラサイト／半地下の家族』は約二億六三〇〇万ドルの世界興収。『万引き家族』は約一〇〇〇万ドルであった）。

また今では、カンヌ映画祭受賞はフランスを除いて宣伝、興行的にはインパクトがなくなってきている。現在観客が映画館に駆けつけるのはオスカー受賞作である。カンヌ映画祭受賞は名誉ではあるがヨーロッパのインテリ階級用の賞、アート映画のカテゴリーに入れられ、普通の観客の注目を浴びないのだ。オスカー像が世界的なヒットを約束する黄金像である。

二つ目は日本側のプロモーションの欠如が挙げられるのではないだろうか。『戦場のメリークリスマス』の製作では、企画開発と同時に「プロモーション・宣伝対策本部」が設置された。そして毎日世界中の人たちがその映画観たさに映画館にかけつける宣伝プランの会議をする。プランの第一は映画祭受賞、最終ゴールであるオスカー受賞獲得、そして世界配給戦略である。最初の戦略は企画に惚れるセレブリティーの選出である。彼、彼女がチアガール、ボーイとして日々メディアでこの企画を語り人々を〝洗脳〟していくのだ。

黒澤明が不滅の監督として映画史のパンテオンに祭られているのは、彼の傑作映画だけではなく、スティーブン・スピルバーグやジョージ・ルーカスがチアリーダーとして太鼓持ちをしたからでもあろう。

日本のプロデューサーは日本だけの宣伝プロモーション戦略だけではなく、日本語映画であってもオスカー戦線で闘える対策／戦略本部設置とチアリーダーを雇ってはどうだろうか。日本人の美徳の一つ謙遜／慎み深さは、映画の世界的なヒットにはハンディとなる。パワフルな宣伝とパワフルな映画の両輪が世界的なヒットに繋がるのだ。

そして日本の映画人は、インターナショナル映画業界の基本ルールであるイエス、ノーを明確にした国際映画作りを始める時であろう。今もって欧州で『ミステリアスな日本国』といった本がベストセラーになるのは、映画も含めて日本人の内気さだけではなく国際性の欠如のせいではないだろうか。

近い将来、是枝が在英日本人家族と移民家族が織り成すストーリーに興味があれば一緒に英国か日本で創りたいものだ。日本語と英語で『ロスト・イン・トランスレーション』風なトラジコメディーを是枝監督で創れば、オスカー受賞の傑作が出来るのではないだろうか?

そして英国の撮影であれば、日本人プロデューサーの私は是枝が日本で監督をするような居心地の良いそして安心して監督が出来る環境を英国で作ることが出来る。そしてオスカー授賞式に一緒に参加し、舞台でオスカー像を高く掲げる是枝を見たいものだ。

『カーマ・スートラ/愛の教科書　パート2』

前述したように、私はNDFインターナショナル会社設立一作目にセックス映画を創ると決めていた。

セックスは人間の根源である。恋愛を深く描くにはセックスを避けては通れない。セックスを女性の視点から描けば私の映画製作のフィロソフィーである〝社会性のあるエッジー〟な映画が出来る筈だ。

またプロデューサーとしては最も製作が可能なサブジェクトでもある。セックス映画には名前のあるムービースターを必要としない。低予算で製作出来るうえに商業的にヒットが期待出来る。そしてセックス映画のベストは『カーマ・スートラ』である。『カーマ・スートラ』は性典として抜群の知名度があるからだ。宝石のティファニー、洋服のアルマーニのようなブランドタイトルなのだ。タイトルだけでレオナルド・ディカプリオ出演程のセールスバリューがある。その通りに映画『カーマ・

スートラ／愛の教科書』は無名のインド人俳優主演にもかかわらず、興行的には世界中でヒットした。しかし私は、映画の質に関しては忸怩たるものがあった。完成した映画は最初のコンセプトであった〝エッジーでシリアスな社会提起を梃子としたハードコアセックス映画〟とは程遠いソフトコアセックス映画となってしまった。そして私の『愛のコリーダ』映画製作の夢は消えてしまったのだ（第7章「映画製作会社ＮＤＦインターナショナル設立」参照）。

三〇年後の現在、私が企画している『カーマ・スートラ／愛の教科書　パート2』映画製作の起死回生のチャンスは、雑誌の記事からであった。

その記事は実際に起こったインド女性のストーリーである。インド地方の奥深い村には何千年も前からセックスの秘儀を使って男をたぶらかす魔女がいると言われている。ある日、村の若い娘が村を通り過ぎた白人男に強姦され子供を身ごもる。混血の子供は村の汚名である。殺さなくてはならない。男たちは彼女がセックスの秘儀を使って男を誘った魔女であると虚偽の罪状をでっち上げ、魔女狩りと称して産まれたばかりの子供が寝ている家を焼き払い、その女を村のパリア（村八分）として追い出してしまうのだ。その後彼女はムンバイで娼婦となったが性病で亡くなってしまう、悲劇の記事である。

私はこのストーリーに胸を抉られるような衝撃を受けた。二一世紀の今でも〝家族の名誉〟のために、婚前にボーイフレンドとセックスをした娘を恥として殺す慣習がアフリカ、インドなどで正義として許されている。英国でもパキスタン移民在留地域ではオナーキリング（家族の名誉保持の娘殺人）が今もって行われており社会問題となっているのだ。

また同時に〝魔女のセックスの秘儀〟にも興味があった。

私はインド人の友人にそのような村があるのかどうか聞いてみた。彼曰く、「インドは巨大な国である。未だに何百年以上前の生活をしている村は沢山ある。そして村ごとに特殊な習慣を守っている。〝セックスの秘儀〟の村があってもおかしくない」。


何千年前からのセックスの秘儀のある村、そして女性蔑視の男たちの偏見の犠牲になる〝魔女〟等々、どれを取っても『カーマ・スートラ／愛の教科書』現代版にぴったりのストーリーではないか。

こうして記事に出てくる女性をベースにした『カーマ・スートラ／愛の教科書　パート2』ストーリーの骨子が決まった。一六世紀のインド女性の性の解放を描いたのが『カーマ・スートラ／愛の教科書』であったが、パート2では現代のインド女性の視点から描く『カーマ・スートラ』を創ろう。

私は今、インド系英国人女性ライターと一緒に〝若いインド女性がセックス秘儀を学んで強姦した父親探しに英国に来るカミング・オブ・エイジ（大人になる過程）〟ストーリーを書き始めている。

ストーリーの概要をこれ以上書くことは出来ない。投資家たちとの映画販売宣伝戦略として完全秘密裡で製作することが義務付けられているからだ。

一つだけ明かすとストーリーの主人公は男たちの犠牲者としての女性ではなく、フェミニストの強い女性が主人公である。二一世紀のポリティカル・コレクトネス（社会正義）に沿った面白いハードコア映画を志している。インドの奥深い村は私にそのような映画を創るインスピレーションを与えてくれたのだ。そして私が目指した『愛のコリーダ』のような大胆で面白いハードコアセックス映画が『カーマ・スートラ／愛の教科書　パート2』で実現する可能性もあるのではなかろうか。

『未亡人』

アラブの若い政治運動家女性と英国男性の〝ロミオとジュリエット〟物語である。

二一世紀以降、戦争、革命が起こるのは主に中近東である。世界政治の紛争地帯であるからだ。その通りに〝アラブの春〟革命がエジプトで起こった。二〇〇一年のカイロ（エジプト）のタヒール広場には、一〇〇万人以上の若者がエジプト大統領ムバラク引退のスローガンを掲げて闘ったのだ。政治家の汚職、そしてムバラク独裁政治の圧制下で人々は餓死寸前の生活を余儀なくされている。それに反抗した若者には拷問と死が待っているにもかかわらず、切羽詰まった若者が蜂起したのだ。そして〝アラブの春〟は勝利した。この瞬間、世界中の人たちが涙してエジプトの若者たちを応援した。私も涙を流して声援を送った。しかし一年後には、革命の首謀者の多くは監獄で拷問を受けるか、謎の死と遂げている。そしてカイロは観光客もいない死の街と化してしまった。最近亡くなったムバラクの葬儀は国葬であった！

戦争映画はそこそこの出来であればヒットすると言われている。アクションにサスペンス、そして感動と非日常のドラマがあるからだ。革命もしかり。私は戦争より革命に心打たれる。革命はアンダードック（下積みの人）たちが死を覚悟してお上と闘うのだ。殺戮シーンがあっても独裁者と闘う革命は私たちのハートを揺さぶり、観客の共感が得られるウィンウィン（絶対に成功する）のテーマである。そして勝敗が戦争と違い短期間で決まるので低予算で製作出来る得点もある。例えばまさに革命をテーマにしたミュージカル舞台『レ・ミゼラブル』は永遠のヒットメーカーではなかろうか（ロンドンでは現在も上演中）。

私はカイロ蜂起直後この〝アラブの春〟をベースにしたサスペンス・ラブストーリーの企画を創りEUから潤沢な開発資金を得たが、一年後には〝アラブの春〟は冬と化し、制作費を約束していた投資家は降りてしまった（第9章「企画中の映画作品」の『相撲』参照）。

しかし現在起死回生を目指して〝アラブの春〟革命で戦った活動家の女性のストーリーの企画を開発している。

ストーリーの概要——革命以前のムバラク政権下のエジプトで、革命活動家の若い女性が逮捕される。監獄では腐敗したポリスに強姦され精神障害を起こすが、夫の協力で監獄から脱獄し英国に政治亡命する。そこで英国男性に出会い叶わぬ恋に落ちる不倫／悲恋ストーリーである。

私がアラブ革命企画から革命後の若者のストーリーに変えたのは、革命映画は旬の主題なので早く製作しなくては泡の消えた古いシャンパンとなってしまうからである。『チャイニーズ・ボックス』の失敗の原因は、英国の香港返還日に間に合わせるために急ごしらえの映画創りになったことだ。その教訓から革命そのもののストーリーではない映画にしようと考えた。革命のレガシー（爪跡）の物語であれば時間の問題がない。また私はエジプトに住んだこともないしアラブ文化にも精通していない。しかし英国でのストーリーなら私にも〝革命〟というパペットマスター（人形師）に操られ、犠牲牲になる若い女性を描く感動企画は実現可能である。そこでエジプト系英国人の若手ライターにシナリオ書きを依頼した。彼の芝居が批評家に絶賛されていたからだ。

監督はアラブの映画を数作監督しているイラク系英国人女性に決まった。ライターの書いてきたシナリオは激しすぎるほどエッジー（尖がった）であるが、粋の良いシーンに会話等、良く出来た秀作である。

私たちの考えるアラブの女性たちは男性優位のイスラム教の犠牲者ではなかろうか。そのイメージを覆し独裁政権下でも活き活きと生きる強いアラブ女性のストーリーでもある。アラブ女学生たちの隠れた流行である陰毛をテープで剥がすユーモラスなシーン（初夜に新夫を喜ばす目的）やまたイスラム教ではタブーであるブルカセックスシーン（ブルカを被ったままでのセックスシーン）がある。

このシーンは『クライング・ゲーム』で主人公のトランスジェンダーの女性／男性が恋人の男性とのセックスでペニスを見せた衝撃的なシーンに比較出来る。映画のハイライトにはなるであろうが政治的に大きな危険をはらんでいる。イスラム国内上映でブルカセックスシーンが暴露されるとアラー冒瀆罪で死刑の可能性もあるのだ（注：通常アラブのディストリビューターは劇場公開の条件として自国の検閲でのカット承認を要求する）。

映画は芝居と違い世界中で上演される。イスラム教国だけではなく欧州の上映でも狂信者のイスラム教徒のテロリストに上映劇場を襲撃される可能性もある。実際に数年前のパリでは同時多発テロで商業施設とともに劇場も襲撃襲され、数十名が殺されている。やはりブルカセックスは削除するしかないのだろうか。女性監督はこのシーンこそテーマを的確に見せる最も大切なシーンとして削除に大反対である。妥協策としてソフトバージョンとハードバージョンを創り、ディストリビューターは自国の検閲に従って選ぶことでこのシーンは撮影することになった。

さあ投資家探しである。驚いたのはアラブ一の配給会社社長がこのシナリオを気に入り製作費の四〇%を投資することになったのだ。シーンが検閲で削除されてもそれが話題となりヒット間違いなしと楽観的なのだ。私の合作映画製作のドイツ側パートナーもブルカセックスの興行的な潜在価値を認めて共同プロデューサーとなった。撮影場所もドイツ、英国、カイロである。しかし英国側の投資家と残りの製作費のディールを始めた途端にCOVID-19で全国的なロックダウンとなった。撮影中の映画、撮影寸前の映画等全てがストップしてしまったのだ。(第11章「コロナパンデミック時代の映画製作」参照)。

私と監督にライターの三人はズームビデオでミーティングを始めた。『未亡人』は翌年の撮影であるが準備が必要である。シナリオも二稿、三稿とアップグレードしなければならない。二〇二〇年七月になり政府はCOVID-19下ではあるが第11章で書いたように映画撮影を許可した。だがこの嬉しいニュースを監督に伝えようとメールをし、テキストを送っても返事が返ってこない。電話に伝言を残しても梨の礫である。コロナに伝染したのだろうか?

二週間が過ぎた時に彼女の夫から彼女の死亡のメールがきた。癌の急激な悪化で手術中に亡くなったとのことである。彼女は癌を患っているのを隠していたのだ。監督が出来なくなるからである。COVID-19によるロックダウン中はお葬式にも出席出来ない。企画の監督を失ったことよりも、優秀な女性監督であった友人を失った痛みで企画を一時棚上げすることにした。

二〇二〇年とはカルマの年だったのだろうか。一〇〇年に一度と言われる世界規模のディザスターのコロナ惨禍、経済の大破壊に失業者続出、そして監督の突然の死。経済の大破壊に失業者続出。そして二〇二二年の現在ではロシアのプーチンによるウクライナ侵略戦争。いつ私たちは暗いトンネルから抜け出すことが出来、陽が燦燦と照る日が来るのだろうか？

他にも五つの企画が同時進行している。息子と若いスタッフの企画である。そのうえストリーマー（テレビ）映画製作がある。時代は今やストリーマーに席巻されてきている。Netflix と Amazon がコロナ伝染病を中国広州から輸入してばら撒いたのではないかと冗談で言われるほど、ストリーマー業界は繁栄している。しかし劇場映画製作プロデューサーの私にはテレビ映画製作は忸怩たるものがある。オールドスクール（時代遅れ）と言われても、観客が映画館の大スクリーンで自作の映画を他の観客と観て貰いたい。映画館は見知らぬ人たちとムービー（劇場映画）を通してコミュニケーションをする場所なのだ。またテレビ映画撮影は例えばエピソード六つの一シリーズ製作に一日の撮影時間一〇～一二時間、一〇週間で終わらせる突貫工事仕事である。

テレビは若い世代のプロデューサーに任せよう。私は情熱を持ってプロデュース出来るペット企画のムービー映画製作を続けていこう。

第10章 幻の傑作映画製作記

天才エリア・カザンの幻の企画

私の映画の神様はフェデリコ・フェリーニ、次はエリア・カザンである。フェリーニとはサーカスに連れて行ってもらったりと、プライベートのお付き合いをさせて頂いたが、それは私が二〇代のディストリビューターの時である。いや、プロデューサーになった今でもフェリーニの映画を製作するなどは恐れ多くて夢の中でも出来ない。

しかしエリア・カザンは彼の方からプロデューサーをオファーされたのだ。私が天才監督エリア・カザンから彼の映画企画のプロデューサーを請われた経緯は、赤狩りのマッカシー旋風の犠牲者であったカザン事件と拘わっている。

一九五〇～六〇年代のカザンはハリウッド、そしてブロードウェイの王様であった。映画でも『欲望という名の電車』（一九五一年）や『波止場』（一九五四年、オスカー監督賞受賞、マーロン・ブランドはオスカー主演男優賞受賞）、そして『エデンの東』（一九五五年）は世界映画史の中で燦然と輝いている。

マーロン・ブランド、ジェームズ・ディーン、アル・パチーノ、ウォーレン・ビーティたちはカザンに見出されて大スターになったのだ。そのキングの座が、一九五二年の一〜四月の〃ある日〃を境に地に堕ちてしまった。共産主義者の疑惑をかけられたカザンが、下院非米活動委員会の詰問に対して、かなりの友人の名前を自白してしまった〃日〃である。

当時のアメリカは反共産主義、いわゆる「赤狩り」のマッカーシー旋風が吹き荒れていた。政府はメディアを煽り、科学者からアーティストまでこの赤狩りの対象になった。少しでもリベラルな発言をする知識人は逮捕され数年の監獄行き、あるいはＦＢＩが仕掛けたと言われる暗殺、謎の失踪、自動車転覆死、そして追放等の憂き目にあっている。

特に赤狩りを進めたマッカーシー上院議員は、ハリウッドの良識的な映画が一般のアメリカ人に与える影響力の大きさに眼をつけた。恐怖がハリウッドを吹き荒れた。カザンが自白した友人たちは逮捕され映画界から追放されている。

カザンの〃仲間を売った裏切り行為〃はハリウッド、ブロードウェイ社会に大型地震のような衝撃を与えた。そして彼はその後半世紀にわたってハリウッド、ブロードウェイの業界人から〃許されざる者〃として激しいバッシングを浴び、業界のパリア（村八分）となってしまったのだ。何十年経ってもニューヨーク、ハリウッドの映画／芝居人はカザンを街でみると避けて通ったと言われている。そして九四歳で亡くなるまでカザンの自白は亡霊のごとく彼につきまとったのだ。

カザンが頂点にいる時には、彼の名声に嫉妬するハリウッドのユダヤコネクションは黙っていたが、いったん落ち目になるやいなや仲間ではない〃傲慢なギリシャ移民〃のカザンを情け容赦なくピラニアのごとく叩き潰そうとした。唯一カザンを庇ったのはマーロン・ブランドであった。カザンが自白したことを映画撮影中のセットで聞いたブランドは、育ての親のカザンを庇って、悲しそうに頭を抱えると、つぶやいた。

「どうすりゃ皆の気が済むのだ、彼の顔にパンチを食らわせたら許すのか」

当時のカザンはハリウッド、そしてブロードウェイの天才と持てはやされ、人気の頂点にいた。彼ほどの大物が自白を拒絶すればアメリカ政府の理不尽な圧力と闘う〝ヒーロー〟となった筈だ。FBIも彼にはうかつには手を出せる筈も無く、暗殺されることも無かった筈である。何故カザンは委員会で友人の名前を自白してしまったのか。それも早々と、自ら仲間を裏切ってしまったのか。

私はその背景にはギリシャ系アメリカ人移民の生い立ちが大きく影響しているのではないかと思っている。

彼は幼い時にアメリカに来ているのだが、幼少の頃から移民一世である両親が警官や当局の嫌がらせを受けるのを見て育ったと言う。両親はアメリカで平和に暮らすコツは「スパイダーマンのように壁を這って社会から眼に見えないように生きること」と、日ごと彼に教えたのではないだろうか。彼は後になっても時としてプレスインタビューの途中でホテルの壁を這うようにて歩くのを日本人のプレスも目撃している。

そう、移民として育った彼の当局への恐怖が、ハリウッド／ブロードウェイのキングとしての誇りも忘れ、早々と告白してしまったのではないだろうか。

私が巨匠と会ったのは一九八七年、カザンが七八歳の時である。フランスのプロデューサーからカザンの映画企画の共同製作のオファーを受けた。そしてカザン自身がアメリカからロンドンの私に会いに来てくれたのだ。やって来た巨匠は七階の私のオフィスまでエレベーターに乗ることもせず階段を駆け上がってきた。恐縮した私が、「小さなオフィスですが、エレベーターは動いています」と言うと、健康維持との返事である。しかし私は企画を実現させるうえでの彼の作戦だったと思っている。若さの誇示である。カザンとのミーティングの内容は忘れてしまったが、よもやま話だけで終わったそのような記憶がある。そして脚本を私に手渡すと再び階段を下りていく小さな老人を見ながら私は暗澹とした気分になった。映画史に輝く傑作の数々を創った大巨匠が、資金調達を求めてロンドンまで一介のプロデューサーの私に会いに来たうえに、元気溌剌の姿を見せるために階段を駆け上がるショーまでしなければならない！　それはアメリカ社会自体もそうだが、特に映画界は、〝若さ〟が必須条件であるからだ（序章「クリント・イーストウッド　私のアパートにやって来た変な男」参照）。

カザンのシナリオは『アメリカ　アメリカ』（一九六三年）のパート2風で、ギリシャからアメリカに移民する二人の若者の波乱万丈のストーリーである。さすが天才、カザンの書いた脚本の完成度の高さに目を見張った。

エリア・カザン監督でこの脚本であれば、大スターも諸手を挙げて出演を快諾する筈である。この金鉱企画を私は夢ではなく現実に製作出来るのだ！

早速私とフランスのプロデューサーはロスに一〇日間ほど資金調達、俳優探しに出かけた。

カザンはかつて傲慢と評されたのが嘘のように謙虚で内気な人であった。ホテルの一室に設置した製作事務所にカザンは、毎日あの広大なロスの街をバスで一分の遅れも無くやって来る。ランチで出す安いバーガーを黙々と食べて、昔の栄光の話など一度もしない。

主演はカザンのリクエストでギリシャ人に見えるジョニー・デップ、アル・パチーノが候補に上る。キャスティング・ディレクターが電話でデップのエージェントと交渉を始めた。その時にカザンが、決まり悪そうにぼそぼそとキャスティング・ディレクターの女性に「孫の為にジョニー・デップのサインを貰うよう頼んでくれないか」。と言ったのだ。

オフィスの中は驚きでシーンとした静寂が走る。監督がエージェントにこれから使おうとしている俳優のサインを頼むことなど今だかって聞いたことがない破天荒の出来事である。それも当時のジョニー・デップは、テレビのティーンエージャー向けの番組で名前が知られていた程度の無名の俳優なのだ。

次にアル・パチーノのコンタクトはカザンが直接電話で話すことになった。パチーノはブランドと同様カザンに見出されブロードウェイでカザンの舞台に何度も出演している弟子である。ところが留守電に残した巨匠からの伝言に対してパチーノから返電がない。悪い予感が走る。

そのうえジョニー・デップのマネージャーから、役が彼のイメージと違うとの理由で断ってきた。アメリカ映画史を飾る巨匠が無名俳優デップをインターナショナルスターに育てるベストのチャンスを断わったのだ。

後で判明したことは、カザンはこの企画を二〇年間ずっとハリウッドで製作しようとしていたが、彼の企画には誰も手を出さなかったのだ。それは半世紀以上経ってもハリウッド業界は友人を売ったカザンを許そうとはしなかったからである。

しかしヨーロッパでは彼の名声は衰えていないと知ったカザンは、ナイーブな私たちヨーロッパ映画人に売り込みに来たのだろう。私はハリウッド映画界の姥捨山の残酷さと、私たちヨーロッパ映画人のナイーブさを思い知った。

崇拝する大巨匠の最後の映画プロデューサーとして映画史に私の名前が刻まれるかもしれないというチャンスは、風と共に去ってしまった。しかしカザンとの映画製作体験は私の貴重な思い出の一つである。あの傑作シナリオはハリウッドのどこかのオフィスのキャビネットに納められたままであろうか。

ハリウッド、リベラルという名のファシズム社会

一九九八年、オスカー受賞式でカザンは名誉賞を受けることになった。遅すぎたほどの受賞であったが、やっとハリウッドも赤狩りの恩讐から開放されカザンを許したと私はほっとした。ところがロバート・デ・ニーロ、マーティン・スコセッシの紹介でステージに上がったこの巨匠に対してスタンディングオベージョンがない！　マナーとしてこの賞の受賞者には出席者全員が立ち上がり盛大な拍手をするのがセレモニーの慣習である。カザンに発見されスターになったウォーレン・ビーティ、ア

ル・パチーノも頑固に座ったままである。出席者の半分も座っている。老巨匠は当惑の余り助けを求める眼差しをデ・ニーロに向ける。デ・ニーロはカザンに優しく合図をしてやっとカザンは用意していたメッセージを読み終えたのだ。

しかし最近の受賞式のビデオを観ると何故かウォーレン・ビーティやアル・パチーノなどのスターを含む出席者全員が立ち上がり暖かい拍手をおくる〝リベラル〟版に再編集されているのだ！

カザンが亡くなった後になって、昔の恩讐を反故にして元巨匠を鷹揚に許す姿勢を示したリベラルハリウッド映画人の面目躍如ではないか。

第11章 コロナパンデミック時代の映画製作（英国のケース）

第三次世界大戦を思わせるコロナパンデミック

日本より数倍のコロナ感染者と死者が出た英国は、ＥＵの各国同様に厳格なロックダウン（閉鎖）が二〇二〇年三月二〇日から始まった。
家での監禁を迫られ、規則を犯した人々は罰金を払わなければならない。戦時下では敵が明確に分かる。警報と共に防空壕に避難すれば爆弾が落ちない限り何とか助かる。またご近所さんたちと話も出来る。しかしコロナは敵が見えない。警報も鳴らない。エンドマークがない恐怖のＳＦディザスター映画の中で生きているような非現実な日々である。

そのうえ親愛の情を示すハグも出来ないし、離れて暮らす祖父母などの家族とも会えない。出来るのはズームでのテレビスクリーン会話である。かろうじて許されている一日一回の公園の散歩では、マスクこそしているものの若者はジョギング、家族はピクニックをし、アイスクリームを売る車には子供たちが一メートル間隔で並んで買うのを待っている。のどかでロックダウンが信じられない風景なのだ。これはディザスター映画で使われるファーストシーンではなかろうか。

しかしもっと深刻な被害は、英国でもスーパーマーケットや食料店を除く全産業がストップしたことだ。英国だけではない。世界中の経済が破綻寸前状態となる異常事態が発生した。しかし英国政府は素早く対応し雇用者に一年間のサラリーの八〇%の支給にアパートなどの家賃は六か月延期等の経済援助の対応策を打ち、私たちはかろうじて餓死も無くサバイバルが出来ている。

コロナパンデミックと映画界

私たち映像業界も甚大な被害をこうむっている。まず私たちフリーランサーの映画人は収入額の五〇%の援助しかない。また深刻なのは、ロックダウンの日から撮影中の劇場映画やテレビ、ビデオ映画の製作が全てストップし、一日にして映画人全員が失業者となってしまったことだ。英国だけではない。アメリカを含む世界中の多くの国の映画、テレビ製作もストップしてしまう非常事態である。

三か月後の六月から、政府はコロナ下での映画撮影を許可した。しかし保険会社は〝製作完成保証保険〟の条件として（アメリカや英国などの映画業界では映画製作に〝完成保証保険〟が義務付けられている）、九〇万ドルのコロナ対策費を払うよう要求してきた。それでは製作費が馬鹿高くなり、投資家も集まらずプロデューサーは映画作りが出来ない。テレビ局も劇映画シリーズが作れない。他の産業はロックダウンの一時的な解除で仕事が開始され、レストランなどもオープンしたが、映像業界人は失業のままである。

しかし一か月後の七月に映画界と映像協会が政府と話し合い、政府はコロナ保険の肩代わりに同意した。後述するように巨大産業である映像業界は英国経済のメジャーな収入源だからである。政府は無視出来ないのだ（アメリカや英国などの映画業界では、映画製作に〝完成保証保険〟が義務付けられている）。

英国映画界と政府のコロナウイルス映像対策費肩代わりの背景

英国の映像業界（劇場／テレビ／ビデオ、子供のアニメ等）は年間二〇〇〇億ドルの収益がある。それは英国の国内総生産（ＧＤＰ）の一％にあたる。そして約三〇万人を雇用する。そのうえ二〇一八年以降には一年毎に五〇％以上収益が増えているのだ（但し、コロナ下には映像制作業界は一時発展率もスローダウンした）。他の産業の五倍の発展率である。二〇二五年までには劇場／アート業界も入れると一兆七〇〇〇億ドルの収益になると言われている。それは英国ＧＤＰの五～六％にあたる。二〇二五年には英国の映像業界だけで六〇万人が働く超巨大産業に発展するとのことである。

二〇一九年の英国はＥＵ撤退の政府の対応の不味さから経済破綻寸前であった。その不況を救ったのが映像業界からの収入である。政府が素早くコロナウイルス対策の〝製作完成保証保険〟を保険会社から肩代わりした背景には映像業界からの収入がストップし三〇万人の失業者が出るのを恐れたためである。

英国映像産業が巨大化した背景をここで少し説明しよう。

二〇一六年、当時の産業大臣が、英国映画の多くがオスカーを受賞し英国映像産業が好況を呈しているのに眼をつけ一層の活性化を狙って英国での劇場映画、ストリーマー（Netflix、Amazon などテレビサイズの映画）、ビデオなどの映像産業に製作費の二五％を補助金として出すことにしたのだ。英国での製作／撮影には補助金援助の他に数多くのメリットがある。まず英語圏であること。さらにクルーと俳優たちが優秀である。アメリカの俳優はクイーンズ・イングリッシュは話せないが、英国の俳優がアメリカ英語を話すのはお手の物である。ハリウッドから呼んで来なくても英国俳優がアメリカ人を演じるので製作費削減になる。それに加えて補助金援助が加わった後にはハリウッドが英国に移動して来たと言われるほどメジャースタジオ映画大作がどっと英国で製作されることになった。移動してきたのはハリウッドだけではない。三年ほど前からはストリーマー会社が天井無しの予算を持ってロンドンでの映画製作を始めたのだ。ロンドンだけで一九のフィルムスタジオ（撮影所）があるが、パインウッドなど大手のスタジオは一年前から予約が埋まっているほど活況を呈している。結果としてそれまででも大産業であった業界は巨大化していった。一九九〇年代には氷河期であった英国映画産業と較べて雲泥の差である（第6章「NDFジャパン製作会社設立」参照）。

私の会社NDFインターナショナルはCOVID-19下の現在、テレビ映画六エピソードの撮影をしている。つまりコロナウイルス中での製作である。

実は当時、劇場映画『相撲』の企画が南アフリカとロスで六月から撮影する予定であった。一年かけて私と私のスタッフが企画し開発してきたペットプロジェクト（好きな企画）である。撮影地である南アフリカ、ロスの現地のクルーと契約もしている。テレビ映画製作をすると『相撲』のプロデューサーとして撮影にはつけない。共同プロデューサーに任せるしかない。それでは名前だけのプロデューサーになってしまう。

私は劇場映画プロデューサーである。テレビ映画製作はオフィスを維持しスタッフにサラリーを払う主な収入源、つまり金儲けのためである。しかし三月二〇日のロックダウンと共に、『相撲』の投資家たちは契約をしていたにもかかわらず製作資金投資をキャンセルしてしまった。『相撲』の劇場映画製作はコロナが収まるまで棚上げになったのだ。（第9章「企画中の映画作品」参照）。

そこで再びＢＢＣのＴＶ映画製作に乗り換えることにした。俳優の次回作も延期になり十分な撮影準備期間が出来たためである。しかしコロナ保険金を製作費の予算に入れるとＢＢＣの予算では作れない。政府が保険金の肩代わりに応じたことと撮影も一〇月に延びたことでようやく製作準備が本格的に開始されることになったのだ。

ここで私が経験してきたＣＯＶＩＤ-19下での映画製作、コロナ対策ノウハウを簡単に説明しよう。

まずコロナ保険金を得るためにはプロダクションが政府に約二〇万ドルの登録費を払う必要がある。英国内ではメジャースタジオ映画にストリーマーも含んだ映画が一五〇本以上製作されている（二〇一九～二〇年）。膨大な登録費の収入が入ってくる。政府は登録費をシードマネーとして銀行からファンド資金の借り受けをする。懐が痛まないうえに議会の追加予算の承認を得る手間が省ける。一方私たちプロデューサー側はコロナ保険対策の製作完成保証保険費の四分の一程度の保険料で映画製作が可能になるという、双方ハッピーなスキームなのだ。

しかし製作完成保証保険会社が要求してきた条件はエベレスト山頂を目指す登山家に例えられるほど難しい。一例を上げるとメインプロデューサーであってもセット（撮影現場）に入れない。入るのは俳優、監督そして撮影監督だけである。衣装係やメイクアップアーティストはマスクをして撮影前に入り撮影と同時に撮影現場から出ていく。私たちプロデューサーは現場の外でビデオを見て監督とリモコンで話し合う。撮影場所には医者に看護婦二人が待機している。俳優そしてクルー全員（エキストラも含む）は撮影所に入る前にコロナの検査を受けなければならない。またその日撮影したデイリーのチェックは監督とプロデューサーに撮影監督が夜ズームを観ながら話し合う。ポストプロダクションの編集はプロダクションが買い与えた編集の器具を使ってエディター（編集者）は自宅で仕事をする。

ロケーション現場でも同じである。私たちプロデューサーを含むクルー全員は五〇メートル程は撮影現場から離れた場所で撮影を観ながら携帯で監督とディスカッションをする……。これだけ万全を期して撮影をしても一〇〇％感染を防ぐことは不可能である。またコロナ保険金の中には主演の俳優が撮影中に感染し二週間の隔離となった場合の予算超過の保険は入っていない。監督の場合は二週間の隔離期間中は、撮影監督と第一アシスタントディレクターが自宅で隔離中の監督とズームで話しながら代理で撮影をすることは可能だが、俳優を変える訳には行かない（『THE BATMAN―ザ・バットマン―』の撮影中、主演のロバート・パティンソンが感染し撮影がストップしたことがあった）。そのうえ再び政府がロックダウンをする可能性もある。毎日が険しい崖っぷちを、いつ落下するとも分からず恐怖に慄きながら歩いている状態がCOVID-19期間中の映画製作なのである。

第12章 ムービー（映画）の未来像

ストリーマー映画の大ブームとムービー（映画）の将来

二〇二二年の現在、私たち映画人の最大の関心事はムービーが創れるのだろうか？　ムービーの将来はあるのだろうか？　との危機感である。私たち映画人の将来がかかっているからだ。ここではムービーの将来に絞って私なりの未来像を最終章として書くことにしよう。

私が映画と言わずにあえてムービーと書いたのは、ストリーマー（Netflix、Amazon、Apple等）のテレビサイズの映画とムービーの定義をはっきりとさせたかったからである。

ストリーマー業界は秀作を製作している。しかし基本的には〝テレビ〟映画である。それに較べて映画館で観るのがムービーである。そしてコロナの一番の犠牲となったのが映画館や芝居の劇場なのだ。今この原稿を書いている二〇二二年の初めまで、映画館や劇場の閉鎖は完全には解除されていない（第11章「コロナパンデミック時代の映画製作」参照）。

そして映画館は閉鎖中にばたばたと倒産している。映画館がなければムービーは観られない。人はオスカーのノミネーションや受賞作品も全てストリーマーで観られるから同じことではないかと言うが、映画館で観る映画＝ムービーとは、見知らぬ観客とムービーを通して二時間感動や笑いを共有出来るエモーションのイベントの場所であり、マジックボックス／秘密の花園なのだ。上映と同時に暗くなった映画館で、スクリーンにタイトルが出てきた途端に期待でわくわくとなり、セクシーな雰囲気が周りを囲み始める。これこそムービー映画を観る醍醐味ではなかろうか。

二〇二一年に一か月ほど閉鎖が解除された。私は勇んでムービーを大きなスクリーンで観ようと街に出たのだが映画館は陰も形もない！　ロンドン一、いや英国一の娯楽、エンターテインメント王国の象徴がピカデリーサーカスである。周辺には名だたる劇場と映画館、クラブ、そして有名レストランが名を連ねている。ＣＯＶＩＤ-19以前にはこの王国に足を入れた途端になんとも言われぬセンジュアル（官能的）な雰囲気が街全体を囲み、浮き浮きとなったものだ。それがゴーストタウンと化してしまった！　私はしょんぼりと家に戻ってNetflix とAmazon Prime 等でムービー用に創られた映画を、テレビの画面で観るしかない（注：但しストリーマー会社はオスカーや大手の映画祭の賞取りを目的に、少数の映画館で自社の作品を上映する）。

では、ムービーは無くなるのだろうか？

確かに二〇二二年時点では、ストリーマー業界の映画製作ブームで映像業界は席巻されており、ムービー製作は殆どないのが現状であった。ＣＯＶＩＤ-19以前でもストリーマー業界は何兆円、いや底なしの予算でムービー業界に侵入してきていた。それがコロナの世界的な閉鎖で火がつき巨大産業となったのだ。英国の冗談の一つに、コロナパンデミックはNetflix とAmazon Prime やディズニーが中国と結託して菌を世界中にばら撒いたのではないかとの陰謀説がある。コロナの閉鎖で家での蟄居を余儀なくされた私たちの夜の娯楽は、ストリーマー映画を食後に観ることしかないのだ。私の会社もストリーマーテレビ映画シリーズの製作ばかりである（注：今年のオスカー作品賞『コーダ　あいのうた』はアップルプラス製作である映画館での上映はオスカー受賞以前は無かった）。

ヨーロッパの五〇〜七〇年代は、貧しい人も金持ちたちも週末に映画を観るのがイベントであった。そのイベントは二一世紀まで続いている。インドでは今でもボリウッド（インド）映画を観ようと週末には映画館に行くのが文化である。それが英国では一年間のコロナ閉鎖で映画館が雲散霧消してしまったのだ！

しかし私は少しも悲観していない。レストランは一年半の閉鎖が解除された途端に予約が三〇〇％となり、三か月後まで予約で埋まっている。予約の条件としてホテルの予約同様にクレジットカードのナンバーを知らせなくてはならない。映画館も閉鎖が解除されたと同時に同じような状況が期待出来る筈だが、残念ながら未だ少数の映画館しかオープンされておらず、観たい映画は既にストリーマーに買われてテレビで観てしまっている。しかし二〇二一年の夏休みシーズンの七月からハリウッドのメジャースタジオ超大作、ブロックバスターが映画館で上映されている。『００７／ノー・タイム・トゥ・ダイ』（キャリー・フクナガ監督）の上映が起爆剤となり映画館は復活すると既に予測されていた。その予測通りに、二一年九月以降に映画館で上映されている映画の多くはヒット作となっている。特に『ジャスティス・リーグ』（ザック・スナイダー監督）はＵＳＡと英国での最初の週末の収入が一億ドルの興収を上げている。『００７／ノー・タイム・トゥ・ダイ』や『ウエスト・サイド・ストーリー』等もメガヒットとなっている。

ＣＯＶＩＤ-19以前の英国での若者の週末の過ごし方がムービー観賞であった。友人たちと豪華な食事とドリンク、そして飛行機のビジネスクラスのようなリクライング座席の映画館で、ワイン片手にパスタやチーズバーガーをほおばりながらブロックバスタームービーを観るのである。

二時間飛行機のビジネスクラスに乗ったゴージャス感を求めて、若い観客が映画館前のボックスオフィス（切符売り場）の前に長蛇の列を作って待っている。つまり映画館行きはイベントなのだ。そしてその豪華な映画館の切符の値段は演劇公演の四分の一である。ムービー観賞後には、女性はトイレでセクシーなドレスに着替えて、ハリー王子やセレブがたむろしているであろう話題のクラブでボーイ／ガールフレンドハントに行く予算がある。

主婦や中老人たちは、午後の上映を半額で観てはやはりパブやレストランで観た映画の感想を友人と話しながらワイン片手にゆっくりと過ごしている。

ＣＯＶＩＤ-19が終息し、私たちの生活が再びコロナ以前に戻るであろう一、二年後には、映画館ブームは必ず起こると私は断言出来る。そして映画館ブームはムービー映画製作ブームに繋がっていく筈である。ムービー製作も映画館も、コロナパンデミック以前と同じほど花盛りになるのではないだろうか？

しかし〝ムービー花盛り〟再来を実現する鍵は、私たち映画人が観客の観たい映画を創ることが第一条件であろう。二一世紀の、観客が観たいムービー映画は、一方に、ハリウッドスタジオが創る一、二億ドルの製作費であらゆる最新スペシャルエフェクトの機械を駆使したテクノロジームービーがある。それは映画産業ではなく自動車産業と同じようなオートメーション流れ作業である。フランチャイズ映画パート2、3、4……のストーリーは、フランチャイズ映画1のストーリーの変形版である。そして世界マーケット一斉上映の世界戦略である。もう一方では、インディーのムービーは二〇二一年オスカー受賞作の映画『ノマドランド』のような三〇〇〜四〇〇万ドルの製作費の小作品があり、二極化がますます進んでいる。アメリカの政治そっくりではなかろうか。

第二条件として、若い世代の〝映画好き、映画馬鹿〟のフィルムメーカーの出現が必須である。これも私は少しも悲観していない。今では七、八歳の子供でも親のスマホを使って数分ほどの短編映画を創っている時代である。そしてビデオ映画や短編映画、またはテレビ／ストリーマーから映像世界に入った後には、ムービー創りを目指し始めるからだ。

私がムービーブームは起こると断言する根拠は、欧州ではフィルムメーカーを志す若い世代に〝三度の飯よりムービー映画好き〟が現れてきている現状である。アイロニカルなのは、ムービー業界を呑み込んでしまったと思われる巨大産業のストリーマー業界が三度の飯よりムービー好きの若者を育てていることなのだ。

日本映画業界と違い、欧州のストリーマー業界は若いフィルムメーカー探しでやっきとなっており、プロデューサー、監督、ライター等の売り手市場である。ちょっとした短編（映画祭でのノミネーションまたは受賞作）を作った後には若いフィムルメーカーはストリーマーのテレビサイズ映画製作に雇われて映画製作を始める。しかし二、三年もすると満足出来ずに、最終的にはムービー映画製作を目指し始める。そして休職し再び貧乏生活に戻ってこつこつとシナリオを書いては投資家探しをしている。

それはテレビ／ストリーマー映画はスター志向であり、監督も（有名監督を除いて）消耗品である。シナリオの変更は許されないだけではなく、ストーリーを含む製作の全権限はストリーマー会社のエグゼクティブ（重役）が決定する。それに較べてムービー映画作りはマニュアルの世界である。フィルムメーカーが描きたいテーマを見つけテーマを深く掘り下げ、観客を感動させる作品を創ることが可能なのだ。その過程は親鳥が巣の中で雛鳥を育てるのに似ているのではないだろうか。またテーマをユニークな視点から深く掘り下げることで、映画祭やオスカーの受賞作となりハリウッド映画界に羽ばたいて行けるのだ。

英国では（他のヨーロッパの国の多くも含めて）国からの援助金でムービー製作が可能になる土壌がある。その補助金をコラテラル（担保）として投資家を募り、ムービー製作が可能となるからである。自身が信じる創作の情熱全てを注ぎ込んでムービー映画を創る夢の可能性が、〝三度の飯より映像好き〟の若い世代が〝三度の飯よりムービー／映画好き〟に育っていく背景である。

日本映画復活の鍵とその治療薬

日本映画は今や国際映画業界、そして映画祭社会から無視されつつある。インターナショナルな映画マーケットで韓国映画ブームを横目で物欲しげに見ながら、キッチンシンク（お茶の間映画）の

〝日本映画〟を日本観客用、国内用マーケット映画として創っているからであろう。それは江戸時代の鎖国を思い出すほど内向きの映画創りである。寂しい限りではなかろうか。

日本映画界が現在の見るも無残な状態に落ちてしまった原因、そして恒常的な問題は、ずばり国からの製作補助金が無いことであった。多少はあったが官僚的で役所の安全パイだけを考慮した非実用的なシステムなのだ。

ムービー映画が元気な国の多くには潤沢な補助金システムがある。全ての問題は最終的にはマネーに帰して行く。補助金の少ない日本映画界のフィルムメーカーは製作費のインベストメントをテレビ会社に依存するしかなかった。

日本映画界も二〇〇〇年代初頭あたりまでは前述したように公的な補助金制度が殆ど無く、フィルムメーカーは製作費のインベストメントをテレビ会社に多く依存し彼等のルールに従ったテーマの映画を要求される映画創りであった。だが最近はインベスターも増え、業種も多様化し、公的な補助金もヨーロッパ等に比べると見劣りはするが確実に増えてきているというが、もちろんルールが無くなって、私的なインベスターであれ公的な補助金であれ、どんなテーマの映画でも許容するようになったわけではない。

そして彼らのルールに従ったテーマの映画創りを要求される。英国でも私がBBCなどの公的機関から助成金を受けるとストーリーにあらゆる制約を受ける。エッジーなテーマを鋭い映像で描くなどはご法度である。私はゲリラ手法でご法度を無視して製作をしたが、一度限りで何度も無視は出来ない（第6、7章参照）。

日本ではクラウドファンディング等で製作資金調達が以前より容易になってきていると聞く。テレビ局に頼らずとも自身が創りたい映画が出来る状況が生まれて来ているのだ。まずそのファンドやインベスターそして公的な補助金を上手く組み合わせて製作費の五〇％が集まると、俳優に積極的にアプローチすることをアドバイスしたい。ベストの俳優探しはバンカブル（最もポピュラーな監督／俳優）といわれる観客を呼べる俳優であるが、ストーリーにぴったりの俳優であることが大切な要素である。それには〝完璧な脚本〟だけではなく、ストーリーボードに沿って一〇分程のパイロット版を製作することである。映像で見せることで脚本がより活きてくるからだ。また俳優がつくことで残りの製作費五〇％は容易になる筈だ。

テレビ映画とはダイアローグでストーリーを語り、映像はその付け足しとでも言えようか。ムービーは映像でストーリーを語るものなのだ。

日本の映画人の多くは日本では〝映画好き〟そして〝映画の精髄を分かっている若い映画人〟が無きに等しくなっている現状を嘆いている。〝三度の飯より映画好き〟を産まず、〝映画の精髄〟を理解しない若い映画人の問題は、マネー不足だけが原因ではない。本当に映画好きになりたいと言う心身からの願望、欲望がないことであろう。日本全体がぬるま湯社会である。映画を志す若者も、そのぬるま湯に浸った状態でオスカー受賞作を創ろうなど笑止噴飯な浅夢を考えているのではないのだろうか？

映画作りを志すならばまずぬるま湯から出て、日本社会だけではなく世界の政治社会情勢を勉強することである。自分が住む社会/政治の知識無しには映画観賞をしても深く感動することは出来ないだけではなく、その映画のテーマ、精髄を理解することなど不可能である。また映画を創りたい願望があっても問題提起はなく、描きたいテーマを見つけることも不可能である。

次に必要なのは、謙虚になることであろう。プロの映画人の意見を聴く耳を持つことだ。今の若者は批判には弱い。それは我が身の精神薄弱性を露呈しているようなものである。七転び八起きをすることで自信がつき、それが成功に繋がって行くのだ。私も何度厚い壁にぶつかり転び、再び起き上がりぶつかって行ったことだろう。ぶつかっていく内に息子も嫉妬するほど映画への愛が、そしてインターナーショナル映画人になる夢の決意が産まれてきたのである（その過程は第6～8章で詳細に記述した通り）。

では次に、ムービー映画界/フィルムメーカーを産む復活の鍵と、その治療薬を私なりに描いてみたい。

まず自身のポケットに隠している鍵を見つけることが復活の〝鍵〟である。その鍵とは本当に描きたいテーマをじっくり考え、見つけること、それが第一歩である。社会/政治情勢を勉強し理解してくると映画で描きたいテーマが見えてくるものだ。家族、友人関係などを描きたいのであれば、周りの人を傷つけるなど気にせずに深く心理的に掘り下げていく脚本書きが第二歩。誰もが認める秀作脚本とは練りに練ったものである。

こちらではオスカー受賞のライターでもプロデューサーたちの意見を基に修正稿七稿から八稿を書く。一稿、二稿の脚本書きで満足なものが出来るなどとは考えない方が良い。映画製作の基本は脚本である。完璧に近いと賞賛される脚本が出来れば、無名でも有名俳優が興味を示す筈だ。すると映画会社やテレビ会社の映画部門が製作資金のオファーをしてくる。それだけではない、脚本コンペで優勝すれば製作費の提供を受けることも可能である。プロデューサーの項で前述したように脚本が映画製作の土台なのだ。

また国内外の観客に受けそうなテーマを描く、などと色気を出さすに真摯に描くことである。国際映画界はオーセンテック（誠実、真実）な映画を捜している。それが批評家の賞賛を受け海外の映画祭で受賞出来るチャンスなのだ。その後は完璧なプレゼンテーションを投資家に提出して、情熱を込めたピッチ（プロモーション用概要説明）をするのが第三歩。積極的に製作資金を調達するのが最終段階。

書きたいテーマがあるのだがどうしたら映像化出来るか分からないのであれば、その治療薬のベストはクラシック名作映画を観ることである。今では YouTube やテレビの名画を幾らでも見るチャンスがあるではないか。クラシック名画は映像の宝庫である。

ダンスシーンを描きたいのであれば、『タイタニック』で貧しい乗客の乗っている船底の三等客室でデカプリたち若者がエネルギッシュに踊るシーンのコピーを使えば良い。サスペンスシーンで主人公の微妙な心理をユニークに描きたいなら、オーソン・ウェルズの『上海から来た女』で六つのミラーが粉々に砕ける手法やヒッチコック映画等。亡き伊丹十三の名作『お葬式』を見ると伊丹十三が小津安二郎映画を何度も観て適切なシーンをコピーしたのが見て取れる。コピーはマナーに反するなどと言うのは甘ったれた餓鬼である。オスカー受賞映画を観ると、ライターや監督たちがあらゆる名作を観て適切な表現描写に名作映画のシーンをコピーしたのが見て取れる。ピカソも彼のスタイルを見つけるまでには美術館に日参して名画をコピーしては勉強したのだ。しかし私たち日本人のコピーする映画はハリウッドのメージャースタジオ映画ではなく、インディーの名作のコピーでなくては役に立たない。メジャースタジオ映画はハリウッドのオートメーション流れ作業から創られたものだからだ。

オスカーや国際映画祭で自作が受賞を果たしたければ、切磋琢磨して努力することである。それが〝三度の飯より映画好き〟、そして〝映画の精髄〟を理解出来るムービー映画ファン／フィルムメーカーに変身して行く治療薬なのだ。その薬が効き始めると、自然にポケットに隠していた鍵が秘密の花園のドアを開け、オスカーノミネーション映画、いや受賞作映画製作の夢に繋がっていく。それには夢の実現を信じる自身の確固とした意思力が必須条件である。

幸いにも二一世紀の現在では、オスカーも含むメジャー映画祭では主人公の肌の色、女性／男性のジェンダーにこだわらない、そしてボーダーレス（国境無し）映画の多くが受賞している。またアメリカマーケットは黒人だけではなくマイノリティーのアジア系映画／映画人に門戸を開けてきているからである。

それはトレンドだけではなく、新しい優秀なフイルムメーカーの認知がアメリカ映画界に新鮮な血を輸血し、再生を図れるベストのオプションだからである。

私たち日本人も世界映画マーケットで韓国映画、いや世界のインディー映画と競い、オスカー像を受賞式の舞台で大きく手にかざして見せる夢も可能になったのは素晴らしいことではないだろうか。その夢が正夢になるには一に勉強、二に勉強、そして三は秀作脚本書きであろう。私は日本人フィルムメーカーがオスカー作品賞又は監督／脚本賞を取る日を心待ちにしている。

最後に

このメモワール書きは『バック・トゥ・ザ・フューチャー』のデロリアンに乗って再体験をするような不思議な体験であった。買い付けたり、製作したりした映画について書いていると走馬灯のように当時の状況が蘇ってくるのだ。怒って投資家とやりあっていた時のこと、嬉しくて空に向かって飛んだ時、悲しかった思い出にはそっと涙を拭いたり、等々。人生を二倍生きるような至福の時であった。メモワールを書き始めたと同時にCOVID-19発生で英国も他国同様に映像産業も含めて全産業が閉鎖された。そして撮影予定であった映画製作もキャンセルを余儀なくされてしまった。その暗黒状態の中での執筆は唯一の光明であったのだ。

ある友人から第6章の中で書いた「私にはオスカー受賞などは夢の世界の物語でしかなかった。しかし映画とは思ってもみなかった夢がかなえる媒体である。映画の中で見る奇跡が現実に起こり夢が正夢になるのが映画界で働く醍醐味ではなかろうか」というのが私の原点なのではないかとの的確なコメントを頂いた。正しくその通りに、マーロン・ブランドに会いたいとの祈願は、子供心に映画の真髄をマーロン・ブランドの中に直感的に感じていたのだろう。

私は生来のオプティミストである。抜粋原稿を読んだ方の多くから、私が大変な苦労をしたことや、獅子奮迅の闘いの末に切り開いていった人生への共感とのコメントを頂いたが、私自身は苦労の思い出は消えて無くなっている。インターナショナルな映画界で生きていける幸せが問題やハードルを〝挑戦出来る玩具箱〟の精神で悪い思い出を消し去っていったのだろう。

私が若い時代には、女性プロデューサー、そして製作会社を持つ女性は、金持ち家族の後ろ盾か辣腕プロデューサーと結婚して夫と共同製作者になった人しかいなかった。私は家族の後ろ盾なし、夫なし、そして英語圏出身ではない外人、それも未婚の母と言う四重苦のハンディーを背負っている。しかし映画への情熱が映画人の共感を得たのだろう。色々な人たちに助けられ何とか海外の映画業界で女性プロデューサーとして生きてこられたのは幸運であった。インターナショナルな映画界の片隅にでも映画人として生きたいとの一〇代の頃の夢が成就しただけではなく、片隅から少しずつ映画界の半ばまで到達し、私の能力以上の仕事が出来たのだ。それもこれも息子が嫉妬するほど、三度の飯より好きな映画を創って生きられる幸運と映画への愛であったのだろう。

原稿を読んだ二〇代の女性から、「映画界で働きたい女性だけではなく、キャリアを目指す女性には映画製作会社設立やプロデューサーの役割などの話はぐさりと刺さる内容です」と、HOW TOものとして読んでくれたようだ。若い人たちの生き方の参考になれば光栄である。

私事になるが（メモワールなので家族の事を書いても許されるだろう）息子は二歳からヴェネチア、カンヌ映画祭等に〝出席〟しては私の友人の映画人と交わってきた。一〇代になると彼らが息子の師となり、自然に映画人に育って行ったのだ。そして私が大負債を抱えてもがいている時には私と一緒になって解決策を模索した戦友の仲でもある。今ではビジネスパートナーとして一緒に映画作りをしている。

五歳の孫娘は生後六か月から撮影現場に来てはエキストラとして出演している。私は彼女に、日本の片田舎からヨーロッパにやって来てお寺に祈願した通りに映画人として生きた私の、そして家族の軌跡を知って貰いたいとの思いを込めて書いたものである。

英語の教師であった父は、シェイクスピアの国の訪問を夢みていた。娘の私は父の夢の国が生活の場となっただけではなく、シェイクスピア映画も製作出来たのだ。ローマ映画学校の留学資金として頼みこんだ結婚資金の前借りとその条件であった利子の返済は出来なかったが、父はあの世で許してくれているのではなかろうか。

また生涯に一、二本の映画しか観なかった母は、娘の私が映画を買いつけたり製作したりする仕事でお金が稼げるとは信じられなかったようだ。母にとっては映画とは余暇に楽しんで観る娯楽なのだ。その娯楽を本業とする私が子供を抱えて外国で貧乏暮らしをしているであろうと、年金を貯めた中からそっとお金を包んでくれたのだ。

陰になり日向になり、七人の子供を親鳥が大きな巣の中の雛を危険から庇うように愛情込めて育ててくれた、私の生涯のヒーローである母にこの本を捧げたい。

追悼：この本を読んでもらう前に私の恩師の一人であった原正人氏が逝去された。原さん（私たちが愛情を込めて呼ぶ愛称）には何度もお世話になったことだろう。ヨーロッパ駐在員としてインターナショナル映画界の土俵に上がれたのも原さんのお陰である。また製作会社を設立する時も先頭に立って応援してくれた。私の映画人生のチアリーダーとなってくれたのだ。

二年前に最後にお会いした際に、「ミチヨは映画作りが出来て幸せだねー」と健康を害して引退を余儀なくされた悲しさを語っていた。情熱の全てをかけた映画の仕事が出来ない無念さが滲み出ていた。では私は、恩師の原さんの供養のためにも、死ぬまで（？）彼が愛して止まなかった映画作りをして行こう！

合掌

あとがき

「最後に」で私の映画人生のメモワールの概要を書いているのでこのあとがきはお世話になった方達の〝スペシャルサンクス〟の項にしたい。

坂上さん（愛称）は私のディストリビューター時代の同僚で日本の親友である。彼が音頭をとってこの本が出版されるきっかけを作ってくれたのだ。その後はこの本がベストセラー（？）になるアドバイザー、チアリーダーとなってくれている。彼は宣伝のベテランである。そしてその宣伝の技術を梃に使い彼のユーモアとプロ級の気遣いセンスで豊かな人生を自然体で横溢している。

山田さんは私の編集者で応援団の一人である。私の至らぬ日本語などを辛抱強く直してくれた本当の紳士である。私が楽しく、憂いなく書けたのも彼と坂上さんチームの優しい後押しがあったからだ。

私の姉、吉田まさ子は父母亡き後私の日本家族の礎である。また彼女の映画への愛が絆となって私たちの姉妹関係を密度の高いものにしてくれている。

また羽佐間元フジテレビ、ポニーキャニオン社長には言葉に表せないほどお世話になっている。わが社、NDFインターナショナルが今まで存続出来たのはひとえに彼の陰になり日向になりのサポートがあったからである。感謝感激！

白井佳夫氏は私の人生の節目で助けてくれた恩人でもある。ヘラルド入社への紹介や私の書きたい意欲を買ってくれ出版社への熱心な売り込みもしてくれたのだ。

新潮社の出版部部長の中瀬ゆかりさんはライターでもない、日本では無名の私の書いた原稿を面白いと「新潮45」の雑誌掲載をしてくれた人である。彼女はユニークなアイデアで出版界の男性社会に挑戦している天晴れ女性である。

字幕の戸田奈津子さんは、この本の宣伝の応援団長を引き受けてくれている。彼女の一語一句を吟味したマスタークラスの字幕のおかげで、私たちはワクワクと、そして時には感動で涙をこぼしながら映画を視ることが出来るのだ。彼の尽きない映画人の愛に脱帽!!

『ラストエンペラー』のオスカー受賞者ジェレミー・トーマスはイギリスの親友である。彼ほどインディー映画の精髄を理解しているプロデューサーはいない。グローバルな観点からの秀作映画製作の数々。そしてお互いに助け合いながら映画造りをしてきた戦友でもある。

また私がディストリビューターとして勤めた配給会社、日本ヘラルド映画社の創設者である古川勝巳社長は映画オタクである。

彼の映画への愛情とアバウトなキャラが反映し、自由な風土の中で私たちは仕事が出来たのはラッキーであった。その風土は勝巳社長亡き後も息子の博三に受け継がれ、現在の日本映画界で活躍している映画人の多くはヘラルド出身者である。サンキュウヘラルド!

最後にキネマ旬報社の青木業務推進部部長へのスペシャルサンクスである。私は映画プロデューサーでライターではない。しかし一度は我が人生を振り返ってメモワールを私と家族の為に書きたいとの思いはあった。しかし映画製作の忙しさにかまけて残り時間が少なくなってきていた。そこに彼から私の映画人生を書きませんかとのアドバイスを受けたのだ。天から降ってきたオファーではなかろうか？　時を同じくしてＣＯＶＩＤ-19が発生し自宅蟄居を余儀なくされ映画製作もストップしてしまった。その暗黒の状態の中で私の人生を振り返って見るのはまたとない良い機会であったのだ。彼がこの本の産みの親である。サンキュウ青木さん。

お世話になったスペシャルサンクスの方たち全てに共通しているのはムービーへのこよなき愛であるのだ。そして私たちはその愛で結びついている。ViVA Cinema！

マ 行

ヤ 行

ラ 行

ワ 行

ナ　行

ハ　行

サ 行

タ 行

映画作品

ア　行

カ　行

ワ 行

ヤ　行

ラ　行

マ　行

ナ　行

ハ　行

タ　行

カ 行

サ 行

索　引

人　物

ア　行

吉崎道代（ミチヨ）　Michiyo Yoshizaki

大分県出身。高校卒業後、イタリア・ローマに留学し映画学校で学ぶ。

1975年、日本ヘラルド映画社に入社。ディストリビューターとして欧州映画日本配給権の買い付けに携わる。その後世界的な賞賛を得た映画『ニュー・シネマ・パラダイス』（1988年、ジュゼッペ・トルナトーレ監督）の日本配給権取得により日本でベストディストリビューター賞を受賞。配給買い付け業の傍ら大島渚監督の『戦場のメリークリスマス』（1983年）の全契約を取りまとめる。またイタリア映画として大成功を収め、日本においても社会現象を引き起こした『ラストコンサート』（1976年、ルイジ・コッツィ監督）のプロデューサーでもある。その後自身の映画製作会社を設立。共同製作をした作品が15のオスカーノミネーション、そして4受賞を得ている。他、メジャーな映画祭で数々の賞を得ている。

1992年、映画製作会社NDFジャパン設立。

製作投資に共同製作をした代表作として『裸のランチ』（1991年、デヴィッド・クローネンバーグ監督、Genie最優秀映画賞他）、『ハワーズ・エンド』（1992年、ジェームズ・アイヴォリー監督、アカデミー賞9部にノミネート、3受賞）、『クライング・ゲーム』（1992年、ニール・ジョーダン監督、アカデミー賞6部門ノミネート、1受賞）、『スモーク』（1995年、ウェイン・ワン監督、ベルリン映画映画祭銀熊賞受賞）などがある。

1995年　NDFインターナショナルを英国で設立。

『バスキア』（1996年、ジュリアン・シュナーベル監督）、『カーマ・スートラ／愛の教科書』（1996年、ミーラー・ナーイル監督）、『オスカー・ワイルド』（1997年、ブライアン・ギルバート監督）、『チャイニーズ・ボックス』（1997年、ウェイン・ワン監督）、『タイタス』（1999年、ジュリー・テイモア監督）等の世界的なヒット作を製作。またこれらの映画はオスカー受賞の他にメジャーな映画祭で数々の受賞をも得ている。

1994–2000年の間数回にわたってエンターテインメント／映画界における「世界重要人物トップ100」に選ばれる。

現在も彼女の持つ幅広いコネクションを駆使し多国籍映画を創り続けている。

嵐を呼ぶ女

アカデミー賞を獲った日本人女性映画プロデューサー、愛と闘いの記録

2022年7月4日　初版第1刷発行

著者……吉崎道代
編集……山田克己(igi)
プロデューサー……坂上直行
装幀……精興社ディレクション

発行人……星野晃志
発行所……株式会社キネマ旬報社
〒104-0061
東京都中央区銀座3丁目10-9
KEC銀座ビル
TEL 03-6268-9701
FAX 03-6268-9712
印刷・製本……株式会社 精興社

ISBN 978-7-87376-483-2